JN448814

동아시아 한국학 자료총서 5

小方壺齋輿地叢鈔 琉球篇

소방호재여지총초 류구편

인 하 대 학 교
한국학연구소 편

이 책은 2007년도 정부(교육과학기술부)의 재원으로 한국연구재단의 지원을 받아 수행된 연구임(NRF-2007-361-AM0013)

• 왕석기(王錫祺: 1855~1913)

清末의 藏書家이자 지리학자. 江蘇省 淸河縣(지금의 淮陽市) 사람이다. 字는 壽萱, 號는 瘦冉이다. 小方壺齋는 淮安城 안에 있던 왕석기의 書室名으로, 『續淸河縣志』에 의하면 그의 장서가 수만 권에 달했다고 한다. 1891년(光緖 17)부터 1901년(光緖 27)까지 『小方壺齋輿地叢鈔』 初編·補編·再補編·三補編을 차례로 편찬·간행하였다. 그밖에 『小方壺齋叢書』·『中外遊記匯編』·『續山陽詩徵』·『小方壺齋詩存』·『辟邪錄』 등의 저술이 있다.

• 소방호재여지총초(小方壺齋輿地叢鈔)

清末 왕석기가 편찬한 세계 지리총서이다. 1891년(光緖 17) 初編 1,197종이 간행된 이래, 1894년(光緖 20) 補編 55종, 1897년(光緖 23) 再補編 180종이 上海 著易堂에서 新式活字로 출판되었다. 그리고 1901년(光緖 27) 三補編 96종이 편찬되었는데, 현재 大連市圖書館에 筆寫本이 소장되어 있다. 중국 및 해외 여러 나라에 관한 저술들을 모아 지역별로 엮은 대형 총서로, 각 지역의 역사·풍속·교통·물산 등과 관련된 방대한 인문지리 정보를 담고 있다.

간행사

인하대학교 한국학연구소는 2007년부터 '동아시아 상생과 소통의 한국학'을 의제로 삼아 인문한국(HK) 사업을 수행하고 있다. 상생과 소통을 꾀하는 동아시아한국학이란, 우선 동아시아 각 지역과 국가의 연구자들이 자국의 고유한 환경 속에서 축적해 온 '한국학(들)'을 각기 독자적인 한국학으로 재인식하게 하고, 다음으로 그렇게 재인식된 복수의 한국학(들)이 서로 생산적으로 소통할 수 있는 방법을 구성해내는 한국학이다. 우리는 바로 이를 '동아시아한국학'이라는 고유명사로 명명하고 있다. 따라서 동아시아한국학은 하나의 중심으로 수렴된 한국학을 지양하고, 상이한 시선들이 교직해 화성和聲을 창출하는 복수의 한국학을 지향한다.

이런 목표의식 하에 한국학연구소는 한국학이 지닌 서구주의와 민족주의적 편향성을 극복하기 위한 방법으로 근대전환기 각국에서 이뤄진 한국학(들)의 계보학적 재구성을 시도하고 있다. 주지하듯이 한국에서 자국학으로 발전해온 한국학은 물론이고, 구미에서 지역학으로 구조화된 한국학, 중국·러시아 등지에서 민족학의 일환으로 형성된 조선학과 고려학, 일본에서 동양학의 하위 범주로 형성된 한국학 등 이미 한국학은 단성적單聲的인 방식이 아니라 다성적多聲的인 방식으로 존재하고 있다. 우리는 그 계보를 탐색하고 이들을 서로 교통시키고자 한다. 다시 말해 본 연구소는 동아시아적 사유와 담론의 허브로서 동아시아한국학의 방법론을 정립하기 위해 학문적 모색을 거듭하고 있다.

더욱이 다시금 동아시아 각국의 특수한 사정들을 헤아리면서도 국경을 넘어서는 보편적 가치를 모색할 필요성이 절실해지는 이즈음, 상생과 소통을 위한 사유와 그 실천의 모색에 있어 그간의 학문적 성과를 가름하고 공유하는 것은 여러 모로 의미가 있으리라 여겨진다. 이에 우리는 복수의 한국학에 대한 계보학적 탐색, 상생과 소통을 위한 동아시아한국학의 방법론 정립, 연구 성과의 대중적 공유라는 세 가지 지향점을 중심으로 지속적으로 축적되고 있는 연구 성과를 세 방향으로 갈무리하고자 한다.

본 연구소에서는 상생과 소통을 위한 동아시아한국학 연구에 있어 연구자들에게 자료와 토대를 정리해 연구의 기초를 제공하고, 또한 현재 동아시아한국학 연구의 범위와 향방을 보여줄 뿐만 아니라 그 연구 성과들을 시민들과 공유하는 것까지 고려하는 방향으로 총서를 발행하고 있다. 모쪼록 이 총서가 동아시아에서 갈등의 피로를 해소하고 새로운 상생의 방법을 모색하는 데 일조할 수 있기를 기대한다.

인하대학교 한국학연구소

解題

이 준 갑*

머리말

小方壺齋는 編者 王錫祺의 書房 이름이다. 王錫祺는 강소성에서 鹽商으로 활동하던 山西商人의 후예였다. 축적한 재력을 바탕으로 과거에 매달린 부친은 鄕試에 합격하여 常州府學 教授를 지냈으나 王錫祺는 紳士 계층의 말단인 生員學位를 취득하는데 그쳐 벼슬길에 나가지는 못했다. 하지만 그가 ≪小方壺齋輿地叢鈔≫라는 지리학 총서를 편찬한 계기는 紳士 경력과 무관하지 않다. 총서가 편찬되던 1890년대 중반 淸日戰爭에서 패배하자 淸朝 官僚와 紳士層은 물론 庶民들까지 큰 충격에 빠졌고 紳士層을 중심으로 나라를 위난에서 구해야한다는 움직임이 활발하게 일어났다. 이런 시대적 분위기에 호응하여 紳士 王錫祺는 세계지리에 대한 지식 확산을 자신의 사명으로 자부했다. 그에게 총서를 편집하여 세계지리에 대한 지식을 확대시키려는 노력이란 국가와 민족을 어려움에서 구하는 經世致用의 학문을 확산시키는 것이었다.

---

* 인하대학교 문과대학 인문학부 사학전공 교수

중국에서 지리학이 확실하게 經世致用의 학문으로 자리를 잡은 때는 명말청초였다. 명말 三遺老의 한 사람으로 칭해지는 顧炎武는 젊은 시절에 抗淸武裝鬪爭에 참여하면서 망해가는 明朝를 회복하려는 대열에 가담했다. 그는 이런 노력이 실패하자 치열한 자기반성 끝에 經世致用의 학문을 통해 새로운 미래를 모색했다. 그가 생각한 경세치용의 학문 가운데 빼놓을 수 없는 부분이 지리학이었다. 지리서에는 인간의 삶에 관한 총체적인 정보들이 담겨 있어 그것을 찬찬히 살펴보면 과거의 발자취와 현재의 상황은 물론 미래에 대한 전망까지 가능했기 때문이었다. 그가 편찬한 지리서인 ≪天下郡國利病書≫라든가 ≪肇域志≫에는 이런 염원이 담겨있다.

王錫祺의 ≪小方壺齋輿地叢鈔≫ 역시 지리학의 經世致用 정신을 계승한 총서라고 할 수 있는데 여기서 소개하는 11편의 琉球使行錄 및 琉球關聯資料는 특히 그런 성향이 뚜렷하다. 11편의 기록을 편집하면서 王錫祺가 중국인 독자들에게 전달하고 싶어 했던 메시지를 한마디로 요약하면 '琉球는 우리(청조)땅!'이라는 것이다. 이 주장의 근거는 두 가지이다. 첫째는 중국이 일본보다 먼저 琉球로부터 조공을 받았다는 역사적 근거이다. 黃景福의 ≪中山見聞辨異≫나 王韜의 ≪琉球朝貢考≫와 ≪琉球向歸日本辨≫등에는 명에서 조공을 받은 것이 일본 보다 앞선다는 내용이 담겨 있다. 둘째는 서양인들도 琉球에 대한 일본 종주권을 인정하지 않으려 한다는 국제적 근거이다. (물론 그렇다고 해서 서양인들이 청의 종주권을 지지한다는 내용은 없다.) 周傳謀가 번역한 ≪琉球島記≫에는 일본의 琉球 병탄 정당화 논리의 하나인 琉球·日本 同種論에 대해 비판적인 프랑스 기자의 입장이 드러나 있다.

이런 메시지를 분명하게 전달하지 않는 나머지 기록들도 의미 없이 ≪小方壺齋輿地叢鈔≫ 속에 포함시킨 것은 아니다. 張學禮는 청조에서 최초로 琉球에 파견한 책봉 사절단의 正使였고 그의 ≪使琉球記≫와 ≪中山紀略≫은 청조 최초의 琉球 사행록이다. ≪琉球形勢略≫은 특이하게도 日本人 中根淑의 저작임에도 불구하고 ≪小方壺齋輿地叢鈔≫에 포함시킨 점이 이채롭다. 中根淑은 琉球에 관한 다른 저술에서는 철저하게 일본 종주권을 주장한 인물이지만 이 책에서 만큼은 琉球라는 명칭의 유래, 지형, 물산 따위의 객관적 사실만을 기록하고 있다. 아마도 王錫祺는 이 책을 소개함으로써 中根淑의 원래 입장을 희석시키거나 혹은 마치 中根淑이 琉球의 일본 종주권에 대해서는 전혀 관심이 없는 사람인 것처럼 비쳐지게 하는 착시 현상을 유도한 것인지도 모른다.

≪小方壺齋輿地叢鈔≫의 편자 王錫祺는 여기에 수록된 11편의 琉球使行錄이나 琉球關聯資料에 일본의 琉球 병탄과 오키나와縣 설치에 대응하려는 청조 지식인(=紳士層)의 자기반성과 琉球 종주권 회복 의지를 투영시키고 있다. 그런 면에서 ≪小方壺齋輿地叢鈔≫는 명말청초 이래 중국 지리학이 추구했던 經世致用의 정신을 계승한 地理書라 평가할 수 있다.

(1) ≪使琉球記≫ 漢軍 張學禮

≪使琉球記≫의 저자 張學禮는 漢軍八旗였다. 장학례와 그의 동생, 여섯 명의 아들, 손자는 漢軍八旗에 소속된 旗人으로서 관직을 얻었다. 그는 順治 11년(1654) 황제를 알현하는 자리에서

동생 張學聖이 前任 福建巡撫였고 長子 思明은 現任 江南分巡道, 次子 思恭은 現任 參領으로 管佐領事, 三子 思齊는 廣平知縣, 四子 思行은 吏部筆帖式. 五子 思信은 蔭生, 六子思任은 蔭生으로 候補筆帖式, 嫡孫 景芳은 世職阿達哈哈番이라고 말했다. 장학례 자신은 順治 11년(1654)에는 兵科副理事官이었으나 직제 개편으로 인해 康熙 元年(1662)에는 강남도어사에 임명되었다.

이 사행록은 장학례가 琉球의 中山王을 冊封하는 正使로서 북경에서 출발하여 복건을 거쳐 琉球에 도착하는 과정을 기록하고 있다. 琉球의 요청은 없었으나 청조는 入關 직후부터 계속해서 琉球로 책봉사를 파견하려 했다. 명의 후계자인 남명과의 정통성 경쟁에서 우위를 차지할 뿐만 아니라 琉球에 대한 종주권도 확보하려는 의도였다. 청조는 順治 11년(1654) 장학례를 책봉 정사로 파견하려했으나 復明을 도모하던 鄭成功 세력이 厦門을 비롯한 복건 연안에서 활동하자 뜻을 이루지 못했다. 정성공 사후 정씨 세력이 臺灣으로 후퇴하자 康熙 2년(1663)에 福州에서 琉球에 이르는 바닷길이 가까스로 열려 사절단은 비로소 출항하게 되었다. 사절단이 탄 2척의 배가 각각 24문의 포를 설치한 戰船인 점도 이런 정황과 무관하지 않다. 사절단은 정사 장학례, 부사 왕해를 비롯하여 천문생, 통역, 군인, 서리, 사공 등을 합해 모두 520여명에 달했다. 강희 2년 5월 20일에 出海한 일행은 6월 25일 琉球의 那壩港에 도착해서 7월 17일에 책봉의식을 거행하고 11월 14일에 那壩港을 출항하여 11월 24일에 복주 문안진에 도착했다. 복주를 출발한 후의 기록은 주로 항해상의 일정에 관한 것이고 琉球 中山王 尙質을 책봉한 의례에 대해서는 극히 간략하게 기록해 놓았다. ≪使琉球記≫의 첫머리에 尙質이 명말 이래 사신을 보내 책봉을 청했다고 한 것은 오류이다. 명말에 책봉을 주청한 자는 尙質의 先代인 尙賢이었다. 그가 順治 4년(1647)에 사망하자 아우인 尙質이 이듬해에 즉위하고 청조에 투항하는 表文을 올렸다. 이를 계기로 청조 최초의 책봉 사신이 파견되었다.

(2) ≪中山紀略≫ 漢軍 張學禮

본서는 張學禮가 쓴 사행록으로 琉球의 산물과 풍속, 제도를 집중적으로 소개하고 있어 사행 경위와 노선을 자세히 소개했던 ≪使琉球記≫과 뚜렷한 대조를 이루고 있다.

이 책에는 琉球의 토산품으로 蕉布·硫磺 등이 있으며 담배와 칼, 종이, 접는 부채, 칠기 따위는 모두 일본에서 들어왔다는 내용이 기록되어 있다. 琉球가 가공과 제조에 일정한 수준의 기술이 필요한 수공업제품들을 일본에서 수입했다는 사실에서 일본과의 교역이 琉球 사회를 지탱하는데 중요한 동력이었음을 알 수 있다. 동남아시아와의 교역도 그러했다. 琉球人들의 식량으로는 쌀과 고구마 두 종류가 있었는데 쌀은 왕과 그 일족들의 식량으로 제공되고 일반 서민들은 모두 고구마를 주식으로 했다고 기록하였다. 고구마는 신대륙, 유럽, 동남아시아를 거쳐서 琉球로 전래된 것으로 보이는데 이미 청초기에 琉球 서민들의 주식으로 자리 잡았음을 장학례의 기록에서 알 수 있다. 지역적인 편차가 있기는 하지만 중국 전역에서 고구마가 식량작물로 완전히 자리 잡은 것은 청중기 건륭연간 무렵이었다. 琉球가 중국에 비해 지리적으로 훨씬 협소했다는 점, 동남아시아와의 해상 교역이 편리한 곳에 자리 잡았다는 점이 고구마의 주식화가 시기적으로 앞선 이유일 것이다.

이 책에서는 琉球가 경제적으로 일본이나 동남아시아와 밀접한 관련을 맺은 반면 정치적 문화적으로는 중국의 영향이 지대했음을 암시하고 있다. 관원들의 집에는 ≪四書≫·≪唐詩≫·≪通鑑≫ 등의 중국 경서와 역사서, 시집들이 구비되어 지식과 교양의 근원이 되었고 唐宋이래 명대 중기까지 琉球 왕의 장자가 국자감에서 독서하다가 귀국 후 왕위를 계승하는 관행이 유지되었다고 언급한 점에서 이런 시각을 엿볼 수 있다.

(3) ≪中山傳信錄≫ 吳江 徐葆光

康熙 58년(1719) 尙敬을 琉球의 中山王으로 책봉한 사절단의 副使였던 徐葆光이 기록한 사행록이다. 이 사절단의 정사는 양백기 소속 만주인 旗人 海寶였다. 그는 강희 33년(1694) 殿試에서 第3甲 第56名으로 합격한 進士였는데 正使로 파견될 당시의 관직은 한림원 검토였다. ≪中山傳信錄≫의 저자 徐葆光은 蘇州府 吳江縣 출신으로 강희 51년(1712) 會試에 불합격했지만 황제의 특명으로 殿試에 참여하여 第1甲 第3名의 우수한 성적으로 합격하였다. 부사로 파견될 당시의 직책은 한림원 편수였다.

이 사행의 계기는 강희 55년(1716) 10월 琉球에서 조공사절로 파견한 蔡溫이 3년 전에 왕위를 계승한 尙敬을 책봉해 달라고 表文을 올린 데서 시작되었다. 이듬해에 禮部에서 이 사안을 심의하여 강희제의 윤허를 얻었다. 이리하여 사망한 中山王 尙益의 諭祭[1]를 지내고 계승자인 尙敬을 책봉하기 위한 사절단이 강희 57년(1718)에 파견되었다. 그 규모는 正使, 副使, 從客, 뱃사

공, 통역, 무관, 병사, 의원, 화공 등 모두 346명에 달했다. 강희 20년대 초까지는 대만의 정성공 세력, 삼번의 난으로 바닷길의 안전이 확보되지 않아 대포가 장착된 戰船을 사행선으로 사용했다. 불안요인들이 제거된 이번 사행에는 商船을 사행선(=封舟)으로 이용했다. 사절단은 강희 58년(1719) 5월 20일에 복주를 출발하여 6월 1일에 琉球에 도착했다. 강희 59년(1720) 2월 16일에는 琉球를 출발하여 같은 달 30일에 복주에 도착했다. 海寶와 徐葆光은 그해 7월 承德 避暑山莊에서 강희제에게 복명하고 사행으로서의 임무를 마무리 했다. 이때 徐葆光은 〈冊封琉球圖本〉(手稿本 2冊)을 강희제에게 바쳤고 강희 60년(1721)에는 이 책을 증보하여 6권본 ≪中山傳信錄≫을 간행했다. ≪小方壺齋輿地叢鈔≫에 수록된 ≪中山傳信錄≫은 6권본에 실린 도판을 모두 삭제하고 내용도 대폭 줄였다.

책의 내용은 첫째 사행 선박과 사절단의 규모라든가 복주에서 琉球 那壩港까지의 항해 일정을 소개한 도입부분, 둘째 琉球에 도착한 후 사절단이 머문 天使館에 대한 묘사 및 天妃宮 에서의 분향, 先王에 대한 諭祭, 책봉의식, 中秋 宴會를 비롯한 일곱 차례의 宴會 참여, 琉球에서 받은 貢物 열거 등 사신 활동에 대한 소개 부분, 셋째 琉球 那壩港에서 복주로 돌아오는 귀정 노선, 넷째 琉球의 위치와 36개 섬, 도교와 불교사원, 명산 등에 대한 지리상 정보를 소개하는 부분, 다섯째 관제와 관복, 민간의복, 采地(祿), 국가의례 등 제도에 대한 부분, 여섯째 절기에 따른 민간 행사, 묘제, 복식, 가옥, 그릇, 동전, 말, 활과 화살, 月令, 物産, 字母와 琉球語 등 풍속에 대한 부분으로 구성되어 있다. 한 권으

1) 중국 황제가 보낸 전대 왕에 대한 弔文인 諭祭文을 琉球 역대 국왕의 영혼을 모신 崇元寺에서 읽는 의식.

로 축약되기는 했으나 6권 본의 내용을 대체로 반영하고 있음을 알 수 있다.

이 사행록은 18세기 초 琉球의 정치제도와 문물 그리고 풍속에 대한 정보를 풍부하게 담고 있어 당시 琉球 사회의 진면목을 이해하려면 반드시 참고해야할 귀중한 자료이다.

(4) ≪使琉球記≫ 綿州 李鼎元

嘉慶 4년(1799) 常溫을 琉球 中山王으로 책봉한 사절단의 副使 李鼎元이 기록한 사행록이다. 이 사절단의 正使는 安徽省 太湖縣 출신으로 嘉慶 元年(1796) 殿試에서 장원급제한 趙文楷였다. 그는 翰林院 修撰으로 근무하다가 正使로 발탁되었다. 李鼎元은 四川省 綿州 羅江縣 출신으로 乾隆 43년(1778) 殿試 第3甲 第1名의 성적으로 진사 학위를 취득했다. 翰林院 庶吉士, 檢討를 거쳐 內閣中書로 근무하던 嘉慶 4년(1799)에 副使로 발탁되었다.

이번 사행은 乾隆 59년(1794) 琉球의 中山王 尙穆이 사망하자 (世子 尙哲은 그보다 7년 먼저 죽어) 世孫 尙溫이 嘉慶 3년 (1798)에 襲封을 허락해 주도록 表文을 올린 것이 계기가 되었다. 禮部에서 보고가 올라오자 嘉慶帝는 內閣大學士·翰林院掌院·都察院·禮部堂官등에게 學問이 뛰어나고 의례에 밝으며 풍채가 당당한 자를 선발하도록 명령했다. 이들은 內閣中書 四人·翰林院編修 三人·都察院給事中 四人·禮部主事 三人을 嘉慶帝에게 천거했고 皇帝는 嘉慶 4년(1799) 8월 19일 乾淸宮에서 이들을 인견하고 翰林院修撰 趙文楷를 正使로 內閣中書 李鼎元을 副使로 임명했다.

이번 사행에는 두 척의 封舟가 동원되고 승선한 인원은 正使, 副使, 從客, 무관, 병사 등 480여명에 달했다. 북경을 출발한 정사와 부사일행이 복건성 복주에 도착한 때는 이듬해인 嘉慶 5년(1800) 윤4월 8일, 병사를 검열한 후 5월 1일에 封舟에 탑승하고 바람을 기다려 출항하여 5월 12일에 琉球의 那覇(나하)에 도착했다. 일체의 사행의식을 마친 후 10월 20일에 那覇를 출항하여 11월 3일 福州城에 입성했다. 正使와 副使가 琉球 中山王 책봉 임무를 완수했다고 보고한 때는 11월 5일이었다. 李鼎元이 ≪使琉球記≫(師竹齋刊本)를 간행한 것은 대략 그보다 2년 늦은 嘉慶 7년(1802)이었다. 이 책은 同治 5년(1866) 그의 고향인 羅江縣에서 覆刻되었고 光緒연간에는 ≪申報館叢書≫에 포함되어 활자본으로 간행되었다. 이 판본들은 모두 6권본이었지만 ≪小方壺齋輿地叢鈔≫에 수록된 ≪使琉球記≫는 권의 구분이 없으며 내용도 축약되었다.

≪使琉球記≫의 형식상 특징은 항해일정과 책봉의식, 견문내용을 날짜별로 기록하였고 6권본에서는 날짜를 기준으로 권을 나누었다는 점이다. 사행의 활동양상을 시간의 흐름에 따라 상세하게 전달하고 있으나 날짜가 기록의 기준이 되다보니 ≪中山傳信錄≫에서처럼 琉球의 풍속이나 물산, 제도 등에 관해 卷을 따로 두어 집중적으로 서술한 부분은 없다. 비슷한 내용이 날짜에 따라서 흩어져 있어 다소 산만하다는 인상을 주는 까닭은 이 때문이다.

내용상으로는 크게 여섯 부분으로 나눌 수 있다. 첫째, 북경에서 양자강 北岸의 江蘇省 揚州府 江都縣까지의 남하 과정(가경 4년 8월 19일부터 가경 5년 3월 30일까지), 둘째 揚州府 江都縣에서 양자강을 건너 福建省 福州府까지 남하 과정(가경 5년 4월

1일에서 4월 29일까지), 셋째 福州에서 琉球 那覇까지의 路程(5월 1일에서 6월 22일까지), 넷째 那覇에서 거행한 前 中山王 尙穆에 대한 諭祭, 常溫에 대한 冊封, 常溫의 謝恩禮와 天使館 방문 등의 사행 활동(6월 23일부터 8월 5일까지), 다섯째 那覇의 文廟·關帝廟 祭禮, 常溫의 小宴, 小宴에 대한 답례 등의 사행 활동(8월 6일에서 9월 19일까지), 여섯째 那覇에서 福州까지의 歸程(9월 20일부터 11월 3일까지). 이 가운데 稻神祭, 官制·士習, 僧·仙, 鳥類, 婚俗, 姓氏, 物産, 寺院, 獅子舞, 山 등 풍속 관련 기록은 넷째와 다섯째 부분에 산재해 있다.

≪使琉球記≫는 19세기 초 청조에서 琉球로 파견하는 사행이 어떤 기준과 절차로 人選되었는지, 그들이 북경에서 복주까지 어떤 노선으로 남하했는지, 琉球에서 어떻게 사행 임무를 수행하고 귀국했는지를 상세하게 보여준다. 琉球에 자체 대한 관심보다는 使行에 대한 관심이 더 컸고 그런 관점에서 기록했으므로 ≪中山記≫라든가 ≪琉球記≫와 같은 제목이 아니라 ≪使琉球記≫라는 제목을 붙인 듯하다.

(5) ≪中山見聞辨異≫ 錢塘 黃景福

浙江省 杭州 출신의 黃景福이 琉球 기록의 오류를 바로 잡으려 저술한 책이다. 이 책은 嘉慶(1796~1820) 연간에 2권으로 간행 되었는데 黃景福은 琉球 中山王 책봉 사절단의 從客으로 참여한 바 있다. 그는 琉球에 대한 특정 주제를 언급하면서 관련 사항을 기록한 이전 서적에서 오류라고 생각하는 부분을 지적한 후에 다른 근거를 들어 자신이 말하는 바가 옳음을 입증하는 방

식으로 서술했다. 따라서 이 책은 琉球의 中山王 책봉 사절단의 正使나 副使로 참여하여 見聞을 기록한 일반적인 琉球使行錄과는 형식이 다르다. 본서에서 언급한 것은 대체로 정치적인 것(조공의 기원, 琉球의 통일), 지리에 대한 것(위치, 지명, 지형, 기후), 역사에 관한 것, 제도에 관한 것(관료제, 녹봉, 형벌, 토지제, 학교), 복식에 관한 것(冠制, 衣服, 簪制, 頭髮), 풍속(문자, 讀音, 球語, 兵器, 經書, 姓, 기생, 토착신앙, 시장, 節令, 고구마 등)에 관한 것 등으로 분류할 수 있다. 洪武年間 이래 琉球와 중국 간에 조공책봉 관계가 맺어지고 사신들이 왕래하면서 중국에는 琉球에 대한 견문 기록들이 축적되었다. 그런 기록이 많아지면서 琉球를 둘러싼 정보의 진위를 판별할 필요성이 점차 커졌고 본서는 그런 시대적 변화에 부응하여 간행되었다.

(6) ≪琉球實錄≫ 華亭 錢●●

著者는 江蘇省 松江府 華亭縣 출신 錢씨라는 것만 알려져 있다. 책의 간행 연도를 짐작할 수 있는 단서는 본서 말미의 '同治甲子(1864)英與日本…'이라는 구절이다. 이를 근거로 하면 본서는 1864년부터 1891년(≪小方壺齋輿地叢鈔≫간행연도) 사이에 간행된 것임을 알 수 있다. 이 책은 琉球의 위상, 기후, 首里城(琉球 中山王의 거소), 지배자들, 名勝, 복식, 물산, 풍속 등 다양한 측면에 대해 소개하고 있다. 그중에서 특히 눈길을 끄는 것은 게으른 남자들이 부지런한 여성의 노동에 기대어 살아간다는 지적이다. 이런 풍속은 여성들의 활동이 왕성한 동남아시아의 영향에서 비롯된 것으로 보인다. 琉球의 名勝인 東禪寺 일대 화초

들이 조선과 일본에서 건너왔다는 지적에서 琉球와 조선간의 교류 품목이 무척 다양했음을 짐작할 수 있다.

(7) ≪琉球說略≫ 上海 姚文棟 譯

姚文棟(1853~1929)은 上海 출신으로 生員學位를 취득한 紳士였다. 그는 새로운 서적들을 두루 읽고 時務에 밝아 1881년부터 1887년 사이에 주일공사의 수행원으로 활동했다. 이 기간 동안 그는 일본 한학자들과 교유하면서 그들의 문장을 중국에 소개하는 책을 편집하기도 했다. 琉球에 관한 일본인들의 저작을 많이 읽었으며 1883년에는 일본어로 씌어진 ≪琉球地理志≫를 중국어로 번역하여 간행했다. 일본책을 중국어로 번역한 최초의 책으로 평가받는 이 책 속에는 琉球에 대한 여러 편의 글이 포함되어 있다. 뒤에 소개하는 中根淑의 ≪琉球形勢略≫도 그 중의 하나이다. 姚文棟은 또 琉球에 관한 일본인들의 저작과 일본 해군성의 실측지도를 참고하여 ≪琉球小志≫를 직접 저술하기도 했다.

≪琉球說略≫은 日本 文部省에서 간행한 琉球 관련 서적을 중국어로 옮긴 것인데 姚文棟은 이 책을 자신이 저술한≪琉球小志≫의 부록으로 수록했다. 本書는 琉球의 지리, 물산, 산천, 부두 등을 소개하는데 치중하고 있다. 일본책을 번역한 것이므로 琉球를 오키나와 섬(沖繩島)으로 표기하거나 사쓰마번(薩摩藩)에서 北部諸島를 복속시키고 가고시마현(鹿兒島縣)에 편입했다는 등의 일본 입장을 반영한 내용이 담겨있다.

(8) ≪琉球形勢略≫ 日本 中根淑

中根淑(나가네 기요시 1839~1913)은 에도시대 말기의 막부 관료이자 한학자·사학자였다. ≪琉球立國始末≫, ≪琉球形勢大略≫, ≪冲繩島總論≫ 등 琉球에 대한 여러 권의 저술을 남겼다. 그는 ≪冲繩島總論≫에서 일본의 琉球 편입을 당연시하고 琉球人의 대만 표류와 대만 토착인의 피살로 촉발된 일본의 대만출병(대만사건)을 일본이 오키나와 사람들에게 지극한 덕을 끼친 일로 기술했다. 그래서 ≪琉球說略≫의 역자 姚文棟 등 중국인 지식인들의 거센 반발을 샀다. 다만 본서에서는 琉球와 일본간의 통속 관계에 대해서는 언급하지 않고 琉球라는 명칭의 유래, 지형, 물산 등 객관적 사실만을 기록하고 있다.

(9) ≪琉球朝貢考≫ 長洲 王韜

王韜(1828~1897)는 청말 蘇州府 長洲縣 출신의 生員으로 개혁파 사상가이자 정론가, 신문기자로 활동했다. ≪琉球朝貢考≫는 청조의 琉球 종주권에 대한 역사적 정당성을 주장하기 위해 쓴 글이다. 본문 속의 '琉球가 우리나라의 속국이 아니라고 하는 것은 틀렸다'고 하는 말에서 이런 의도가 분명히 드러난다. 청초 이래 책봉 사실, 개국신화, 琉球의 역대 세계, 명초 이래 청에 걸쳐 琉球의 입공 사례 등에 대해 주로 언급했다.

(10) ≪琉球向歸日本辨≫ 長洲 王韜

이 글은 琉球의 종주국이 일본이 아니라 청이라는 점을 주장하려는 목적으로 쓴 것이다. 첫머리에는 琉球의 지리와 지명의 유래, 명초 이래 중국에의 입공 사실, 물산을 언급했다. 대만출병을 계기로 일본인들은 琉球 복속을 기정사실화하고 청의 종주권을 부인하는 일련의 언설들을 발표했다. 본문에서 언급하는 것처럼 琉球가 청조에 조공한지는 이백년이 채 안되는데 일본에 조공한지는 聖武天皇 天平 7년(唐 開元二十三年 735년)부터 였다거나 그 때 일본에서 琉球 주변 바다를 측량했으므로 역사적으로나 현실적으로 琉球는 일본의 속국이라는 주장이 그런 대표적 사례였다. 王韜는 天平 7년(735)으로부터 118년이나 지난 후인 唐 宣宗 大中 7년(853)에 唐船에 탑승했던 일본 승려 圓珍이 琉球에 표착하여 해를 당할 위기에 처하자 부처에게 빌어 위기를 모면했다는 기록이 있는 것으로 보아 일본의 주장은 거짓이라고 단정했다. 근대 이후에야 비로소 가능했던 바다 측량을 천년 전 일본에서 실시했다는 주장 역시 사실이 아니라고 반박했다. 왕도는 일본 측의 琉球 종주권 주장에 대해 명초 이래 琉球의 조공이 지속되었다는 점 등 여덟 가지 사실을 들어 이를 부정했다. 그리고 琉球가 일본에 몇 차례 조공한 것은 사실이지만 첫 조공을 행한지 200여년이 훨씬 더 지난 시점에서 일본에서 간행한 ≪日本史≫에 琉球가 〈外國列傳〉에 수록된 것은 琉球가 일본에 대해 自立國이었다는 증거라고 주장했다.

(11) ≪琉球島記≫ 嘉定 周傳謀 譯

≪琉球島記≫는 프랑스인 기자가 중국에서 간행되던 프랑스어 신문인 ≪中法新匯報≫[2) 1897년 10월 23일자에 게재한 기사이다. 이 기사를 당시 프랑스어 번역 전문가인 周傳謀가 중국어로 옮겨 1897년 11월 15일자 ≪譯書公會報≫[3)에 ≪琉球島記≫라는 제목으로 게재했다. 琉球의 공간적 협소함과 상업과 교역의 부진, 물산에 대한 평가를 주로 언급하고 있다. 글 속에는 일본인들이 주장하는 琉球 병탄의 정당화 논리인 琉球·日本 同種論에 대해 비판적인 프랑스인의 시각이 잘 드러나 있다. 編者 王錫祺는 이 기사를 청의 琉球 종주권 주장을 뒷받침하는 자료로 활용할 수 있다고 판단하여 ≪小方壺齋輿地叢鈔≫에 수록한 것으로 보인다.

맺음말

≪小方壺齋輿地叢鈔≫에 수록된 11편의 琉球 관련 자료들의 성격은 다양하다. 그 가운데 4편은 청조에서 파견한 琉球 中山王 책봉 사절단의 正使나 副使가 기록한 使行錄이다. 중국인의

---

2) 上海 프랑스 조계 당국이 1897년 7월 1일 창간한 프랑스어 신문. 프랑스어 원명은 L'écho de chine 임.

3) 영문명칭은 *The Translation Society Weekly Edition* 이었다. 영어, 프랑스어, 독일어, 러시아어, 일본어로 발행된 동서양의 중요한 잡지와 신문의 기사를 중국어로 번역하여 간행한 주간 잡지였다. 1897년 10월 26일에서 1898년 5월 24일까지 간행했고 현재 20책이 남아 있다.『中國近代期刊篇目彙錄』第1冊, 上海人民出版社, 1980, pp.890~900 참조.

다른 기록 4편 가운데 2편은 琉球의 풍속이나 지리, 물산 등 객관적 정황을 담고 있으며 나머지 2편은 琉球에 대한 종주권이 일본이 아니라 청조에 있다는 주장을 담고 있다. 그 밖의 3편 가운데 2편은 일본인, 1편은 프랑스인의 琉球 기록(을 중국어로 번역한 것)이다. 다양한 성격에도 불구하고 11편의 기록은 청조의 琉球에 대한 종주권을 직접 간접으로 확인하는데 도움이 되는 자료라는 공통점이 있다. 王錫祺가 琉球 관련 자료를 편집했던 궁극적인 의도도 여기에 있었던 것으로 보인다. 이러한 王錫祺의 태도는 정치·사상사적 맥락에서는 명청시대 신사층에게 공유되었던 사회참여 의식을 계승한 것이고 학술사적 맥락에서는 명말청초 이래 지리학을 경세치용의 학문으로 자리매김했던 전통을 계승한 것이다.

비록 다양한 자료들이 수록되어 있지만 ≪小方壺齋輿地叢鈔≫에 실린 琉球 관련 기록 중에서 가장 중요한 자료는 使行錄이라 할 수 있다. 琉球使行錄을 읽다보면 청조가 琉球로 파견한 사신들은 어떤 위치에 있었던 자들인가 하는 의문이 든다. 청조에서 최초로 琉球에 파견한 사절단의 정사는 한군 팔기였고 그 이후에는 만주인, 한인이 선발되었다. 사신을 선발하는데 민족적 기준은 없었다. 또 旗人여부에 상관없이 파견한 것을 보면 신분적 기준도 없었다.

그러면 청조는 그때그때 상황에 따라 임기응변으로 琉球에 파견한 정사나 부사를 선발한 것인가 하는 의문이 든다. 이런 의문을 해소해 줄 수 있는 기록이 李鼎元의 ≪使琉球記≫이다. 여기에는 그가 嘉慶 4년(1799)에 琉球 使節團의 副使로 선발된 과정이 소개되어 있다. 그에 따르면 使臣 선발은 제 1단계인 후보자 推薦 단계와 제 2단계인 황제의 落點 단계로 구분된다. 琉球로 사신을 파견해야할 때가 되자 嘉慶帝는 內閣大學士·翰林院掌院·都察院과 禮部堂官에게 ① 學問이 뛰어나고 ② 儀禮에 밝으며 ③ 풍채가 당당한 자를 천거하도록 명령했다. 正使나 副使에게는 학문과 의례 및 신체상의 출중한 자질이 요구되었음을 알 수 있다. 이런 자질을 참작하여 內閣大學士·翰林院掌院·都察院과 禮部의 堂官이 內閣中書 四人·翰林院編修 三人·都察院給事中 四人·禮部主事 三人을 추천한 것을 보면 琉球로 가는 정사나 부사의 추천자나 피추천자는 결국 내각·한림원·도찰원·예부 소속의 관원들로 한정되었음을 알 수 있다. 물론 추천자는 책임자급인 상급관료이고 피추천자는 실무자급인 중하급관료라는 차이는 있었지만. 결국 내각의 책임자는 내각의 중하급관료를, 한림원의 책임자는 한림원의 중하급관료를, 도찰원의 책임자는 도찰원의 중하급관료를, 예부의 책임자는 예부의 중하급관료를 추천한 것이다. 여기까지가 제 1단계인 후보자 推薦 단계였다. 해당 부서의 책임자들로부터 후보들을 추천받은 황제는 자신의 처소인 紫禁城 乾清宮에서 이들을 引見했다. 嘉慶帝는 자신이 요구한 3가지 자질을 집중적으로 평가했고 翰林院 修撰 趙文楷를 正使로 內閣中書 李鼎元을 副使로 선발했다. 여기까지가 제 2단계인 落點 단계 였다.

이처럼 李鼎元의 ≪使琉球記≫에 소개되었지만 일반적으로 清代 琉球 책봉사(正使·副使)를 선발할 때 두 가지 원칙이 있었다. 그 첫째는 민족을 가리지 않는다는 원칙이다. 즉 만주인이든 한인이든 가리지 않고 학문·의례·풍채라는 세 가지 자질이 뛰어난 인물을 골라 파견했다. 둘째는 소속 부서와 품계를 한정한 원칙이다. 즉 내각, 한림원, 도찰원, 예부에 근무하되 5품에서 7품 사이의 중하급관료만을 선발했다.

그런데 조선으로 파견하는 사신들의 선발 원칙은 琉球로 파견하는 사신들의 그것과는 확연히 달랐다. 민족적으로는 조선에 철저하게 만주인 기인만을 칙사로 파견하는 것을 원칙으로 했다. 소속 부서와 품계 상으로는 한림원, 도찰원, 예부, 내각, 육부에 근무하는 3품 이상의 고위급관료만을 선발하고 파견하는 것을 원칙으로 삼았다. 사신으로 선발하는 부서의 범위가 더 넓고 품계도 더 넓었다. 琉球와 朝鮮은 함께 清과 朝貢冊封 관계를 맺고 있었지만 兩國에 대한 清朝의 禮遇는 달랐다.[4)]

---

4) 이 점에 관한 보다 자세한 논의는 구범진, 「청의 조선사행 인선과 '대청제국체제'」, 『인문논총』 59(서울대 인문학 연구원), 2008 참조.

목 차

小方壺齋輿地叢鈔 琉球篇

소방호재여지총초 류구편

1

使琉球記

漢軍 張學禮 著

琉球, 東海小國也. 唐宋以來, 世奉正朔. 王姓尙, 名質. 自明季請封未果, 使者留滯閩中. 順治三年福建平, 通事謝必振自江寧具投經略洪承疇, 轉送進京. 禮部題, 勅印未繳, 不便遣封. 必振取繳勅印, 飄流日本. 十一年七月, 始來部, 請冊封. 循舊典, 應差科員·行人·學禮與今副使王垓實膺是選. 召對太和殿, 正副使俱, 賜一品麒麟服·玉帶·東珠頂, 賜御酒, 勅印, 差官護送前往. 辭朝, 蒙世祖召詢家世[學禮]奏, 臣弟[學聖], 忝任福建巡撫. 臣有子六人. 長子[思明], 見任江南分巡道. 次子[思恭], 見任參領, 管佐領事. 三子[思齊], 廣平知縣. 四子[思行], 吏部筆帖式. 五子[思信], 廕生. 六子[思任], 廕生, 候補筆帖式. 嫡孫[景芳], 世職阿達哈哈番. 世祖聞奏, 大悅, 卿乃巨族老臣, 福祿來崇, 子孫繩繩, 此去無妨. 賜茶畢, 辭行. 十月, 抵江寧, 因遴選隨行醫官趙政之·熊耀陵. 次年正月, 至武林, 天文生朱廷樞病故, 移咨督, 撫請補. 三月, 入閩造船, 藩司詳稱, 舊例, 舵木用鐵力. 其木產於廣西, 由海道運, 今遊氛未靖, 未可計程至也. 敢請緩期. 因留閩四載. 新補天文生黃道隆又故, 仍請補. 奉旨, 海氛未靖, 欽差官暫行掣回, 俟平定之日, 另行差遣. 十五年, 進京繳勅印. 世祖宣至殿上, 賜茶, 謝恩, 仍入兵垣辦事. 是年, 裁左右科員, 改授江南道御使, 掌河南道, 奉差河東巡鹽. 事竣, 値鼎湖昇遐, 今上卽位, 維新出治, 考核臣工. 奉旨, 張學禮已差冊封琉球, 爲何不去. 禮部回奏, 世祖掣回. 上念遐方盼待日久, 員役物故多人, 遲延或有隱情, 再奏再駁, 竟議革職, 所以勤遠略也. 元年十月, 忽奉上傳, 張學禮·王垓仍差冊封琉球, 事竣之日, 以原官用. 棄故圖新, 所以勵勞臣也. 補差天文生李光宏·太醫吳燕時, 聘請從客陳翼等, 於十一月就道. 二年四月, 抵閩, 督撫設席於南臺, 閱視船隻. 其船形如梭子, 上下三層, 闊二丈二尺, 長十八丈, 高二丈三尺. 桅艙左右二門, 中官廳, 次房艙, 後立天妃堂, 船尾設戰臺. 桅杆, 衆木湊合, 高十八丈, 俱用鐵裹, 杆頭有斗, 可容數人觀風瞭望. 船內有水井二口, 設官司啓閉, 不妄用涓滴. 船底用石鋪壓, 上層列中砲十六位, 中層列大砲八位. 是日, 設祭, 封桅砲訖, 詢舵之所來, 云有紅毛國進貢請兵, 船數隻已回, 留三隻, 現泊江上, 因購得鐵力木舵. 隨往泊所視之, 有侍郎總兵二員, 從役三四十人. 其人面白髮黃, 眼綠鼻高, 戴黑圓帽, 執紅棍者爲尊. 官穿紅哆羅呢, 從員穿青綠, 高底木屐, 前高後低. 其船底用鐵包, 縫以鉛灌. 桅杆三節, 如風大, 用一節, 風小, 用二節, 再微, 用三節. 每節有盤, 無斗, 盤容數人. 其船堅而且穩, 左右前後俱有大砲, 過海最善. 所造二舟雖堅固不及, 而寬廣過之. 督撥水師守備王祚昌·魏文耀·千總陳蘭·施恩, 兵丁二百五十餘名, 長隨五十餘名, 傳宣二員, 聽用四員, 管水井二員, 通事二員, 管舵管羅鏡二員, 書吏門皁轎傘役百餘名, 吹手十六名, 舵工二十餘名, 水手六十餘名, 擇吉於五月初四日登舟.

初八日, 迎供天妃像.

十一日, 靖藩設宴. 次日, 督撫藩臬出餞於南臺, 從官以下籩豆有加, 以光使臣, 昭國體也.

十七日, 泊林浦.

十八日, 過鼓山.

十九日, 過羅星塔.

二十日, 過閩安鎭, 鎭將李遣遊擊鄭洪以鳥船百餘, 兵三千護送出海. 次猴嶼, 祭天妃.

二十二日, 候風廣石. 風汛不定, 復回猴嶼, 再過閩安, 避風羅星塔下. 閱十日, 風汛定, 再過猴嶼, 見梅花所故城, 荒榛瓦礫, 滿目淒然. 通官謝必振稟云, 天妃姓蔡, 此地人, 爲父投海身亡, 後封天妃. 本朝定鼎, 尙未封. 於是至廟行香, 許事竣請封.

初七日, 西南風微起, 向闕叩辭. 時長子思明已解任, 送至海口, 不忍分離, 必欲隨侍, 再四拒之, 乃止. 出海口, 中流風作, 護舟遊徼左右, 礮流旌掣, 閃電虹飛. 礮聲轟動, 空海如沸. 坐戰臺, 顧而喜曰, 馬之磬控在人, 舟之旋折亦復如是. 有軍如此, 何煩朝廷南顧憂爲. 是日, 至白洋, 大風息, 雲霧散, 忽見賊船一隻, 隨令遊擊領兵發砲, 擊碎賊船, 殺賊百餘. 道開, 擧帆長往, 鄭之舟師亦辭歸矣.

初九日, 浪急風猛, 水飛如立, 舟中人顚覆嘔逆, 呻吟不絶. 水色有異, 深青如藍, 舟子曰, 入大洋矣. 頃之, 有白水一線, 橫亙南北, 舟子曰, 過分水洋矣. 此天之所以界中外者. 隨見群魚鬐鬣, 有人立者, 有飛舞水面者, 有作相撲狀者, 魚之脊翅豎如大桅, 周圍旋繞. 舟子曰, 水族聞封舟過海, 歡忭來朝, 此祥徵也. 海洋之水, 綠白紅藍, 歷歷如繪, 汲起視之, 其淸如一, 不能解也.

十一日早, 忽見一山橫於舟前, 首尾約長千丈, 隨將洋鏡照之, 非山非雲, 乃巨魚耳. 於是令僧道設醮施食, 其魚漸沈, 與水相平, 猶如沙嶼蘆葦, 至晩潛消.

十二日, 過糠洋, 風恬浪靜, 天水若一. 日出, 則海水俱紅, 月現, 則碧天皎潔. 時有大沙魚二尾, 長三丈餘, 隨舟左右. 每一尾, 有小魚二尾隨之, 亦不離左右, 形如河魨, 花綠可愛. 又見一魚, 長丈餘, 身黑尾紅, 腦上方白如玉印. 是夜, 飮於戰臺. 宵深無風, 忽聽船旁咂水聲, 其船動搖, 繼噴水滿船. 舟子曰, 此乃大魚戲水, 勿驚. 連日無風, 船浮水面, 膠滯不前. 通官謝必振稟, 已離梅花所七日, 不見一山, 舟中水米且盡, 枵腹三日矣. 惟有順流七島, 冀活兩舟. 餘聞七島去中山遠, 有羈王命, 不可. 令舵工上斗瞭望, 見東北一山形, 圓卑如覆盂, 四面無址, 諒無居民, 心甚疑.

十五日, 有風自北來, 又見一山如長蛇蜿蜒水中. 至晩, 抵山下, 見柴薪堆積, 知有居民. 恐有礁石, 不敢近, 遶山行, 以待天明. 居民驚疑, 遯入深山. 差王大夫·鄭通使上山探問, 云是琉球北山, 與日本交界, 擧舟歡忭. 隨有地方官進水薪, 居民亦至, 問所見小山, 云乃尤家埠琉磺山也, 北去日本, 東去弱水洋矣. 過此, 當飄蓬萊扶桑, 不知何日西還矣. 倘神不假北風引舟南行, 過此將安之乎痛定追思, 喜逾望外. 泊一宿, 差琉人破浪先往.

十八日, 南風起, 風逆, 不能起椗. 地方官撥小船百餘, 牽挽出口.

十九日, 將近伊藍埠, 有二龍懸掛, 尾鬣俱見, 風雲四起影播, 蕩颺搖曳. 大桅決, 鐵箍已失二三, 舟中人怖絶, 恍惚晦冥, 似有天吳海童奔逸左右者. 守備王祚昌·魏文耀告曰, 皇靈遠降絶域, 百神來集, 速出免朝牌示之. 牌懸, 如故也. 頃之, 乃悟, 易墨以硃, 一懸鷁首, 一投於海中. 天漸開, 雲漸散, 風仍大作. 土人稱此是龍潭, 不可泊, 轉至山南. 餘因連日受驚而病, 登岸調養三日方愈.

二十五日, 次溫鎭, 抵那壩港, 法司等官來迎, 士民歡闐, 金鼓不絶. 國人先年請封, 到閩有六十人, 故者四十餘. 家屬來問, 詢知人在者, 喜逾重生, 已故者, 哀慟欲絶, 不覺傷感. 是日, 中山王備龍亭, 恭迎勅印, 稱舊館毁敗, 已備民房, 現在修理. 因在船守候六日.

七月初一日, 進館. 王差法司呈供應舊冊, 云向來供應, 俱照此冊, 因三年不雨, 五穀不登, 不能如前. 餘念其困窮, 一應供應十減八九. 擇十七日, 行冊封禮, 鼓樂導引, 傾國聚觀, 不啻數萬, 懽聲若雷. 王出城三里, 至守禮坊下, 具朝服行九叩禮, 乘轎進城. 至中山殿前, 將勅印供奉, 行九叩禮, 付官蔣宿耀上左臺宣讀, 王跪聽. 宣畢, 將勅印幷恩賜蟒袍, 裝花綾紬四十八疋付王收受, 行九叩禮. 王妃勅諭付官孟道脈上右臺宣讀, 王妃跪聽. 宣畢, 將蟒段·裝花綾紬四十八疋付王轉付妃收受, 又行九叩禮. 事畢, 與王交拜, 更衣赴宴. 舊例, 器用金銀折席, 餘仰體朝廷柔遠之意, 概行除免. 使臣例有七宴, 重陽有龍舟, 國無優伶, 笙簫擊鼓而歌者士夫以下等官, 舞則十齡幼童皆各官子弟爲之. 歌章大義, 首祝天子萬年, 繼頌使臣有光海邦, 此大較也. 次日, 大雨三日, 通國加額, 云, 聖天子恩澤霑霈, 奠我海邦, 世世戴之. 大典旣竣, 戒員役宿館中, 候風回舟. 舊例, 過海以夏至前後兩三日, 歸以冬至前後兩三日. 是月十一日, 冬至.

十二日, 登舟, 王率屬詣署餞送, 不忍別, 至晩, 方回.

十四日, 東北風起, 出那壩港, 暮抵馬齒, 過孤米.

十六日, 颶風大作, 暴雨如注. 船傾側將危, 與副使王公登戰臺, 匍匐風雨中, 亟禱天妃, 風愈大, 桅搖撼將倒. 桅右攲, 則龍骨現於左, 桅左攲, 則龍骨現於右[龍骨, 船底定艕木也], 忽折半截, 相連不斷. 船愈側, 哭聲震天. 餘曰, 兩人奉使無狀, 應死爾等葬於魚腹, 何辜. 衆應曰, 大數已定, 同死無怨. 桅出入波濤, 篷半浮水面, 半罩戰臺, 相係牽帶, 舟人曰, 桅不速斷, 舟必中裂. 於是再禱以請, 風勢如故. 餘仰天大呼曰, 皇帝懷柔百神, 天妃血食中土, 不在祀典內邪使臣願投海中, 桅可速去, 冀活餘人, 歸報天子, 神之賜也. 隨有火光熒熒, 自風雨中起霹靂, 斷截其桅, 卽令守備魏文耀·千總陳蘭割去篷索, 篷桅逝而船始平. 但風浪搏擊, 舵不能定, 舵左轉, 舵右者隨而仆, 舵右轉, 舵左者隨而仆. 浪由船尾進, 從鷁首出, 嚴冬凜冽, 舟皆裹冰. 榜人凍沍, 不能施力, 亟易其衣, 初以布, 次以紬段裘襖, 凡一晝夜.

十七日, 雨雖止, 風仍大作. 通官曰, 遇險不死, 或有可生, 須再禱. 各許願, 設簿登記. 時黑雲密布, 上下晦冥, 心寒膽裂, 問必振曰, 汝言可生若何. 云, 大桅雖去, 頭桅尚存, 可生者一. 舵乃二繩沒於水底, 夾於龍骨, 一繩斷, 舵卽浮. 今勒索無恙, 可生者二.

十八日, 舟子忽報曰, 勒索斷, 舵浮於水, 危在頃刻矣. 余令曰, 如能下水者, 賞銀五十兩. 有一人出應令, 飮酒而下, 入水卽起. 余又曰, 能換繩者, 賞銀百兩. 有一二少壯者出應, 皆隨下隨起, 入水不能, 起舵不可. 船從風順流, 隨波上下, 又一晝夜, 不知幾千里也.

十九日, 風息, 禱神起舵, 三禱三從. 易繩下舵, 風乃止. 設使易舵時風起, 則船必覆, 今禱而隨心, 人舟無恙, 神之佑也.

二十日, 東北風起, 修整篷桅. 東風大作, 拆帳房爲帆, 繼以被, 皆可翼風, 舟行如飛.

二十一日, 有一鳥, 綠嘴, 紅足, 形若雁鶩, 集戰臺. 舟人曰, 天妃遣來引導也. 相狎如馴鳥.

二十二日, 海水漸渾, 中國相近, 但恐過閩或抵粵耳. 行至申刻, 望見一山浮於天際.

二十三日, 舟子曰, 是浙江之定海, 北是普陀, 西是九山也. 喜甚, 隨犒勞舟人. 午後, 忽見賊船四隻揚帆從東北來, 不遠數里矣. 通官謝必振·守備王祚昌告曰, 我船篷桅俱無, 若調風對敵, 萬不能, 奈何. 餘曰, 豈可束手待之. 急令各官督內司長隨各備弓箭·銃砲·手槍, 其餘舟人取壓船石, 貯備對仗. 忽天際雲霧薈蔚, 垂蔽我舟, 有頃復霽, 賊帆滅迹矣. 晚至福寧, 舟人曰, 悉是賊窩, 不可近此去閩安, 只有兩潮, 再出大洋, 可以直進. 又恐西北風起, 傍九山下迤邐而進. 日晡, 遠望山上隱隱有火光, 山下船桅如林, 不敢近.

二十四日, 舟子報曰, 船已到五虎門矣. 正遇落潮, 隨放礮, 守口兵丁驚疑, 亦放礮迎敵. 急令鼓吹, 揚旗示之, 然後官役出迎, 直達閩安. 李總鎭慰問曰, 舟中人口無恙乎. 餘曰, 前朝舊例, 封舟過海, 恐飄流別島, 不能復回, 隨帶耕種之具, 又慮員役損失, 後事俱備. 今隨行數百餘人無一損失, 皆朝廷之福也. 詢二號船, 隨風飄至江南崇明之鳳尾山, 南行一晝夜將至廣東, 始得順風而轉,

已至閩安二日矣. 謝恩船遲半月到, 因風壞船, 復回修艌, 故來遲耳. 大船進口, 先用小船剝, 進南臺, 靖藩督撫司道出郭迎, 情禮歡洽倍於去時.

二十五日, 進城. 至天妃廟, 行香. 餘與副使王公各出貲酬願, 如所許數, 員役亦然. 督撫委王守備修蓋廟宇, 餘仍置金冠懸匾, 答神惠也.

季冬二十二日, 起行, 督撫餞送. 至建寧度歲.

正月, 至衢州, 長子思明來迎. 云, 拜別後不敢歸, 坐待於浙耳. 抵杭州, 督撫司道置席西湖, 與表弟王大哉言盤桓數日. 三月, 過姑蘇, 至京口. 五月, 過山東, 河水涸, 船不能進, 日行不數里. 七月, 抵通州. 初十日, 同副使王公率琉球陪臣并隨封官員, 謝恩復命. 琉球進貢土物綿盔甲一副·鍍金鞍韂一副·琉槍刀·琉磺·磨刀石·蕉布·琉扇, 琉紙·胡椒, 赴禮部交畢, 奉旨宴犒幷隨封官員. 臨行, 中山王贈金百兩, 副使九十兩, 兩臣固辭. 王另疏上聞, 奉旨, 著張[學禮]·王[垓]收領. 又與副使赴繳一品服色, 部云, 此係恩賜, 不必繳. 是役也, 去程三月, 歸僅一旬, 其間陟險至再, 皆獲安全. 皇靈遐暢, 感格幽顯, 甘雨隨車, 百神效職. 溟渤奇觀·山川·風俗, 筆不能載, 聊紀一二, 傳示後人. 至熙朝盛典, 曠世遭逢, 餘兩臣亦忝竊焉云爾.

2

中山紀略

漢軍 張學禮 著

琉球, 海中小國也. 所出土產, 惟蕉布·硫磺, 其煙·刀·紙張·摺扇·漆器之類, 皆來自日本. 國有米麥, 只可供應王府, 民皆食蕃茹, 狀如薯蕷. 宴賓客, 席甚簡薄, 斤肉·樽酒可享數人, 敘款洽而已. 一席不過一二器, 卽夫妻兒女, 從不聞同餐食之, 所餘, 皆棄之. 客來相訪, 不分上下東西, 任隨客意自坐, 盤膝於地. 坐下, 方叩一首, 煙·酒·茶·湯接踵而至. 如客返, 亦叩一首竟出, 主人不送迎, 若無聞也. 官宦之家, 俱有書室·客軒, 庭花·竹木四時羅列. 架列≪四書≫·≪唐詩≫·≪通鑑≫等集, 板翻高闊, 旁譯土言. 本國之書亦廣, 但不知所載何典, 所言何事耳. 設官之法, 自唐宋至元, 王之長子應襲爵者, 至中國入國子監讀書. 其父薨, 始歸受封. 至洪熙時, 憫其來往風波驚險不測, 特免之. 賜三十六姓人敎化三十六島, 子孫世襲通使之職, 習中國之語言文字. 至今請封謝恩, 朝貢皆諸姓之後, 俱有姓名. 若土官, 有名無姓也. 取士之法, 不尙文, 不考試, 擧賢良方正, 由秀才歷法司. 設官長, 無衙門, 從役惟百姓輪直. 其執法甚嚴, 不徇情面. 卽官長父子·兄弟犯法, 輕則徒流, 重則處死, 不曲庇絲毫也. 百姓見官長經過, 男女皆去簪脫屐, 俯伏道旁, 俟過而後敢行, 小心畏法若是. 道不拾遺, 夜不閉戶, 甚有太古之風. 有犯罪者, 大夫聞之法司, 法司察其因由曲直, 令曲者死, 亦不敢遲留也. 有犯法重者, 竟自刎頸投繯, 不敢妄辨求生. 男女不薙胎發, 男至二十成立, 娶妻之後, 將頂發削去, 惟留四餘, 挽一髻於前額右旁, 簪小如意. 如意亦分貧賤品級, 國王用金而起花者, 王之伯叔兄弟用光金, 三法司·紫金大夫用銀起花者, 大夫·通使等職用光銀, 百姓用玳瑁·明角·竹簪而已, 婦女亦然. 衣服敞袖長袍, 腰系全幅錦段長丈餘, 兩旁插扇子·煙袋·小刀之類. 足穿無根皮鞋. 冠以紙爲胎, 紬布裹之, 分貴賤, 長七寸, 闊二分, 周回三轉, 共爲一圈. 王用五色花綾, 王之叔伯·兄弟·子侄用黃花綾, 宗族用黃光綾, 法司·紫金用紫花綾, 大夫·通使等官用紅絹. 初進王府者爲秀才, 用紅光絹. 王府役人及雜職, 用紅布. 百姓皆用青綠布, 此定制也. 彼國人雖與中國同, 而言語大別. 金曰額膩, 銀曰喀難·爺曰安知·大曰倭捕煞·小曰彌煞·紅曰呀噶煞·白曰十六煞·男曰會耕噶·女曰會南宮·幼小曰蛙籃璧·父母曰倭牙·吃曰米小利·飯曰安班·酒曰薩幾·好曰優達煞·不好曰挖煞·醉曰威帝·睡覺曰殷帝. 人名俱有四五字者, 如馬爛敏達羅·如喀難顧司姑之類, 惟有阿彌多·夜弗蘇二名呼喚者甚多. 國中有迎恩亭, 卽天使登岸之所. 離海口三里許, 在那壩港地方. 其間里巷相連, 人居稠密. 過此則天使館, 向來冊封員役俱駐於內. 館中有廳堂·廊房·樓閣·亭園·臺榭·書室·小軒, 週圍寬廣, 與燕中報國寺相類. 館內鋪設桌倚·牀帳及碗碟什物, 俱照中國制度. 設專司, 收貯在府. 俟天使至日, 方敢動用. 今館雖傾頹, 後樓上尙有故明使臣杜三策題梅花詩百首於壁間, 其餘吟詠甚多. 外有匾額·字畫, 皆故明歷代名公之遺蹟也. 館前有空地百畝, 每日午後, 婦女或老或少攜筐挈筥聚集於此爲貿易, 實遊玩也, 傍晚方歸. 其間, 亦有殊色搖曳而來. 風俗, 女子自幼卽刺黑點於指上, 年年加刺. 至十二三歲出嫁時, 竟成梅花, 至衰老, 手背皆黑矣. 發長四五尺, 頭梳一髻, 光如油, 黑如墨. 不修眉鬢, 不帶釵環·手飾, 不施脂粉. 穿大領衣, 色尙白, 有時以手扯裳, 有時以衣覆腦若兜衣之狀. 如有夫之婦犯奸淫, 男女俱死. 亦有女子不嫁人者, 竟離父母自居, 專接外島貿易之客, 女之親戚兄弟, 毋論貴賤, 仍與外客親戚往來, 不以爲恥. 若遇本處有室者, 亦不苟合也. 那壩港至中山王城約二十餘里, 殿在山頂. 其殿康熙元年冬天火焚, 至今尙未建. 殿後有一小峰, 名虎崒. 下有小廟, 無像, 但設香供於地. 殿前有石壁, 高數丈, 闊二十餘丈, 平如斧削. 中間有一穴, 穴口嵌一鐵龍頭, 龍口內有泉水噴出, 從空注下, 卽大旱之年水亦不竭. 王城西北里許, 有一大池, 池內有鯉·鯽魚. 又一山, 松柏參天, 明花四布. 王城之西南, 有中山王之祖塋. 塋中無塚, 惟石碑上刻琉球中山王祖塋. 塋前五峰相對, 左右有情, 後有靠山, 沙水相映. 明堂廣闊, 可容萬馬, 遠山圍抱. 中山王家廟, 離那壩港數里, 官民經過, 下馬步行. 廟前有海水來朝, 金碧相映. 前後殿中所供牌位, 自唐宋以來子孫不替, 守廟是僧. 那壩之東北三里有三淸殿, 殿前二松大數圍, 高二十餘丈, 枝葉茂盛, 勢若飛舞. 三淸殿東有天妃廟, 廟雖窄隘, 幽邃可觀. 廟東有演武場, 南有長虹橋, 闊百丈餘, 長五里. 橋下大水, 名曰曼湖, 通海. 過橋有松嶺, 嶺長二十里許, 松楸滿目, 蒼翠鬱然, 亦琉球之一景也. 舊例, 使臣有七宴. 迎風宴·事竣宴·中秋宴·重陽宴·冬至宴·餞別宴·登舟宴, 器用金銀折席, 琉刀·小刀·蕉布·琉煙·苧布·琉扇·琉紙·琉槍幷折席. 已上俱免, 祗領席, 從員役亦然. 守備·千總·通官等三十餘員, 每員廩給免去九分, 每日支米·面各一鬥, 牛·羊·豬肉各十斤, 鮮幹魚各十斤, 雞·鴨各十只, 燒酒·油·鹽·醬·醋各十斤, 柴十束. 長隨·內司·聽用各官五十餘員俱半廩給, 每日支米·面各五升, 牛·羊·豬肉各五斤, 鮮幹魚各五斤, 雞·鴨各五只, 燒酒·油·鹽·醬·醋各五斤, 柴五束. 僧道及各項匠作·書吏·門皁等役百餘名口糧, 每日支米·面各三升, 牛·羊·豬肉各三斤, 鮮幹魚各三斤, 雞·鴨各三只, 燒酒·油·鹽·醬·醋各三斤, 柴三束. 兵丁及各官隨役二百餘名俱月糧, 每日支米·面各二升, 牛·羊·豬肉各二斤, 鮮幹魚各二斤, 雞·鴨各二只, 燒酒·油·鹽·醬·醋各二斤, 柴二束. 封舟過海, 例有從客偕行. 姑蘇陳翼, 字友石, 多才多藝, 王持帖請受世子等三人琴. 世子名曰彌多羅, 王之婿名曰啞弗蘇, 三法司子名曰喀難敏達羅, 寓天界寺習一月, 移至中山王府又月餘, 授世子思賢操≪平沙≫·≪落雁≫·≪關雎≫三曲, 授王婿≪秋鴻≫·≪漁樵≫·≪高山≫三曲, 授法司子≪流水≫·≪洞天≫·≪塗山≫三曲. 求詣無虛日, 皆稱曰友石先生. 西湖吳燕時, 字羽嘉, 業歧黃, 切脈知生死. 國中求治者, 無不立愈, 亦有數人受其傳. 八月中秋節, 王設宴. 是日, 設席正殿, 兩使上坐, 從客向西, 中山王向東北陪. 其欽天監·太醫院·守備·千總各官, 設席別院, 俱三法司·紫金大夫陪, 內司·長隨·中軍·聽用各官, 設席別院, 俱大夫陪, 冊封書吏·僧道各役, 俱長使·通使陪, 其兵丁·跟役, 俱秀才雜職陪. 其通官二員, 時在左右傳遞問答, 不預席. 設鼓樂, 有走馬·弄刀·刺槍·舞劍·踘毬·走索諸戲. 至晚方散. 重陽節, 王又設宴如前. 早到王府小飯, 次看龍舟. 中國午日競渡, 琉球在重陽, 於城西之龍潭. 潭中二山幷峙, 一名石筍, 一名龍岡, 岡上設小席, 湖水澄清, 微波不動. 舟有五, 各分五方旗幟, 每船用水手四十八人, 往來飛轉, 金鼓震天. 午後, 上宴. 幼童百餘人, 皆貴戚子弟. 又一少年僧, 生成頭長尺五, 眉發雪白, 頦綴霜髯, 佇立庭中. 一童子挽雙髻, 杖掛葫蘆, 次於壽星之右. 一童子, 生成背駝, 眼細, 戴箬笠, 穿錦服, 手擎蟠桃如東方朔, 次於壽星之左. 有黑虎一只, 排於壽星之前. 鳴鑼擊鼓, 衆童子環繞歌舞, 內穿錦衣, 外白綾, 半臂繡菊花, 以應佳節. 瀕行, 王請留匾額, 正殿東南屏藩·家廟河山帶礪·三淸殿蒼生司命·天妃廟中外慈母, 王公亦有贈匾. 其請封各官, 王念其遠出多年, 各加俸米不等, 惟紫金大夫蔡國器年老, 加俸米以原官致仕. 其國南北約三千餘里, 四面濱海. 無盜賊, 爲治簡樸, 頗有華風, 敦尙禮敎, 宗族親睦. 余留日無多, 見聞有限, 略存其槪, 以俟後賢廣爲考訂, 以備采風之助云爾.

3

中山傳信錄

吳江 徐葆光 著

從前冊封, 以造舟爲重事. 歷考前冊, 採木各路騷動夫役, 開廠監造糜費官帑, 奸吏假手, 爲弊無窮. 經時累歲, 其事始舉. 自前明以至本朝冊封之始, 其煩費遲久, 前後一轍也. 康熙二十一年, 使臣汪楫·林麟焻卽取現有二戰艦充之, 前弊始絶. 至今三十餘年, 區宇昇平, 海濱利涉, 沿海縣鎭巨舶多有. 冊封命下, 臣等未到閩前, 督臣滿保移檄各鎭選大船充用, 豫爲修葺, 諸具咸備. 二船取自浙江寧波府屬, 皆民間商舶. 較往時封舟, 大小相埒而費輕辦速, 前此未有也[按宋徐兢奉使高麗, 神舟二皆勅賜名字, 客舟六, 共八舟. 明封舟, 或一, 或二, 今二舟.]. 一號船, 使臣共居之. 二號船, 載兵役. 一號船, 前後四艙. 每艙上下三層, 下一層, 塡壓載巨石, 安頓什物. 中一層, 使臣居之. 兩旁名曰麻力, 截爲兩層, 左右八間, 以居從役. 艙口梯, 兩折始下. 艙中寬六尺許, 可橫一牀. 高八九尺, 上穴艙面爲天窗井方三尺許以通明. 雨卽掩之, 晝黑如夜. 艙面空其右以行, 船左邊置鑪灶數具. 板閣跨舷外一二尺許, 前後圈篷. 作小屋一二所, 日番居以避艙中暑熱. 水艙水櫃, 設人主之. 置籤給水, 人日一甌. 船尾虛梢爲將臺, 立旗纛. 設藤牌·弓箭, 兵役·吹手居其上. 將臺下爲神堂, 供天妃諸水神. 下爲舵樓, 樓前小艙布針盤, 夥長·柁工及接封使臣主針者居之. 船兩旁大小砲門十二, 分列左右. 軍器稱是. 蓆篷·布篷九道. 艙面橫大木三道, 設軸轉繚以上下之. 船戶以下共二十二人, 各有專掌. 其中最趫捷者名鴉班, 正副二人. 登檣瞭望, 上下如飛. 兵丁皆習行船事, 每船百人爲之佐. 一號船千總督之, 二號船守備督之. 一號船長十丈, 寬二丈八尺, 深一丈五尺. 二號船長十一丈八尺, 寬二丈五尺, 深一丈二尺. 渡海兵役, 正使家人二十名, 副使家人十五名外, 海防廳送使副共書辦二名, 巡捕二名, 長班四名 門子二名, 皁隸八名, 健步四名, 轎傘夫二十名, 引禮通事二員[鄭任譯·馮西熊], 護送守備一員[海壇鎭左營守備蔡添略], 千總一員[蔡勇], 官兵二百名[閩安鎭·烽火營·海壇鎭左右中三營各四十名], 內科醫生一人, 外科醫生一人, 道士三名, 老排一名, 吹鼓手八名, 廚子四名, 艦匠二名, 艌匠四名, 風帆匠二名, 索匠二名, 鐵匠二名, 裁縫二名, 糊紙匠二名, 裱背匠一名, 糕餅匠一名, 待詔匠一名.[凡兵役隨身行李貨物每人限帶百斤. 按歷來封舟過海, 兵役等皆有壓鈔貨物帶往市易舊例. 萬曆七年己卯, 冊使長樂謝行人傑有≪日東交市記≫, 後有≪恤役≫一條言, 自洪武間許過海五百人行李各百斤與琉人貿易, 著爲條令. 甲午之役得萬金, 五百人各二十金. 多者三四十金, 少者亦得十金八金. 辛酉之役僅六千金, 五百人各得十二金. 多者二十金, 少者五六金, 稍失所望. 是以己卯招募, 僅得中材應役, 不能如前之精工也. 所獲僅三千餘金, 人各八金. 多者十五六金, 少者三四金, 大失所望, 至捐廩助之, 始得全禮而歸. 蓋甲午之役, 番舶轉販者無慮十餘國. 其利既多, 故我衆所獲亦豊. 辛酉之役, 番舶轉販者僅三四國. 其利既少, 故我衆所獲亦減. 己卯之役, 通番禁弛, 番舶不至. 其利頓絶, 故我衆所獲至少, 勢使然也. 今康熙二十二年癸亥之役, 是時海禁方嚴, 中國貨物, 外邦爭欲購致. 琉球相近諸島, 如薩摩洲·土噶喇七島等處皆聞風來集, 其貨易售. 閩人沿說至今, 故充役者衆. 昇平日久, 琉球歲來貿易, 中國貨物, 外邦多有. 此番封舟到後, 土噶喇等番舶無一至者. 本國素貧乏, 貨多不售, 人役幷困. 法當禁絶商賈利徒之營求充役者, 損從減裝, 一可以紓小邦物力之艱, 一可以絶衆

役覬覦之想, 庶幾兩利俱全矣乎.]

海中船行里數皆以更計. 或云百里爲一更, 或云六十里爲一更, 或云分晝夜爲十更. 今問海舶夥長, 皆云六十里之說爲近.

≪舊錄≫云, 以木柹從船頭投海中, 人疾趨至梢, 人柹同至, 謂之合更. 人行先於柹, 爲不及更. 人行後於柹, 爲過更. 今西洋舶用玻璃漏定更, 簡而易曉, 細口大腹玻璃瓶兩枚, 一枚盛沙滿之. 兩口上下對合, 通一線以過沙. 懸針盤上, 沙過盡爲一漏, 卽倒轉懸之. 計一晝一夜約二十四漏. 每更船六十里, 約二漏半有零. 人行先木柹爲不及更者, 風慢, 船行緩, 雖及漏刻, 尙無六十里, 爲不及更也. 人行後於柹爲過更者, 風疾, 船行速, 當及漏刻, 已踰六十里, 爲過更也.

琉球在海中, 本與浙閩地勢東西相値, 但其中平衍無山. 船行海中, 全以山爲準. 福州往琉球, 出五虎門, 必取雞籠·彭家等山. 諸山皆偏在南, 故夏至乘西南風, 參用辰巽等鍼袌繞南行, 以漸折而正東. 琉球歸福州, 出姑米山, 必取溫州南杞山. 山偏在西北, 故冬至乘東北風, 參用乾戌等鍼袌繞北行, 以漸折而正西. 雖彼此地勢東西相値, 不能純用卯酉鍼徑直相往來者, 皆以山爲準. 且行船必貴占上風故也.

≪指南廣義≫[1]云, 福州往琉球, 由閩安鎭出五虎門東沙外開洋, 用單[或作乙]辰鍼十更, 取雞籠頭[見山, 卽從山北邊過船. 以下諸山皆同]·花瓶嶼·彭家山. 用乙卯幷單卯鍼十更, 取釣魚臺. 用單卯鍼四更, 取黃尾嶼. 用甲寅[或作卯]鍼十[或作一]更, 取赤尾嶼. 用乙卯鍼六更, 取姑米山[琉球西南方界上鎭山]. 用單卯鍼取馬齒, 甲卯及甲寅鍼收入琉球那霸港[福州五虎門至琉球姑米山, 共四十更船].

---

1) 琉球國航海圖書. 程順則(1663~1734) 撰(1708). 凡38章, 附錄5章.

琉球歸福州，由那霸港用申鍼放洋. 辛酉鍼一更半，見姑米山幷姑巴甚麻山. 辛酉鍼四更，辛戌鍼十二更，乾戌鍼四更，單申鍼五更，辛酉鍼十六更，見南杞山[屬浙江溫州]. 坤未鍼三更，取臺山. 丁未鍼三更，取里麻山[一名霜山]. 單辛鍼三更，收入福州定海所，進閩安鎭[琉球姑米山至福州定海所，共五十更船].

閩有司旣治封舟畢工，泊於太平港羅星塔. 五月十日壬午，齎詔勅至南臺，以小舟至泊船所. 十五日，祭江取水，蠲吉於二十日壬辰，奉詔勅升舟. 連日夜，風皆從東北來，是日轉西南. 遂於未初起椗. 至怡山院，諭祭於海神.

二十一日癸巳，日出，西南風. 日中，至管頭，出金牌門. 日入，未過黃蝦鼻，下椗.

二十二日甲午，日出，丁未風，過梅花頭. 日中，丁風帶午，乘潮出五虎門放洋，過官塘尾. 日入，至進士門. 夜至九漏，轉丁未風. 接封陪臣正議大夫陳其湘率其國夥長主鍼，用乙辰鍼三更半.

二十三日乙未，日出，見東湧在船後，約離一更半許. 丁未風，用乙卯鍼二更，約離官塘八更半許.

二十四日丙申，日出，丁午風，仍用乙卯鍼. 日未中，過米糠洋[海水碧徹如靛，細黃沙如涎沫，連亙水面如米糠]，見群魚拜水. 日將入，有大鳥二，來集於檣. 是夜，風益利，用乙卯鍼四更. 共計十三更半，當見雞籠山·花瓶·棉花等嶼及彭家山，皆不見. 夜用乙卯鍼四更半，共十七更. 船東北下一更半許.

二十五日丁酉，日出，丁未風輕，用單乙鍼二更，乙卯鍼一更半. 夜至四漏，轉正南風，用單乙鍼一更半，共計二十一更.

二十六日戊戌，日出，正南風. 日未中，轉丁午. 逾時，丁未風微起，用單乙鍼一更. 日中，風靜，緇水無底. 晩晡，轉丙午風，用乙卯鍼. 風靜船停，不上更. 日入，風微起. 至四漏，轉丁午風，用乙卯一更. 至八漏, 又用單卯二更, 至天明.

二十七日乙亥, 日出, 丁午風. 日未中, 風靜船停. 有大沙魚二, 見於船左右. 日入, 丁午風起. 至二漏, 轉丁風, 用乙辰鍼二更半. 天將明, 應見釣魚臺·黃尾·赤尾等嶼, 皆不見. 共用卯鍼二十七更半, 船東北下六更許.

二十八日庚子, 不用接封陪臣主張卯鍼, 本船夥長林某改用乙辰鍼. 日未中, 丁未風. 行二更半, 鴉班上檣, 見山一點在乙位, 約去四更餘. 水面小黑魚點點. 接封陪臣云, 此出姑米山, 所見或是姑米而未能定. 日入, 風轉丁午, 用辰巽鍼二更.

二十九日辛丑, 日出, 見東北小山六點. 陪臣云, 此非姑米, 乃葉壁山也. 在國西北. 始悟用卯鍼太多, 船東北下. 若非西北風, 不能提舟上行至那霸收港也. 日中, 禱於神, 忽轉坤申庚風. 一時, 又轉子癸. 陪臣大喜, 乃回鍼東南行. 指一小山云, 此名讀谷山. 由此迆轉, 卽入港. 日入, 轉丑艮風, 大熾. 用丙巳鍼, 又用丙午單卯鍼. 先是, 四五日前未見山, 舟浮不動. 水艙將竭, 衆頗惑. 禱於神, 珓示曰, 二十八日見山, 初一日到港. 至是六月朔壬寅, 日未出, 遂入港. 行海中七晝八夜云.[二號船港鍼簿]

封舟到那霸港, 泊海口. 迎舟數十, 獨木船雙使一帆者又數百槳. 世曾孫尙敬守次, 先遣法司以下諸陪臣來迎詔. 隨來隨遣, 前後數輩致牲禮迎勞如儀. 午潮上, 島民艤船數百, 或在船, 或入水施百緶引舟至迎恩亭下[亭建自洪武中武寧王, 時修葺如新]. 陪臣班列, 儀仗金鼓皆集亭左右, 迎請龍亭. 未刻, 以次登岸. 衆官前導至館, 奉安詔勅. 行禮訖, 以次入謁, 法司王舅·紫金大夫·紫巾官爲一班, 三叩頭. 天使立受, 揖答之. 耳目官·正議大夫·中議大夫爲一班, 三叩頭. 天使立受, 拱手答之. 那霸官·長史·察侍紀官·遏闥理官·都通事爲一班, 三叩頭. 天使坐受, 抗手答之. 嗣後, 朔望及逢五十日, 王遣法司王舅以下至館一起居. 見天使皆下坐, 應對皆起立. 每月初二日, 十六日, 天使亦遣使至王府答問云.

天使館, 去迎恩亭一里許, 面南. 屋宇皆如中國衙署, 外柵四周. 柵內東西門, 房各四楹, 竿上施冊封黃旗二. 八角鼓棚, 左右二所. 大門內, 東西役房各六楹. 儀門上, 有天澤門三字匾, 前明萬曆中使臣夏子陽題. 今失去, 臣等補書其上. 大堂前庭方廣數畝, 陪臣行禮於此. 甬道左右, 臣等植大榕樹四株. 堂上前楹, 前使張學禮·王垓題天威遠布隸書四字, 汪楫·林麟焻題敷命堂三字, 皆在. 臣等又書皇綸三錫四字, 懸正梁上. 蓋自康熙二年封王尙質, 今王之高祖也. 康熙二十二年封王尙貞, 今王之曾祖也. 王之祖尙純未及立, 王之父尙益未及請封, 至今國王尙敬已閱五世, 皆受我皇上璽封. 六十年中大典三行, 澤及五世, 實爲千古僅事. 故特書之以示遠人, 明我皇上與天無極之治, 海隅日出, 覆育無窮也. 左右楹間特書二榜, 一載前明冊使姓名, 一載本朝三遣使臣姓名.

使館西南有舊使館, 址相連. 前亦有轅門, 大門, 上有小板閣. 入門, 大堂三楹, 以板鋪地, 去地三尺許. 外有駐節二字, 前使王垓所書. 又前明崇禎中使臣杜三策書每懷靡及四字. 西有樓, 今無存[胡靖≪記≫[2]云, 楊行人掄居西偏小樓, 名曰聽海]. 今新葺板閣. 惟東板閣係舊建, 樫木梁柱, 皆極堅固. 前使張學禮≪記≫[3]云, 樓上有杜三策題≪梅花詩≫百首. 今已墁滅無存. 測量·平豊二臣居之, 扃前轅門. 鑿後垣, 共門出入.

天使館, 日有都通事一員, 紅帕秀才二十人輪番値門, 聽候指使.

天使館旁, 支應分設七司. 一, 館務司, 掌館中大小應行事件. 一,

---

2) 名≪琉球記≫, 後附≪中山詩集≫一卷, 崇禎六年(1633)胡靖隨戶科左給事中杜三策和楊掄出師琉球歸後作寫. 此書出版時離出使已有二十餘年, 所記較爲簡略.

3) ≪使琉球記≫.

承應所, 掌館中修葺·物件·家伙等事. 一, 掌牲所, 掌羊·豕·雞·鴨支送等事. 一, 供應所, 掌館中酒·米·小菜支送等事. 一, 理宴司, 掌七宴事. 一, 書簡司, 掌書帖往來等事. 一, 評價司, 掌評定物價上下, 分買支給等事. 每司遣大夫一員, 紅帕三人餘雜差等二十人主一司. 其朝夕供應奔走, 別有庫官等爲之.

國王日以宮前瑞泉供客, 每日淸晨汲入綠木筒二石餘, 以鎖鎖之. 走十里, 送至館中. 紅帕秀才九人, 分日押送.

每日供應米五升, 麵四斤, 醬·醬油·醋·鹽·菜油各四盞, 豆腐三斤, 燒酒一瓶, 魚·肉各三斤, 羊肉二斤, 乾魚四斤, 雞二, 蛋十枚, 海蟳二, 西瓜二, 冬瓜十斤, 菜一斤, 燭四枝, 炭十斤, 柴四束.

起居日, 餽生豬·羊各一, 雞二, 蛋·魚·海蛇·海蟳·石鮔·車鰲·麵條·麵粉·醬蔥·醋蒜·胡椒·甘蔗·蕉果[冬易以橘]·燒餅·佳蘇魚各一盤, 燒酒一埕, 炭一包, 燭一束. 朔望, 加吉果·米肌·銀酒·黃酒之餽. 吉果, 以米粉爲之, 形如薄餅. 米肌, 如白酒而稍淡. 銀酒, 卽燒酒. 黃酒, 國中所醞煮, 酒色黑醲, 少有油氣.

守備·千總, 日米四升, 醬油·醋·鹽·菜油·米醬各一盞, 豬肉三斤, 羊肉一斤, 生魚二斤, 乾魚三斤, 雞一, 蛋十枚, 蔬菜一斤, 豆腐一斤, 燒酒六盞, 小燭二枝, 炭五斤, 柴二束.

全廩給, 日米三升, 醋·鹽·菜油·豆醬各一盞, 豬肉二斤, 生魚二斤, 乾魚二斤, 雞一, 蛋五枚, 蔬菜一斤, 豆腐一斤, 燒酒三盞, 小燭二枝, 柴二束. 半廩給, 日米二升, 醋·鹽·菜油·豆醬各一盞, 豬肉一斤, 乾魚一斤, 雞一, 蔬菜一斤, 豆腐一斤, 燒酒二盞, 柴二束. 口糧·月糧, 日米一升五合, 醋·鹽·菜油·豆醬各半盞, 豬肉一斤, 鹽魚一斤, 蔬菜一斤, 豆腐半斤, 燒酒一盞, 柴一束.

入館後, 涓吉鼓樂, 儀從奉迎船上天妃及挐公諸海神之位供於上天妃宮內, 朔望日行香. 琉球天妃宮有二, 一在那霸, 曰下天妃宮,天使館之東, 門南向. 前廣數十畝, 有方沼池. 宮門前, 石神二. 入門甬道, 至神堂三十步許. 堂內有崇禎六年冊使杜三策·楊掄慈航普度匾, 順治六年招撫司謝必振普濟萬靈匾, 康熙二年癸卯冊使張學禮·王垓普濟群生匾. 大門上書靈應普濟神祠, 則萬曆三十四年冊使夏子陽·王士禎所立也. 兩旁皆民房, 國中案牘多儲於此. 有鐘一架, 景泰丁丑國王鑄施.

上天妃宮, 在久米村. 夏給諫子陽≪使錄≫[4]云, 此爲嘉靖中冊使郭給事汝霖所建. 地無碑記可證. 宮在曲巷中, 門南向, 神堂東向. 門旁, 亦有石神二. 進門, 上甬道. 左右寬數畝, 繚垣周環. 正中爲天妃神堂, 右一楹爲關帝神堂, 左爲僧寮. 階下, 鐘一所. 大門左有神堂, 上饗供龍神. 天妃堂內, 有崇禎六年冊使杜三策·楊掄立德配玄穹, 康熙三年癸卯冊使張學禮·王垓生天福靈, 二十二年冊使汪楫朝宗永賴三匾. 副使林麟焻二十三字長聯, 後稱≪裔姪孫麟焻敬題≫. 蓋天妃爲莆田林氏, 閩中林姓多作此稱. 梁上有靈應普濟神祠之額, 乃萬曆中冊使夏子陽·王士禎所立也.

始至館第二日, 先詣孔廟行香, 次至天妃宮. 冬至, 則設萬歲龍亭於廟左明倫堂, 使臣以次行禮訖, 亦載謁夫子像. 朔望則否.

天尊廟, 祀雷聲普化天尊. ≪汪錄≫[5], 永樂中, 貢使自京師塑像歸, 禱必應. 故第二日亦往行香, 朔望則不再至云.

自天使館至先王廟, 二里許. 天使館東有天妃宮, 宮前有方沼池. 過池, 東北沿隄行, 不半里, 有泉崎橋. 橋旁有孔廟, 由廟東行數百步, 北折爲長虹隄. 隄長亙二里許, 下作水門七以通潮[隄旁有小石山, 名七星山. 七石離立沙田中]. 隄盡, 北折爲安里橋[此處地名安里, 故名. ≪汪錄≫

---

4) 夏子陽(1552~1610), 字君甫, 號鶴田. 萬曆31年(1603)被任命爲出使琉球國正使, 冊封新繼王位的中山王.

5) 汪楫, 1683年出使琉球. 使記≪使琉球雜錄≫.

作眞玉橋, 誤. 另有眞玉橋, 在豊見城北玉湖之上.]. 過橋東折, 卽中山先王廟. 廟前, 松岡數重. 左右流澗寬丈許, 環注安里橋下入海. 廟前石路方廣, 左右立木坊及下馬石碑, 左右各一. 廟垣四周, 皆礪石磊成. 正中作圈門三, 左右角門二. 門內前堂三楹, 匾肅容二字. 卽祭畢設宴待客之所. 更進, 甬道東西廳各三楹, 階下兩叢鐵樹攢鬱. 正廟七楹, 堂楹之上, 前使臣張學禮題河山帶礪, 汪楫題永觀厥成二匾俱在[臣等亦書世篤忠貞四字, 懸其次]. 堂西神廚二楹. 東爲佛堂, 前後六楹·旁三楹爲僧廚.

六月二十六日丁卯, 行諭祭禮. 先期, 灑埽王廟. 中堂屛蔽神主, 以便迎請龍亭. 設香案於廟中, 設司香二人. 設開讀臺於滴水西首, 設開讀位, 東南向. 設中山先王神主位於露臺東首, 西向. 設世曾孫俯伏位於先王神主位之下, 北向. 設世曾孫拜位於露臺中, 北向. 設衆官拜位於世曾孫拜位後, 左右層列. 設奏樂位於衆官拜位之下, 北向. 祭日黎明, 法司官率衆官及金鼓儀仗畢集天使館前. 天使啓門參謁畢, 迎請龍亭進公館中堂. 捧軸官捧諭祭文二道奉安龍亭內, 又捧賫賜絹帛二百端·白銀二百兩奉安彩亭內. 衆官排班, 行三跪九叩頭. 禮畢, 前導至安里橋, 世曾孫皁袍角帶率衆官迎, 伏於橋頭道左. 龍亭暫駐, 世子·衆官平身. 天使趨前, 分立龍亭左右. 通事官唱排班, 世曾孫率衆官行三跪九叩頭禮. 畢, 世曾孫率衆官前導至廟門外. 龍亭由中門入, 至廟內中堂. 彩亭內銀絹分列於先王位前案上. 天使隨入, 左右立. 捧軸官由東角門入, 至廟東邊門外西向立. 宣讀官·展軸官由西角門入, 至開讀臺下東向立. 司香二人擧香案置龍亭前, 添香. 世曾孫率衆官由東角門入, 上露臺, 各就拜位, 行三跪九叩頭. 禮畢, 退立於先王神位之下, 西向. 捧軸官由廟東邊門入廟中堂, 天使先取諭祭先王尙貞文授捧軸官高擧出廟中, 上開讀臺. 宣讀官次之, 展軸官又次之. 捧軸官上臺, 立案右, 宣讀官就開讀位. 展軸官立案左, 與捧軸官對展. 通事官唱開讀, 世曾孫·衆官皆俯伏於先王神位之下北向, 候宣讀官從容讀畢. 通事官唱焚帛, 世曾孫率衆官皆平身, 至焚帛所. 候焚畢, 回露臺, 同衆官謝恩三跪九叩頭. 禮畢, 退班. 世曾孫捧先王尙貞神主由廟東邊門入廟內, 安於東偏神座. 世曾孫又捧先王尙益神主就位, 天使又取諭祭先王尙益文授捧軸官如前儀. 諭祭文二道皆另謄錄焚黃, 原勅俱請留供廟中. 諭祭禮畢, 天使易服, 世曾孫揖至東廳行相見禮[世曾孫未受封, 猶守幕次. 至此始與使臣相見, 七宴自此始. 張學禮≪記≫, 始至, 有迎風宴. 非也.]. 天使居東, 世曾孫居西, 各三拜, 送坐. 奉茶畢, 請就前堂宴. 天使左行, 世曾孫右行, 至前堂. 天使居東, 世曾孫居西, 安坐正使居東, 副使居西, 俱南面坐. 世曾孫面東北坐. 不設樂, 茶酒皆親獻, 天使辭. 天使酬獻, 亦辭. 席終, 請天使輿至滴水前. 世曾孫下階揖別, 衆官出門跪送. 世曾孫是日不及詣館謝, 先遣官至館謝勞. 天使次日亦遣官入王城謝宴, 爲第一宴.

自天使館至中山王府, 十里. 冊封日, 自先王廟以東, 紅帽吏排仗夾道, 列至王宮. 先王廟南折, 爲八幡橋. 更東, 過岡二里許, 爲差回橋亦名茶崎. 上岡東行, 爲萬松嶺. 石路修整, 岡巒起伏. 松皆數圍, 夾道森立. 更進, 爲萬歲嶺. 更進半里許, 有坊, 榜曰中山道. 南有安國寺, 寺對街累牆如削, 爲世子第. 夾路皆礪石短牆, 高三四尺. 中路有鳳蕉一叢, 累石環之. 又進半里許, 有坊, 榜曰守禮之邦. 中山王伏迎詔於此. 坊下道旁石牆, 漸高八九尺. 坊外道左, 有天界寺. 寺門北向, 佛殿西向. 寺前西南爲王塋, 對街繚垣內爲大美殿. 更進半里許, 爲歡會門卽中山王府城也, 在山頂. 礪石城垣, 四周三四里. 遠望如聚骷髏. 自古紀之, 蓋言其形似也. 山形殿址, 本南北向. 由那霸至中山從西岡上, 故門皆西向. 城外石崖上, 左刻龍岡, 右刻虎崒. 城四面, 各一門[前歡會門, 西向. 後繼世門, 東向. 左水門, 南向. 右久慶門, 北向.]. 更進歡會門至石崖, 下爲瑞泉. 上崖, 門西北向, 榜曰瑞泉[左右皆甬道, 有左掖右掖三門通入王宮]. 更進, 樓榜曰刻漏, 西向. 更進, 爲廣福門, 西北向. 更進, 爲奉神門. 左右三門幷峙, 西向. 王殿九間, 皆西向. 殿樓上供御書中山世土四字大榜, 卽王宮也. 前殿, 庭方廣數十畝. 左爲南樓, 北向. 右爲北宮, 南向, 扁曰忠順可嘉. 凡宴天使, 皆於此殿. 屋皆固樸, 多柱礎. 屋一間, 施二十柱, 無華采之飾, 亦不甚巍峻以在山頂, 多海風故也.

冊封先一日, 所司張幄結綵於天使館. 國中經行處, 皆結綵. 造板閣一楹爲闕庭, 設於王殿庭中. 中置殿陛, 左右層階. 設香案於闕庭前, 設司香二人於香案左右. 設世子受賜予位於香案之前. 設宣讀臺於殿前滴水之左. 設世子拜位於露臺正中. 設衆官拜位於世子後, 左右層列. 世子左右立引禮官二員, 衆官左右立贊禮官二員. 陳儀仗於王殿左右, 設奏樂位於衆官拜位之後.

七月二十六丁酉黎明, 法司官衆官率金鼓·儀仗畢集天使公館前. 天使啓門參謁畢, 迎請龍亭入公館中堂. 捧詔官·捧勅官各捧詔勅奉安龍亭中, 捧幣官捧段疋等分置左右綵亭中王與妃各一亭. 衆官排班, 行三跪九叩頭. 禮畢, 前導. 世子率衆官伏迎於守禮坊外, 龍亭暫駐, 世子衆官平身. 天使趨前, 分立龍亭左右. 通事官唱排班, 世子衆官行三跪九叩頭接詔. 禮畢, 衆官世子前導, 立殿下. 龍亭入至闕庭中, 綵亭分列左右, 天使分立龍亭左右, 捧詔官·捧勅官立殿陛下, 宣讀官立開讀臺下. 司香者擧香案於龍亭前, 添香. 奏樂, 引禮官引世子由東階升, 詣香案前, 樂止. 引禮官唱跪, 衆官各就拜位皆跪. 引禮官唱上香, 案右司香者捧香跪進於世子之左. 三上香訖, 俯伏興平身. 奏樂, 引禮官引世子出露臺, 就拜位. 率衆官行三跪九叩頭拜詔. 禮畢, 平身, 樂止. 天使詣前, 正中立. 捧詔官·捧勅官由東階升, 天使取詔授捧詔官·取勅授捧勅官, 高擧下殿陛. 同宣讀官上開讀臺, 詔勅幷置案上. 通事官唱開讀, 樂止. 引禮官唱跪, 世子衆官皆跪. 捧詔勅官以次對展, 宣讀官次第. 禮畢, 引禮官唱平身, 世子衆官皆平身. 奏樂, 捧詔勅官各捧詔勅升殿陛, 天使仍奉安龍亭中, 捧詔勅官下東階. 國王及衆官行三跪九叩頭. 謝封. 禮畢, 平身, 樂止. 天使宣制曰, 皇帝勅使賜爾國王及妃段疋·綵帛, 引禮官引國王由東階升, 法司官隨行. 國王至受賜予位, 跪. 奏樂, 天使取賜王及賜王妃段疋, 一一親授國王, 國王高擧. 法司官跪接, 傳置案上畢, 俯伏興平身. 引禮官引國王復位, 率衆官行三跪九叩頭謝賜. 禮畢, 平身, 樂止. 引禮官引國王升東階, 至龍亭前跪, 問聖躬萬福. 天使答曰, 聖躬萬福. 國王俯伏興平身. 奏樂, 引禮官引國王復位, 率衆官行三跪九叩頭問安. 禮畢, 平身, 樂止. 引禮官引國王升東階, 至香案前, 跪. 請留詔勅爲傳國之寶. 法司捧前代詔勅呈驗, 天使驗明, 允所請. 捧亭中詔勅親授國王, 國王平身, 仍奉安亭中. 奏樂, 引禮官引國王復位, 率衆官行三跪九叩頭謝恩. 禮畢, 國王請天使更衣, 俱肄北宮. 對拜安坐, 獻茶. 一如前儀. 用樂人聲居上, 鐘鼓列下陛, 迭奏, 爲第二宴.

冊封禮成, 中山世曾孫尙敬始稱中山王, 擇吉告祖廟. 八月二日, 受國中各島臣民賀訖. 初九日, 中山王躬詣天使館謝封. 盛儀仗, 備官僚, 成禮而還. 其初出府門也, 乘十六人肩輿. 及過長虹隄至孔廟南, 小駐別館易衣, 減輿夫之半, 始至天使館. 還至別館, 仍易衣, 儀從如前, 歸府第. 今所見者, 與前使臣汪楫所記少異, 鳴金四人, 鼓吹三隊隊八人, 方棍六人, 紅隔路二人, 旗十六人, 鐵义二人, 曲槍二人, 留客住四人, 狼牙鉤二人, 長鉤四人, 鉞斧四人, 長桿槍三十二人, 月牙四人, 雞毛帚十二人, 馬尾帚二人, 大刀二人, 黃繖二人, 花繖二人, 引馬二人, 提鑪二人, 黃段團扇二人, 綠珠團扇二人, 印箱二人, 衣箱二人, 轎前紅桿槍四人, 紅鞘長腰刀四人, 黑腰刀二人, 長砍刀四人[蕭崇葉≪錄≫[6]云, 有武士, 戴銅假面, 衣添甲, 帶刀者數十輩. 今則以常服執之.], 大掌扇一人, 紅絡金鑪二人, 金葫蘆二人, 珠兜扇二人, 小鵝毛扇二人, 蠅拂二人[金鑪以下俱小童執. 近侍小童, 名察度奴示], 黃帽對馬三十人[耳目官·大夫以下等員], 紫帽對馬十二人[紫巾官·紫金大夫等員], 綠地五花織金帽對馬二人[王舅·法司等員].

是日國王經行之處, 道旁皆設各種花供. 泉崎橋隄上, 道旁盆盎中羅花卉數十種, 排列數層, 朱欄繞之. 中刻木, 作一獸, 繪畫如麟狀. 後立一木版, 書云, 非龍, 非彪, 非熊, 非羆, 王者之瑞獸, 更無對句, 此久米人所設.

使館東, 下天妃宮前沼池內, 作假山, 剪紙作白鶴一. 池上斧大松一株, 立地中. 上亦作一白鶴, 如飛鳴相向狀. 四圍以紙皮作假山, 羅花草數十種圍之. 中作一老人, 二鹿, 如山呼祝壽狀, 此那霸人所設.

中秋宴, 於王府庭中北宮滴水前, 造木臺方五六丈, 帷幕四週. 王延客入席坐定, 先呈神歌祝頌說帖云, 本國混沌之初, 首出御世者爲天孫氏如中國羲皇, 澹泊爲治. 嗣後國君登位, 神每出示靈祐, 乃制≪迎神歌≫以歡樂之. 迨後神不屢出, 神歌遺曲, 至今猶存. 每當國王卽位及行慶諸事, 必皆擧行. 從前先王受冊封後宴天使, 例首演之. 作一老人登場, 不作樂, 惟唱神歌, 拜祝皇上萬歲, 中外昇平, 次頌國王共蒙福祉. 今當中秋佳節, 天使降臨, 眞神人共喜之日也. 謹遵例, 首唱起神歌, 黃髮老人百拜稽首, 恭頌皇上恩德如天, 國王帶礪百世. 老人歌罷, 拜退, 次令戚臣子弟俊秀者數十人衣彩衣, 隊隊相續, 歌太平曲, 以供宴樂云.

先有樂工六人引聲如梵唄音, 無樂. 次有載壽星假面一人, 登場

6) 葉은 業의 오자. 蕭崇業, 明. 雲南臨安人, 籍上元(今江蘇南京), 字允修, 號乾養. 萬曆7年(1579年)奉使冊琉球, 及還, 記其山川風俗, 爲≪使琉球錄≫.

和之. 三拜, 搓手起舞. 舞畢, 又三拜, 止. 次有樂工十四人, 著雜色紅綠衣, 帽檐六稜, 低壓頭頂或戴燕尾綠頭巾. 持樂器三弦二, 提琴一[卽用三弦著引弓於上], 三弦槽柄比中國短半尺許, 笛一, 小鑼一, 鼓二登場, 前後二行, 曲踞上向, 引吭曼聲歌. 褰幔處有小童可十三四歲四人, 著朱色襪, 五色長衣無帶, 開襟搖曳, 頭戴黑皮笠, 朱纓索曼長垂胸前. 回旋而上, 時作顧盼, 坐起之態. 登場, 一行面樂工小坐, 樂工代爲解笠, 捲朱纓盤著笠上, 仍授之. 小童起立, 執笠頓足按節而舞, 樂工曼聲歌與相應, 爲第一遍笠舞. 又有四小童宮妝, 翦金扇面作花朵. 朱帕紫額, 上有金飾. 五色衣, 項上帶五色花索一圍長垂膝下. 登場, 樂工歌, 脫花索, 交手頓足按節如前, 爲第二遍花索舞. 次有小童三人可十餘歲, 戴珠翠花滿頭, 著宮裙, 五色錦半臂, 肩小花藍各一提. 登場鼎立, 樂工歌頓按如前, 爲第三遍籃舞. 次幼童四人, 短朱綠五色宮衣, 長裙間綵, 曳地搖曳. 登場, 向樂工小坐. 樂工各授小竹拍四片, 起舞按節, 手拍應之, 爲第四遍拍舞. 次有武士六人, 著黑白相間綦紋大袖短衣, 金箍束額作平頂僧帽式. 挺白杖, 交擊應節, 爲第五遍武舞. 又有小童二人, 五色衣, 執金毬, 毬上四面著小金鈴, 長朱索曼纓, 左右舞. 引二青獅登場, 旋撲, 爲第六遍毬舞. 席終換席, 又有小童三人宮妝登場, 向樂工小坐, 工授以小花金桿二枝長不及尺許, 兩頭著紅花, 交擊應節, 爲第七遍桿舞. 次有小童四人, 易宮衣. 登場, 手執花竿長三尺許各一枝, 舞應節, 爲第八遍竿舞. 時已向昏, 徹帷幕, 庭中設煙火數十架. 又令數人頭戴火笠, 騎假馬, 頭尾煙爆齊發, 奔走庭中, 以爲戲樂. 宴畢出城, 火炬長二丈許者數千, 夾道送歸使館, 爲第三宴.

龍潭, 在王宮之北, 圓覺寺西, 長不半里, 寬數十畝. 水渟瀠, 與圓覺寺前荷池相通. 瑞泉下流所匯也. 南岸爲神嶽, 蕉樹攢密, 不見曦月. 掩映碧潭, 岸無餘址. 北岸長隄上蠣牆連墉, 皆巨族居之. 跨東西有小橋, 潛渠入田. 東岸突出尖埠, 跨潭之中. 花樹森立, 三面臨水. 重陽宴, 爲龍舟戱, 設坐於此埠之上.

先設木閣於埠上, 結綵數重, 氈席四周. 王揖客, 坐定. 龍舟三, 式與福州所見略同, 梭長三丈餘, 槳二十八. 人皆一色衣, 一紅, 一白, 一黑. 每舟中央設鼓, 綵衣小童擊以爲節. 前後二綵衣童, 執五色長旗. 船首一人擊鑼, 與鼓相應. 齊唱≪龍舟太平詞≫以歌聖德及遠, 永享治平. 海國蒙恩, 竭忠仰報之意. 問其詞, 大略與前使所錄同. 左右旋繞四岸, 士女匝觀者數百人. 龍舟戱畢, 國王先辭客, 回府第. 仍開宴於北宮, 演劇六折.

第一, 爲老人祝聖事. 老夫婦二人, 率子孫五六人登場跪. 國語致詞曰, 當今聖天子德高堯舜, 道邁湯文. 八埏昭日月之輝, 一統著車書之盛. 國王夙沐聖恩, 新受冊封. 天使賁臨, 擧國歡忭. 小臣老夫婦生長本國, 年一百二十歲, 皆康健. 子孫三百三十餘人, 多有登仕籍爲官者, 擧家蒙福. 子孫內有能歌唱彩舞者, 率領獻壽, 老夫婦再拜先舞. 其歌詞曰, 王德如海, 民之父母. 受封於天, 帶礪永固. 舞罷, 群綵衣童隊隊相續. 一, 團扇曲, 六童舞. 一, 掌節曲, 三童舞. 一, 笠舞曲, 四童舞. 一, 籃花曲, 三童舞[以上皆名≪太平歌≫]. 第二, 爲鶴龜二兒復父仇古事. 中城按司毛國鼎, 忠勇爲國. 時勝連按司阿公少爲郡馬, 驕貴蓄異志. 忌中城, 讒之於王, 誣以反. 王令阿公率師族滅之, 毛公自刺死. 二子, 一名鶴, 年十三. 次名龜, 方十二. 旣俊秀, 父居常以寶劍二, 敎之擊刺事. 時隨母在外家山南查國吉所, 聞變, 泣請於母, 欲以間殺阿公, 復父仇. 求寶劍, 各佩之. 步肄勝連, 伺阿公春遊, 卽懷劍而前. 阿公喜且醉, 解衣帶分賜二童, 攜一劍幷賜鶴. 鶴乘其醉, 拔劍刺之, 大呼曰, 我毛公子, 今殺汝, 爲我父復仇. 阿公驚起, 頭隨劍落矣. 群從皆醉, 盡爲二童所殺云. 第三, 爲鐘魔事. 中城縣姑場村農家陶姓, 有兒名松壽. 年十五歲, 白晳晰端麗. 至首里, 從師. 一日, 行至浦添山徑中, 向昏黑, 持一竹竿點地行. 見燈求宿, 乃一獵家. 父出夜獵, 止一女

年十六, 頗妖麗. 留宿, 挑之. 松壽坐睡, 不許. 强擁之, 松壽拂衣起. 女羞且怒, 持獵具欲殺松壽. 松壽走, 女逐之. 山曲有萬壽寺, 住持僧普德頗有行. 松壽奔入號救, 四顧無隱處. 僧伏之大鐘內, 令三徒守鐘旁. 女至, 三僧戲嬲逐之. 女不得松壽, 仰哭如癲, 出門去. 僧啓鐘有聲, 女還奔入. 方欲爲惡, 忽披髮改形入鐘內, 普德與諸僧繞鐘咒之. 女自鐘倒垂首出見, 鬼面, 手一义, 下擊諸僧. 僧咒不已. 寺外大雷電, 女化魔走出, 不知所在[二事皆百年前國中事]. 第四折, 爲天孫太平歌. 共五十餘人, 先有一披髮髮頭陀, 執白木桿, 引五色衣小童花抹額, 各色蕉比甲, 腰中各插菊花一枝, 金輪轉竿一枝, 共十九人. 上場左旋, 作一圍立, 爲第一層. 次有各色紅綠雜衣郎二十人, 上場右旋, 作第二層立. 次有綵衣小童二, 執小點鼓. 雜衣郎二人, 執銅點. 八人, 執腰鼓, 上場左旋, 作第三層立. 次有綵衣小童四人, 三人執紙帚, 一行中立. 每唱, 此四小童引調唱第一句起, 下雜衣郎和之. 小童後二層立, 樂工二十人居中. 外三層左右交轉, 外一層小童第一轉, 五色扇舞爲節. 第二轉, 金交桿爲節. 第三轉, 舞菊爲節. 第四轉, 舞輪竿爲節. 畢, 轉入第二層, 雜衣郎轉出. 外一層手舞頓足, 回旋爲節. 四五番以次旋轉而下, 爲第四宴.

餞別宴, 爲第五宴. 儀禮如前, 又增國中故事一二齣爲樂.

拜辭宴, 爲第六宴. 儀禮·增戲樂如前. 宴畢, 國王送客出府, 至守禮坊外. 更設小座於世子第中, 手奉三爵爲別.

望舟宴, 爲第七宴. 國王至天使館設宴, 禮如前儀, 面致金扇一握爲別. 臣等宴禮旣畢, 涓吉登封舟, 候風歸朝復命. 中山王尙敬遣陪臣·法司·王舅·紫金大夫等齎表謝恩幷貢物, 自附常年貢船一號隨封舟同發.

貢物, 金鶴[銀座全], 盔甲一副[護手·護膝全], 金靶鞘腰刀二, 銀靶鞘腰刀二, 黑漆靶鞘鍍金銅結束腰刀二十, 黑漆靶鞘鍍金銅結束槍十, 黑漆靶鞘鍍金銅結束衮刃十, 黑漆灑金馬鞍一[轡鐙全], 金彩畫圍屛四扇五百, 土棉二百, 紋蕉布二百, 土苧布一百, 白鋼錫五百斤, 紅銅五百斤.[金鶴以下, 乃其謝封貢物. 舊例, 有胡椒. 今缺, 以白鋼錫代之. 其常年貢物, 止於白錫一千斤, 紅銅三千斤, 硫磺一萬二千八百斤. 琉璜納藩庫, 貢使賫銅錫至京. 前明於福州特設市舶提擧一員, 專理琉球貢事, 以內官領之. 本朝省弁其事於海防同知, 今貢使猶稱之曰提擧云.]

順治十年, 國王尚質來繳前朝故印, 請封重給. 康熙元年, 冊使始至國, 賜王印. 印文六字, 琉球國王之印, 左滿右篆, 不稱中山.

二月十六日癸丑巳刻, 封舟自琉球那霸開洋. 用小船百餘引出港口, 琉球官民夾岸送者數千人. 小船竪旗, 夾船左右送者數百槳. 是日晴明, 南風送颿, 用乾亥鍼一更半, 單乾鍼四更, 過馬齒·安根呢·度那奇等山, 海水蒼黑色. 日入, 見姑米山二點, 離二更半許. 夜, 轉丁未西南風. 十三漏, 轉坤未風, 用乾戌三更半. 風有力, 頭巾頂索連斷三次.

十七日甲寅, 日出, 龍二見於船左右, 水沸立二三丈. 轉西北風, 用單子鍼一更. 日入, 至十四漏, 轉坤未風, 用乾戌一更. 夜見月, 至明.

十八日乙卯, 日出, 用單乾·乾戌四更. 日入, 至十四漏, 西南風有力, 用乾戌四更半. 夜見月, 至明.

十九日丙辰, 日出, 轉辛酉西風, 帶南風不定. 用單庚一更. 日中, 轉壬子癸風, 用單酉鍼. 至日入, 轉子癸, 又轉丑癸, 用單戌三更半. 夜見月, 至明.

二十日丁巳, 日出, 轉艮寅, 東北順風. 日中, 轉甲卯, 用辛戌四更. 日入, 轉乙辰風, 大雨, 船共行二十六更半. 是日, 海水見綠色.

夜過溝, 祭海神. 轉巽巳風, 用辛酉三更半, 至明.

二十一日戊午, 日出, 大霧. 正南風轉西南, 又轉西北, 風不定. 船行緩, 不上更. 縋水, 四十八托. 有烏, 來集於檣. 轉子癸風, 至十三漏, 轉東北大順風, 用庚申二更, 至明.

二十二日己未, 日出, 東北風, 晴, 大寒. 用庚酉申四更半. 日入, 有燕二, 來集檣上. 至十一漏, 轉乙卯風. 縋水, 四十托. 用庚酉一更. 夜雨, 大霧.

二十三日庚申, 日出, 霧大. 雨, 無風. 縋水, 三十二托. 日晡, 壬癸風起. 日入, 轉壬子風. 夜, 雨大, 寒. 用庚酉二更. 未明, 見山, 離一更遠許.

二十四日辛酉, 日出, 用單申一更, 至魚山及鳳尾山, 二山皆屬台州. 封舟回閩鍼路, 本取溫州南杞山. 此二山又在南杞北五百里, 船身太開北行, 離南杞八更遠許. 日晡, 轉北風, 用丁未鍼三更. 日入, 舟至鳳尾山. 風止, 下椗.

二十五日壬戌, 無風, 舟泊鳳尾山. 夜, 雨. 有數小船來伺警, 至明.

二十六日癸亥, 日出, 東北風, 起椗行. 大雷雨, 有旋風轉篷. 日晡, 轉壬亥風, 用單未·坤未三更. 日入, 風微. 用單未一更, 見南杞, 離一更許.

二十七日甲子, 日出, 晴. 見盤山. 至溫州, 東北順風, 用坤申庚四更. 縋水, 十四托, 離北關一更許. 日入, 用坤申庚一更, 至臺山下椗. 夜十八漏, 又起椗. 至明, 見南北關二號船, 先一日過南關.

二十八日乙丑, 東北風, 無力, 船泊七星山. 縋水, 九托. 夜至五漏, 颶作, 椗走. 用乙辰鍼行七漏, 加副椗泊船.

二十九日丙寅, 日出, 至霜山. 東北風, 用申庚酉鍼. 日晡, 與二號船齊至定海所. 琉球謝恩船先一日到, 相次泊.

三十日丁卯, 東北風. 乘潮, 三船鴈次進五虎門. 日中, 至怡山院,諭祭於海神. 行海中, 凡十四晝夜雲.

臣葆光按, 冊封之役有記錄者, 自前明嘉靖中陳侃始, 至康熙二十一年汪楫等, 凡七次. 封舟回閩, 析桅漂柁, 危險備至. 披閱之次, 每爲動心. 今奉皇上威靈, 海神效順, 踰年行役, 幸避冬汛之危. 半月漂浮, 絶少過船之浪. 桅柁無副, 竟免傕傷. 偶有風暴, 隨禱立止. 上下數百人安行而回, 遠勝疇昔. 額手慶幸, 胥戴皇恩. 至於顚仆嘔逆, 小小困頓, 海舶之常, 何足云也.

歷次封舟渡海日期.

嘉靖十三年甲午陳侃≪使錄≫[7], 海行十八日至琉球[五月初八日出海, 二十五日至那霸港], 七日回福州[九月二十日出那霸, 二十八日至定海所].

嘉靖四十一年壬戌郭汝霖≪使錄≫[8], 海行十一日至琉球[五月二十二日出海, 閏五月初九日至那霸港], 十一日回福州[十月十八日出那霸, 二十九日至五虎門].

萬曆八年庚辰蕭崇業≪使錄≫[9], 海行十四日至琉球[五月二十二日出海, 六月初五日至那霸], 九日回福州[十月二十四日出海, 十一月初二日到定海所].

萬曆三十三年乙巳夏子陽≪使錄≫[10], 八日至琉球[五月二十四日出海, 六月初一日至那霸], 十一日回福州[十月二十一出海, 十一月初一日到五虎門].

崇禎六年癸酉杜三策[從客胡靖≪錄≫[11]], 九日至琉球[六月初四日出海, 八日過姑米山], 十一日回福州[十一月初九日出海, 十九日到五虎門].

康熙二年癸卯張學禮≪使錄≫[12], 十九日至琉球[六月初七日出海, 二

---

7) 1532年出使琉球, 1534年返還, 上呈≪使琉球錄≫.

8) 嘉靖38年(1559)出使琉球, 嘉靖41年(1562)返還, 上呈≪使琉球錄≫.

9) 同 6).

10) 同 4).

11) ≪琉球記≫를 가리키는 듯하다. 同 2).

12) 同 3).

十五日到那霸], 十一日回福州[十一月十四日出海, 二十四日至五虎門].

康熙二十二年癸亥汪楫≪使錄≫[13], 三日至琉球[六月二十三日出海, 二十六日到那霸], 十一日回福州[十一月二十四日出海, 十二月初四日至定海所].

臣葆光按, 封舟以夏至後乘西南風往琉球, 以冬至後乘東北風回福州. 此言其槪也. 南風和緩, 北風凜冽. 故歸程尤難, 非但內外水勢有順逆也. 嘉萬封舟回, 率先冬至在九十月中, 朔風猶未勁, 歸帆最宜. 十一月十二月冬至前後, 則風勢日勁, 浪必從頭上過矣. 若正月, 則風颶最多, 且應期不爽, 萬無行舟之理. 二月中, 則多霧, 龍出海矣. 然春風和緩, 玆役親驗之, 浪無從船上過者, 殆遠勝於冬至前後也. 海船老夥長言, 十月二十日後, 東風送順爲吉. 葆光在琉球, 無日不占風所向. 歷考數月內, 風自東來不間斷者, 惟十月二十日後, 十一月初五日前半月中爲然. 因考陳侃以來惟蕭崇業之歸閩較爲安吉, 其出海日期乃十月二十四日爲不誣也. 附此以告後來者.

琉球潮候, 與福建不同, 率後三辰. 東西地勢往復, 自然之理也.

琉球分野, 與揚州吳越同屬女牛, 星紀之次. 俱在丑宮. 臣海寶·臣徐葆光奉冊將行, 上特遣內廷八品官平安·監生豊盛額同往測量. 舊測, 北京北極出地四十度, 福建北極出地二十六度三分. 今測, 琉球北極出地二十六度二分三釐, 地勢在福州正東, 偏南三里許. 舊測, 福建偏度去北極中線偏東四十六度三十分. 今測, 琉球偏度去北極中線偏東五十四度, 與福州東西相去八度三十分. 每度二百里推算, 徑直海面一千七百里. 凡船行六十里爲一更, 自福州至琉球姑米山四十更, 計二千四百里. 自琉球姑米回福州五十更, 計三千里, 乃繞南北行, 里數故少爲紆遠耳. 向來紀載, 動稱數萬里, 皆屬懸揣. 今逢皇上天縱, 推日晷遠近高下以定里數. 輿圖幅員, 瞭如指

13) 同 5).

掌. 海外彈丸, 今見準的. 智能量海, 功媿指南矣.

琉球始名流虬[≪中山世鑑≫14)云, 隋使羽騎尉朱寬至國, 於萬濤間見地形如虬龍浮水中, 故名], ≪隋書≫始見, 則書流求. ≪宋史≫因之. ≪元史≫曰瑠求. 明洪武中, 改琉球國, 在閩福州正東一千七百里, 偏南三里. 其地形, 東西狹, 寬處數十里. 南北長, 四百四十里. 自中山首里南至喜屋武邊海, 緊行一日半. 北至國頭邊海, 緊行三日半. 明永樂以前, 國分爲三, 曰中山, 曰山南, 曰山北. 宣德時, 幷爲一. 分爲三省, 中山爲中頭省, 屬府十四. 山南爲島窟[一作尻]省, 屬府十二. 山北爲國頭省, 屬府九. 府, 土名間切. 所屬皆稱村頭, 土名毋喇. 國中亦有五嶽, 辨嶽在中山, 八頭嶽在山南, 佳楚嶽·名護嶽·恩納嶽在山北, 比他山爲高. 佳楚嶽尤峻, 爲琉球第一峰云.

首里王宮所在, 不稱間切, 屬村縣二十一.

[中山省]泊[在首里西五里. 有泊山. 有泊橋, 跨海, 亦名高橋村. 前有泊津, 西流入海.], 屬村縣二.

那霸[在首里西十里. 那霸江港口, 有南北砲臺弁峙. 海門旁, 有巨石當中流, 名馬加四圍. 皆鐵板沙, 沙堅如鐵. 其平如板, 板面嵌空槎牙, 沿海皆是. 潮長沙沒, 舟誤觸, 無完者, 故國人恃爲金湯. 南北砲臺, 皆從江口跨入海中, 蠣石築成長隄, 蜿蜒半里許. 北砲臺隄, 中作橋門三, 以通潮. 南砲臺隄, 中有番字石碑一, 額題曰了攬新森城, 碑文, 嘉靖三十三年國王尚淸時立, 餘皆番字. 石頗剝蝕. 又有一石, 上題一梵字, 下小字云書法華經, 一石一字. 砲臺石工甚整, 皆於康熙五十三年新修. 大夫蔡溫有碑文, 記其修築始末. 立北隄上. 北砲臺隄中臨海寺門外, 有重修臨海橋舊碑文, 康熙三十五年丙子立, 大夫程順則撰文.], 屬村縣六.

久米[在那霸], 有東門村·西門村·北門村·南門村.

眞和志[在首里西五里], 屬村縣十二.

14) 全稱≪琉球國中山世鑒≫, 六卷. 該書是琉球王國"三大國史"之第一部, 爲琉球國按司向象賢所撰, 成書於1650年.

南風原[在首里南七里], 屬村縣七.

東風平[在首里南二十五里. 屬中山省, 地在山南界中], 屬村縣九.

西原[在首里東七里], 屬村縣十六.

浦添[在首里東三十里], 屬村縣十一.

宜野灣[在首里東三十里], 屬村縣十二.

中城[在首里東四十里. 有姑場嶽. 此處人物俊秀, 能詩善畫. 常爲王孫采地.], 屬村縣十九.

北谷[亦稱北溪, 在首里北四十里. 此府多稻田], 屬村縣十二.

讀谷山[在首里東六十里], 屬村縣十二.

勝連[在首里東北六十里], 屬村縣十.

與那城[在首里東北五十里], 屬村縣六.

越來[在首里北五十里], 屬村縣十.

美里[在首里北六十里], 屬村縣十八.

具志川[在首里東六十里], 屬村縣十五.[以上中山省間切十四. 久米在那霸, 不入間切. 自泊以下至具志川, 爲十四.]

[山南省]大里[在首里南二十里], 屬村縣十七.

玉城[在首里南四十里], 屬村縣十一.

豊見城[在首里南十五里. 山南王弟汪應祖故城. 國中祈雨, 例在豊見城], 屬村縣十七.

小祿[在首里南二十里], 屬村縣十一.

兼城[亦曰金城, 在首里西南三十里], 屬村縣十.

高嶺[土名多嘉嶺, 在首里西南三十里. 山南王故城, 名大里城. 城下有惠泉, 又有芳泉. 有大里橋· 舊石橋· 水門三. 今架木爲之. 山南子孫那姓. 高嶺東北有八頭嶽.], 屬村縣五.

佐敷[亦稱佐鋪, 在首里南二十里. 有蘇姑那嶽], 屬村縣八.

知念[在首里南三十里], 屬村縣十.

具志頭[在首里南三十里], 屬村縣六.

麻[亦作摩]文仁[在首里南四十里], 屬村縣五.

眞壁[在首里南四十里], 屬村縣八.

喜屋武[在首里南四十里. 爲國中極南, 沿海邊上], 屬村縣五.[以上山南省間切十二]

[山北省]金武[在首里東北九十里], 屬村縣五.

恩納[在首里北一百里], 屬村縣九.

名護[在首里北一百五十里], 屬村縣九.

久志[在首里北一百五十里], 屬村縣十一.

羽地[在首里北一百七十里], 屬村縣六.

今歸仁[在首里北二百里. 在佳楚山, 一名宇勝嶽. 最高, 爲中山第一峰. 山下有水, 西南流爲大榮川], 屬村縣十一.

本部[在首里北三百里], 屬村縣七.

大宜味[在首里東北三百里], 屬村縣五.

國頭[在首里東北三百十里. 尙元王病, 國頭按司馬順德祈代死, 果死. 王疾有瘳. 至今其子孫世蔭爲國頭領主.], 屬村縣四.[以上山北省間切九]

琉球舊無地圖, 前≪使錄≫云, 周圍可五六千里, 東西長, 南北狹. 皆意揣也. 葆光咨訪五六月, 又與大夫蔡溫遍遊中山·山南諸勝, 登高四眺, 東西皆見海. 本國里數, 皆以中國十里爲一里. 今皆以中國里數定之, 乃南北長, 四百四十里. 東西狹, 無過數十里而已.

琉球屬島三十六, 水程南北三千里, 東西六百里. 遠近環列. 各島語言, 惟姑米·葉壁與中山爲近, 餘皆不相通. 擇其島能中山語者, 給黃帽, 令爲酋長. 又遣黃帽官涖治之, 名奉行官亦名監撫. 使歲易人. 土人稱之曰親雲上. 聽其獄訟, 徵其賦稅. 小島各一員, 馬齒山二員, 太平山·八重山·大島各三員, 惟巴麻[中山讀間字音, 同麻. 華言山也. 下仿此]·伊計·椅山·硫磺山四島不設員. 諸島無文字, 皆奉中山國書. 我皇上聲教遠布, 各島漸通中國字, 購蓄中國書籍, 有能讀上諭十六條及能詩者矣.

東四島

姑達佳, 譯爲久高, 在中山東一百四十五里. 產赤秔米·黃小米·海帶菜·龍蝦·五色魚·佳蘇魚. 佳蘇魚, 本名黑饅魚, 大者長八九尺, 圍尺許. 割其肉爲臘. 各島多有產此者. 良山多螺石.

津奇奴, 譯爲津堅, 在中山東三十五里.

巴麻, 譯爲濱島, 南北二島. 在中山東三十五里.

伊計, 在中山三十五里. 以上三島, 其所產同姑達佳, 皆多魚. 此四島, 語言頗相近.

正西三島

馬齒二山, 在中山正西一百三十里. 東馬齒山, 大小五島. 產牛·馬·粟·布·文貝螺·怪石. 西馬齒山, 大小四島. 有座間·味渡·嘉敷等間切. 西山尤磽瘠, 罪人多流此. 人多黑色, 善漁. 能泅水深沒, 久久乃出. 山下海中產海松, 山人能泅水取之. 姑達佳·津奇奴亦有海松. 馬齒產者色久不退, 爲良產. 魚螺山, 多鹿. 近姑米山, 有姑巴汛麻山, 亦多鹿. 無人居.

姑米山, 在馬齒山西, 去中山四百八十里. 有安河·具志川·仲里二間切. 由閩中至國, 必鍼取此山爲準. 封舟行海中第七日, 有小黑魚點點浮水面. 接封使臣云, 此出姑米山下, 名墨魚. 山形勢雄拔, 產五穀及土棉·繭紬·白紙·臘燭·螺·魚等物. 山多雞·豚·牛·馬.

西北五島

度那奇山, 譯曰渡名喜島, 近姑米山. 山多牛.

安根岠山, 譯曰粟國島, 又爲安護仁. 與度那奇俱近姑米. 語言亦與姑米相類. 山產鐵樹, 比他處生者良. 山多豕.

椅山, 亦曰椅世麻, 亦曰伊江島. 中山·北山之間一小石山. 四圍黃沙, 潮漲隔半里許. 水退, 可徒涉至山上. 有稻田, 產黍·稷·豆·麥, 民頗富饒.

葉壁山, 土名伊平屋島. 在中山西北三百里. 產米, 最佳. 亦有麥·稷·粱·豆·棉花·蕉絲·海膽·毛魚等物. 中有一山, 宛轉如龍, 尙圓王祖塋所在.

硫磺山, 又名黑島山. 多鳥, 亦名鳥島. 在中山西北三百五十里, 與姑米山南北相峙. 山無草木, 置採硫磺戶四十餘家, 歲遺米廩食之. 統二酋長, 泊府官遙領之. 其人爲硫磺氣薰灼, 目皆如羊, 不精明相. 近有灰堆山·尤家埠·移山奥.

東北八島

由論, 在中山東北五百里. 產芭蕉, 結蕉實. 多樫木.

永良部, 訛爲伊闌埠, 在中山東北五百五十里. 屬有溫鎭.

度姑, 譯曰德島, 在中山東北六百里.

由呂, 在度姑東北三十八里.

烏奇奴, 在度姑東北四十里.

佳奇呂麻, 在中山東北七百七十一里.

大島, 土名烏父世麻. 在度姑東北, 去中山八百里, 水行三日可達. 其島長一百三十里, 分七間切. 有西間切·東間切及笠利·名瀨·屋喜·住田·古見等間切, 分屬二百餘村縣. 其島無孔廟, 有≪四書≫·≪五經≫·≪唐詩≫等書. 自稱小琉球, 大酋長十二員, 小酋一百六十餘員. 產米·粟·麥·豆·薯·木棉·芭蕉·紅棕·黑棕·櫨[子可榨油]·羅漢松[卽樫木]·桑·竹, 畜有牛·馬·羊·犬·豬·雞[無鵝]. 野獸有山豬·兔, 鳥有鴛鴦·鴈·鵞·鷹·野鴨·鷺·青鳩·雀·鴉[無鵲]. 海鮮有草鱣魚·海爪[蟶類], 果有橘子. 燒酒·米肌·黑糖·蘇鐵等物皆有之. 有淸水山·菊花山·永明山. 島北一里許, 有大石如圓柱, 廣一里, 名赤瀨. 純紫色, 無人居.

奇界, 亦名鬼界. 去中山九百里, 爲琉球東北最遠之界. 人以手食, 多黑色. 產樫木爲良.[以上八島, 國人稱之皆曰烏父世麻. 此外, 卽爲土噶喇七島矣]

南七島

太平山, 一名麻姑山[始爲宮古, 後爲迷姑. 今爲麻姑], 在中山南二十里. 有筑山, 甚高. 土名七姑山. 上有碧於亭. 用艮寅鍼, 至中山那霸港. 福建至太平山, 自東湧開洋至釣魚臺, 北風用單卯幷乙辰鍼可達. 山周圍五六十里, 頗富饒. 產畜五穀, 牛馬甚多. 出棉布·麻布·草蓆·紅酒, 名太平酒. 每年五月歸, 貢稅於中山.

伊奇麻, 譯曰伊喜間, 在太平山東南.

伊良保, 在太平山西南.

姑李麻, 譯曰古裏間, 在太平山正西.

達喇麻, 在太平山正西.

面那, 在太平山西南.

烏噶彌, 在太平山西北[以上皆屬太平山, 國人稱之皆曰太平山].

西南九島

八重山, 一名北木山, 土名彝師加紀, 又名爺馬. 在太平山西南四十里, 去中山二千四百里. 由福建臺灣彭家山用乙辰鍼, 至八重山. 明洪武中, 中山王察度始通中朝時, 二大島來貢於中山卽八重山·太平山也. 山較太平尤饒給, 多樫木·黑木·黃木·赤木·草蓆. 產牛·馬·螺石, 出麻布·棉布·海參·紅酒, 名密林酒·五穀·琿·璖·玳瑁·珊瑚·羊肚·松紋·海芝·海松·海柏等石. 每年五六月, 與太平山來貢於中山.

烏巴麻二島, 譯曰宇波間, 在八重山西南.

巴度麻, 譯曰波渡間, 在八重山西南.

由那姑呢, 在八重山西南.[以上四島, 皆近臺灣]

姑彌, 在八重山西. 較他島爲大.

達奇度奴, 譯爲富武, 在八重山西姑彌東.

姑呂世麻, 譯爲久里島, 在八重山西少北.

阿喇姑斯古, 譯曰新城, 在八重山西.

巴梯呂麻, 譯曰波照間, 在八重山極西北.[以上八島, 俱屬八重山, 國人稱之皆曰八重山. 此琉球極西南屬界也]

三十六島, ≪前錄≫未見. 惟張學禮≪記≫云, 賜三十六姓, 敎化三十六島. 其島名·產物, 則未之及也. 今從國王所請, 示地圖. 王命紫金大夫程順則爲圖徑丈有奇, 東南西北方位略定. 然但注三十六島土名而已. 其水程之遠近, 土產之磽瘠, 有司受事之定制, 則俱未詳焉.

中山山嶽寺院及遊者, 惟首里·那霸數處, 略記如後,

臨海寺, 在北礮臺長隄之中. 爲國王祈報所. 門東向, 佛堂面南三楹, 面東板閣一間. 石垣四周, 潮至牆下. 僧名盛滿. 寺舊名定海, 前使汪有臨海寺隸書匾. 有鐘, 天順三年鑄.

奧山龍渡寺, 在礮臺西水中小土山. 潮至, 瀰漫數十里. 潮退, 則平沙淺水, 不勝舟楫. 山舊爲蛇窟, 僧心海始闢之, 蛇相率渡水避去. 築隄截潮, 引泉種松. 搆屋五六楹, 前方沼中小亭二所. 遍地植佛桑·鳳尾蕉等, 頗可憩玩. 山東有小尖阜, 名鶴頭山. 潮至板敷宇平等湖, 漁舟夕照爲那霸近所第一勝處.

辻山, 在臨海寺西, 對港相望. 辻字一字兩音, 國人讀爲失汁山, ≪汪記≫訛爲靑芝山. 小石阜沿海下, 皆塋墓.

波上, 在辻山東北, 一名石筍崖. 山下海中, 生石芝. 沿海多浮石, 嵌空玲瓏. 白色山頭, 石垣四周. 垣後可望海. 垣內板閣離立三楹, 扃鑰無僧. 下有平堂三楹. 波上東北沿海中有山名雪崎, 下有洞. 雪崎東北有小石山空洞, 名龜山[海灘拳石二, 非末吉之龜山也].

護國寺, 在波上山坡之中, 國王祈禱所. 僧名賴盛. 汪使有匾曰護國寺. 舊名安禪寺, 亦名海山寺, 亦名三光院. 佛龕中有神, 手劍而坐, 名曰不動. 或曰火神也. 殿下有鐘, 景泰七年丙子鑄. 銘文與天妃宮同. 西面庭中, 蕉石扶疏, 頗有致.

天尊廟, 在護國寺下, 供玉皇. 有鐘, 爲景泰七年丙子九月二十二鑄. 銘文與天妃宮同.

廣嚴寺, 在天尊廟下. 左右皆村居. 佛宇數椽, 庭中翦檜及黃楊爲玩. 係新建.

西福寺, 在泉崎橋之東曲徑中. 門前黃楊夾路作屛, 兩行翦剔使平, 而方數十步許. 僧舍一區, 屋後有松岡甚茂. 松根出土, 蜿蜒如龍. 相近有東壽寺, 門前亦以黃楊作屛.

東禪寺, 在久米東北, 圓覺寺下院也. 相近有淸泰寺, 皆止三四楹小寺也. 那霸惟此二寺及廣嚴寺係禪僧, 餘俱眞言教.

善興寺, 在使館曲巷中, 倚山崇基. 汪≪錄≫[15]云, 斗室丈階, 花木頗淸幽. 今已廢, 有屋一椽而已. 宣德中, 冊使柴山三到琉球, 曾建大安禪寺·千佛閣. 明夏子陽≪錄≫[16]中載其記二篇. 今皆莫知其處.[護國寺, 舊名安禪寺, 或卽所建. 問國人, 皆不知. 以上在那霸.]

天久山, 在泊村西北沿海, 與波上雪崎相望. 下有聖現寺, 石牆四圍, 方十餘畝. 中屋一區, 牆外老松十餘株. 有天久洞, 洞前觀音閣一座, 扃鑰無僧. 沿海東行, 大石離立. 或方或圓, 側倚層巖之上下作崖洞, 頗奇. 更里許, 有水西流入海, 名泊津.

神德寺, 在崇元寺東. 由八幡橋石橋西北行, 有八幡宮, 南向. 尙德王所建, 供八幡菩薩, 卽大士也. 下爲神德寺, 寺門東向. 中供不

15) 同 5).

16) 同 4).

動神, 與護國寺同.[以上在泊村]

城嶽, 一名靈嶽. 汪使≪舊錄≫云, 有板屋一區. 今已盡廢. 惟叢灌一林, 密篠攢蕉. 以石爲神, 澆酒祈福, 渡海報賽處. 前古松數百株, 亭立. 前地少窪, 四山皆松. 東三十餘步, 有泉名旺泉. 從石溜出注潭中, 涓涓不絶. 泉上老松三株, 偃挺尤奇. 東望有壺家山, 瓦屋數區, 爲國中陶處.[以上在眞和志]

東苑, 在崎山. 王宮以南一帶石山, 皆名崎山. 石狀甚奇. 苑門西向, 入門茵草遍地. 板亭南面, 二間. 更進有屋三間, 面南. 屋上有潮音應世匾額, 爲天啓五年詔使指揮同知蕭崇基所書. 亭東土阜一邱, 形如覆盂, 頗高竦. ≪汪錄≫云是雩壇. 更進少屈, 南下西轉, 山巖下有石獅·石虎尙存. 激溜養魚處, 皆已廢撤. 南面, 皆山南平田. 東行, 登小板閣卽望仙閣也. 匾已失去, 葆光爲重書之. 閣中有小龕, 以香木爲柱, 氣如桂. 皮作薄板, 刻空作字, 大小參差. 閣後有小佛堂, 匾名能仁堂. 南面出佛堂, 東過小竹橋登阜, 正東見林木叢茂爲佐敷, 中隔海港. 少西, 見小山, 林木鬱然, 卽辨嶽也. 南北望, 皆見海. 中山之東屬島姑達佳, 譯爲久高, 前使汪楫爲國王題東苑匾. 今已失去. 題東苑八景, 有久高·朝旭·識名·積翠等八景. 此爲國苑, 制甚簡樸云.

龜山, 在末吉村. 土稱末吉山. 山在中山之北, 重岡環繞. 山半有木亭, 前後二楹. 南望見海, 林木鬱然, 爲第一勝處. 山下有萬壽寺, 寺中有察度王舊影. 萬曆三十八年毁, 今再毁. 末吉有社壇.

圓覺寺, 在王宮之北久慶門外, 國王本宗香火所在. 規模宏敞, 爲諸寺之冠. 寺門西向, 門前方沼數畝, 四圍林木攢鬱. 沼中種蓮, 中有一亭. 有觀蓮橋, 供辨才·天女, 名天女堂. 池名圓鑑池, 亦名辨才天池. 辨才·天女云, 卽中國鬥姥也. 架橋通之, 名天女橋. 更西有龍潭橋, 亦名龍淵橋. 入寺, 佛殿七間, 極高麗. 殿右廣庭中有古松, 云已二百餘年, 高不四五尺, 青蔥正茂. 名古松嶺, 亦名神木香積廚. 後有井泉, 名石冷泉. 方丈前, 名蓬萊庭. 鐘樓南, 有雜華園, 國人稱圓覺寺. 中有八景寺, 係尙眞王時始建. 寺前土阜上有碑, 弘治十一年立, 三山許天錫撰.

天王寺, 在圓覺寺東北. 門前臨溪, 有古松四株. 寺東有天王橋. 堂上佛龕供佛, 手持七星輪及刃, 曰金剛也. 堂西老松最奇. 一鐘爲景泰七年丙子鑄, 上刻天龍寺鐘. 寺在浦添, 寺鐘有二, 移其一於此. 僧名得髓.

天界寺, 在歡會門外道南. 寺門北向. 入寺西南石室, 高丈許方廣, 中山王塋也. 尙圓以來, 諸王皆葬於此. 寺有鐘, 成化己丑年鑄. 考銘文, 本相國寺鐘也. 寺西又有安國寺, 國中案牘皆儲此寺中.

仙江院, 在天王寺之右. 前使汪≪錄≫云, 行荒榛中, 門戶蕭然. 僧宗實能詩, 頗學元僧白雲集體. 今宗實尙存, 年六十九. 改字際外, 稱球陽大和尙.

萬松院, 今改名蓮華院. 在天王寺之南. 翦黃楊作徑, 兩旁籬屏頗整. 寺中方庭中有小土山, 翦松樹數株, 蟠屈有致. 汪使≪舊錄≫稱萬松院僧不羈與天王寺僧瘦梅及宗實相倡和. 今瘦梅·不羈皆化去. 不羈徒二人, 一曰德叟, 今在蓮華院. 一曰元仁, 字東峰. 別開院於北山名護嶽上, 仍名萬松院, 年五十餘, 亦能詩.

興禪寺, 在圓覺寺北小徑中. 寺甚小, 庭中黃楊·松·桂甚多. 僧了道, 舊時圓覺寺國師喝三之徒. 能詩.

廣德寺, 在蓮華院之南. 寺亦甚小, 花木頗麗. 東望山椒林麓, 鬱然如深山. 僧名靈源, 弟子名笑崖. 相近有建善寺, 有僧蘭田, 能詩.

石虎山天慶院, 僧梁天名智津, 亦能詩. 山在赤平村.

萬歲嶺, 在萬松嶺東大道之北. 石碑立阜.[以上在首里]

官制品級, 略彷中國, 分爲正從九等. 大僚重職, 亦有加官協理.

大小官, 皆領地方爲采地. 王弟·王叔·國相, 皆稱某地王子. 領一府者, 稱某地按司[舊制, 每府一按司莅治之, 權重兵爭. 尙眞王改制, 令聚居首里, 遙領其地. 歲遣察侍紀官一員知其府事, 歲終上其成於按司.]. 王舅·法司及紫巾官, 稱某地親方. 三品以下黃帽官, 皆稱某地親雲上. 未有地方者, 稱某里之子親雲上, 或稱某築登之親雲上. 從六品敘德郞·從七品敘功郞, 皆稱某椗親雲上. 八品紅帽官, 稱某里之子. 領地方者, 稱某地里主. 九品紅帽官, 稱築登之. 未入流, 稱某子, 皆不稱姓名也.

冠服, 國王側翅烏紗帽, 盤金朱纓, 龍頭金簪. 蟒袍, 帶用犀角·白玉, 皆如前明賜衣制. 王妃, 鳳頭金簪. 宮人亦分爲五等, 約百人. 命婦頭簪, 皆視其夫品秩.

正一品, 金簪, 彩織段帽, 錦帶, 綠色袍. 從同. 正二品, 金簪, 紫綾帽[有功者, 賜綵織段帽], 龍蟠黃帶[有功者, 賜錦帶], 深青色袍[下至八九品朝服皆同]. 從, 金花銀柱簪, 餘同. 正三品, 銀簪, 黃綾帽, 龍蟠黃帶. 從同. 正四品, 簪·帽·袍同三品, 龍蟠紅帶. 從同. 正五品, 簪·帽·袍同三品, 雜色花帶. 從同. 正六七品, 簪·袍同三品, 黃絹帽, 帶同五品. 從同. 正八九品, 簪·袍同三品, 大紅縐紗帽, 帶同五品. 從同. 雜職, 簪·袍同三品, 紅絹帽, 帶同五品. 里長·保長, 銅簪, 藍袍, 紅布帽或綠布帽. 廕生·官生, 簪·帽·服·帶同八品. 外有青布帽, 百姓頭目戴之.

凡官員外衣, 長過身. 大帶束之腰間, 提起三四寸, 令寬博, 以便懷納諸物紙夾·煙袋皆自貯胸次, 以時取用. 大僚·幼童, 無不皆爾. 賤役執事, 則反結其袖於脊上. 幼童, 衣袖脇下令穿露三四寸許. 年長, 薙頂中髮, 卽縫屬之. 僧衣, 兩脇下皆穿. 其他皆連衽, 無隙漏處. 首里人衣, 年小者皆用大紅爲裏, 外五色紬錦. 亦反覆兩面著之. 官員, 紬段作衣, 諸色不禁. 每製一衣, 須大段三丈五六尺, 其費殆倍於中國云.

女人外衣, 與男無別. 襟皆無帶, 名之曰衾. 披身上, 左右手曳襟以行. 前≪使錄≫云, 男婦皆無裏衣. 今貴官裏衣, 亦有如中國者. 貴家衣襟上, 卽本色紬紗作鱗比五層狀. 男衣無是比, 甲背後下垂處或作燕尾形.

寢衣, 比身加長其半. 有袖及領, 厚絮擁之. 國人呼衣曰衾, 此則衾又如衣也.

各色錦帽·錦帶, 本國皆無之, 閩中店戶另織市與之. 本國惟蕉布, 則家家有機, 無女不能織者. 出首里者, 文采尤佳. 自用, 不以交易也.

國王烏紗帽, 雙翅側衝, 上向. 盤金朱纓結, 垂頷下三四寸許. 蓋前所賜舊制也. 云有皮弁爲朝祭之服, 而未之見.

帽, 糊紙爲骨. 帕蒙之式, 如僧毘盧帽, 中空無頂, 絹方幅覆髻之半, 口互交. 前檐著額處, 鱗次七層. 後檐十二層. 彩織帽以下, 紫最貴, 黃次之, 紅又次之, 中又以花素爲等別. 青綠帽爲下.

片帽, 皆以黑色絹爲之. 漫頂, 下檐作六棱, 寒時家居帽. 醫官·樂工及執王宮茶灌之役, 薙髮如僧者皆戴之.

笠, 多以麥莖爲之. 亦有皮笠, 外加黑漆而朱其裏.

短髻簪, 長三四寸許. 已冠, 去頂中髮者簪之. 花頭圓柱, 亦有方柱·六棱柱. 金最貴, 金頭銀柱次之, 銀又次之. 銅爲下.

長簪, 長尺餘. 婦人·幼童大髻者簪之. 亦以金銀三品分貴賤. 民家女簪, 皆以玳瑁.

衣皆寬博無後, 交衽. 袖大二三尺, 長不過手指. 右襟未作缺勢, 無衣帶. 多以蕉布·蕉葛爲之, 綦文間采. 男女衣皆同呼之曰衾.

大帶, 長一丈四五尺, 寬六七寸, 蟠腰間三四匝. 雜花錦地爲貴, 大花錦帶次之, 龍蟠黃地, 紅地者又次之. 下者皆雜色花帶.

襪, 或布, 或革, 短及踝以上. 向外, 中線開口交繫之. 近足指處,別作一竇棲, 將指以著草鞁中.

鞁, 以細席草編成. 前有一繩, 界大指之間, 踵曳以行. 男女皆著之.

首里四大姓, 向·翁·毛·馬. 向氏, 卽國王尚氏之別族, 少遠則稱向以別之, 故世世不與王家通婚姻. 其本國人與王家婚姻者, 惟翁·毛·馬三家, 世爲王舅·法司. 今現爲法司者三人, 馬獻圖·翁自道·向聖뽈. 國丈毛邦秀[今王尙敬之外祖. 王妃, 則馬氏也].

久米三十六姓, 皆洪·永兩朝所賜閩人. 至萬曆中, 存者止蔡·陳·梁·金·林五姓. 萬曆三十五年續賜者, 阮·毛兩姓. 每姓子孫, 皆不甚繁衍. 餘寄籍起家, 貴顯者多有. 然非賜姓之舊也.

國中人入仕宦者, 惟首里·泊·那霸·久米四村之人. 餘皆村戶. 其略識國字者爲酋長, 曰掟[土名山巴歸]. 奉文檄, 調遣村民任徭役. 其次爲保長, 曰作事者[土名山劈姑], 皆任下役. 戴靑·綠帽, 終身爲之, 不升遷也.

首里·泊·那霸三村, 民曰仁也. 仕宦子弟未仕, 呼爲子. 子薙頂髮, 升築登之, 卽登仕郎. 次名築登之座, 爲登仕佐郎. 又有名大筆者·副筆者. 大官筆者如中國之筆帖式. 又有名若筆者, 如中國之官生, 佐理村縣大小諸事, 未入仕. 其入仕者, 授地爲築登之親雲上, 以漸升遷至察侍紀官[此爲平民子弟入仕之始].

世官子弟呼爲里之子, 蓋言公子也. 土名察度奴示[土音讀察度二字如里字, 奴字如之字, 示字如子字]. 年小者爲內使佐郎, 名里之子口. 供內役, 親侍從. 年過十五至十八, 薙頂中髮, 易小髻, 卽不復入. 授地, 爲里之子親雲上, 以漸升至親方[此爲宦家入仕之始].

久米村, 皆三十六姓閩中賜籍之家. 其子弟之秀者年十五六歲, 取三四人爲秀才. 其十三四不及選者, 名若秀才, 讀書識字. 其秀才, 每年於十二月試之. 出≪四書≫題, 令作詩一首, 或八句, 或四句. 能者, 籍名升爲副通事. 由此漸升至紫金大夫[紫金大夫, 亦稱曰親方.

此爲久米子弟入仕之始].

采地[祿], 王叔·王孫·勳舊大臣, 皆授一府或二府爲采地. 大夫以下有功者, 三十六姓世襲者, 皆授一縣爲采地. 初賜者, 世其祿, 長子承受. 其自致爵位所授采地, 官已卽除. 歲收其地所出三分之二如田一頃出米一百石, 耕夫收五十石, 祿主收五十石. 祿主五十石內有公費·雜派等一十, 除此外, 實收三十餘石, 約當三分之二也. 雞·豕·薪樵之數, 以米石多少爲準. 以時取之. 其采地之人來受役者, 視官秩爲多寡, 國相·法司十六人, 紫金大夫十一人, 紫金官十人, 黃帽官四人, 紅帽官二人. 皆月更.

十一月, 綠秧皆出水, 科秧分藝. 大雨時行, 雷震發生, 蚯蚓鳴, 氣候如春. 北風間作, 亦不甚凜冽. 十一月下旬, 遣加謁者一員, 察侍紀官二員分巡各村勸農, 月餘始歸. 六月中, 大颶屢作, 海雨橫飛, 果實皆落. 歲以爲常. 非收獲早畢, 必多拔禾之患. 故其國秋耕·冬種·春耘·夏收者, 一就雨澤之利, 一避颱颶之害. 經年溫燠, 理宜兩熟, 而六月後皆曠田不事者, 以此.

曆奉正朔, 貢使至京, 必候十月朔頒曆齎回. 及至國, 已踰半年. 故國人設司曆通事官秩七品, 豫推算, 造曆應用. 曆面書云, 琉球國司曆官謹奉敎令, 卽造選日通書權行國中, 以候天朝頒賜官曆, 共得懔遵. 一王正朔, 是千萬億年尊王歸化之義也.

冬至·元旦, 國王皮弁執珪, 先拜歲德[隨歲德所在之方向之拜], 乃北向遙賀皇上萬萬歲, 三跪九叩. 禮畢, 始登殿受百官賀. 禮如明制, 就班, 一揖, 跪, 三拜, 興. 一揖, 跪, 又三拜, 興. 又一揖, 禮畢, 皆用樂. 每月十五日, 久米大夫以下朝王, 賜茶酒. 本國諸臣, 則止賜茶.

上元, 國王登殿受賀. 禮同元旦.

皇上萬壽聖誕, 王率陪臣北向祝, 如元旦禮.

國王誕日, 登殿受賀. 禮如上元. 各官升遷, 俱於此日計功定爵.

辨嶽, 行香, 國王登位, 受封, 皆親祭. 每年正月·五月·九月, 國王齋戒, 擧行祭山海及護國神. 或遣官行禮. 辨嶽之神, 名祝祝. 乃天孫氏第二女也. 神牆四周, 叢木尤攢密. 小門內拒, 南向. 門外, 木亭二所. 左旁有小石塔及石燈案, 左右各五. 入門內, 石磴北屈而東, 數十階級. 至頂, 無所有, 石鑪上炷香數十枝而已. 此爲祭本山神處. 木亭前, 平地方廣, 南向見海. 東南方有一石鑪, 炷香, 爲祭海神處. 國中凡叢木蒙密, 短垣四周, 有小門內拒者, 皆名嶽如中國土地之神. 村村皆有之.

崇元寺·先王廟, 春秋二祭, 或親祭, 或遣官, 三日齋. 樂俱用≪天孫太平歌≫, 歌祖宗功德神靈歷世綿遠之意.

圓覺寺, 本宗香火, 有時祭, 有月祭[名蘭盆祭], 三日齋. 忌辰, 有特祭. 朔望, 獻茶. 天王寺·天界寺, 禮同.

聖廟, 春秋二祭. 康熙五十八年正月, 紫金大夫程順則啓請祭孔子, 用太牢. 祭啓聖公, 用少牢. 其爵·帛·粢盛·籩豆之數, 具圖載之. 其祭品, 本國所無者, 皆以土產代之. 祭期前三日, 與祭者皆齋戒. 前一日, 演禮省牲. 丁日, 王遣紫金大夫丑時祭啓聖祠·遣法司官寅時祭聖廟, 皆行三跪九叩首·飮福·受胙禮. 是年二月, 始行此禮. 自此以前, 以紫金大夫或長史官爲主祭, 行八拜禮, 不行飮福, 受胙禮. 惟焚楮, 不用帛, 又無齋戒, 省牲, 禮似太簡. 故啓請今禮如儀.

蜡祭, 每年五月六月各地方收穫後, 擧行報賽田神諸禮. ≪中山世鑑≫云, 古初, 未知稼穡. 阿摩美久初分, 種粟·菽於久高島[姑達佳]·知念·大川·玉城諸處, 春稻秋熟. 至今在所, 春夏四度祭神. 二月, 久高. 四月, 知念·玉城, 是爲報本返始之大祭也.

請雨, 每於十月墾種後, 先三日齋, 各官皆詣龍王殿及天尊廟拜請. 又請龍王神像升龍舟, 至豊見城, 設雨壇拜請. 旱甚, 國王親詣崎山雩壇躬禱, 或詣雨城[在玉城村內]躬禱. 首里圓覺寺及波上護國寺, 皆令僧衆人祈禱.

凡跪拜, 皆合掌膜拜, 伏地. 久之乃起, 搓手爲敬. 婦女拜, 先雙手左右三拂. 膜拜, 叩首, 與男禮同. 見舅姑尊長始行之, 平行無交拜等禮儀也.

凡拜佛, 先膜拜, 一叩頭四拜, 手九拂. 再叩一首, 起立, 又三十三拂. 父兄代病者許願求神者, 共三百三十三拂.

聖廟, 在久米村泉崎橋北門, 南向. 進大門, 庭方廣十餘畝, 上設拜臺. 正堂三間, 夫子像前又設木主, 四配各手一經. 正中梁上, 亦摹御書萬世師表四大字榜書. 前使汪林各有記書木牌上, 立左右. 康熙十三年立廟, 尚未有學. 康熙五十六年, 紫金大夫程順則因學宮未備, 取汪林二公廟記之意, 啓請建明倫堂. 又於堂中近北壁分小三間, 奉祀啓聖併四配神主. 五十七年秋七月起工, 冬十月告成. 明倫堂左右兩廡, 蓄經書籍文略備. 國王又命紫金大夫程順則刊刻≪聖諭十六條≫演義數節, 月吉講之. 舊例, 以紫金大夫一員司教, 每旬三六九日詣講堂稽察諸生勤惰, 兼理中國往來貢典并參贊大禮. 又於久米內大夫·都通事·秀才諸人中擇文理精通者一人爲講解師, 又擇句讀詳明者一人爲訓詁師. 講解師歲廩十二石, 設學於啓聖祠內, 以教通事·秀才之成業者. 訓詁師歲廩八石, 設學於上天妃宮, 以教七歲以上之初學者[首里亦有鄕塾三所. 其外村小吏·百姓之子弟, 則以僧爲師. 皆學國字, 有草書, 無楷字]. 櫺星門內, 庭中有石碑, 大夫程順則記. 順則又有≪廟學紀略≫, 記建廟興學顚末, 幷講解·訓詁師姓名甚備. 大夫蔡文溥有≪中山學校序≫. 文溥, 康熙二十五年入學讀書生之一也.

本朝康熙二十三年, 使臣汪楫·林麟焻代題遠人嚮化, 求遣子弟入學讀書. 二十五年, 尚貞王遣官生梁成楫·蔡文溥·阮維新入國學讀書. 二十七年九月, 入監. 上爲特設教習一人福建鄭某教習一年, 寧波貢生徐振教習三年, 徐振議敘以州同卽用. 官生三人, 皆照都通事例, 日給雞一, 肉二斤, 茶五錢, 腐一斤, 椒醬·油菜等俱備. 每年春秋, 賜綿段袍褂·紡絲紬褲各一, 涼帽一, 靴襪各一雙. 夏, 賜紗袍褂·羅衫褲各一. 冬, 段面羊皮袍褂·綿襖褲各一, 皮帽·皮靴·絨襪·被褥俱備. 從人皆有賜. 每月紙墨·硃筆銀一兩五錢, 皆鴻臚寺關給. 二十九年, 貢使耳目官溫允傑·正議大夫金元達到京, 國王請遣官生歸國. 賜宴, 各給賞雲段·紬布等物, 乘傳遣歸.

中山世系, 舜天·舜馬順熙·義本, 凡三傳, 共七十三年. 英祖·大成·英慈·玉城·西威, 凡五傳, 共九十九年. 察度·武寧, 凡二傳, 共五十六年. 恩紹·尙巴志·尙忠·尙思達·尙金福·尙泰久·尙德, 凡七傳, 共六十四年. 尙圓·尙宣威[尙圓之弟, 攝國事六閱月]·尙眞·尙淸·尙元·尙永·尙寧·尙豊·尙賢·尙質[尙賢之弟]·尙貞·尙純[爲世子時先卒]·尙益[尙純之子]·尙敬.

中山風俗, 已見≪前錄≫. 玆役久淹, 見聞尤核. 略爲詮次, 以備採風.

正月十六日, 男婦俱拜墓. 女子於歲初, 皆擊毬爲戱. 又有板舞戱, 橫巨板於木樁上, 兩頭下空二三尺許, 二女對立板上, 一起一落, 就勢躍起五六尺許, 不傾跌欹側也.

二月, 麥穗祭, 國中同日祭麥神. 此日婦女不作女紅, 男不事田野[麥穀四祭皆同]. 十二日, 花朝. 前二日, 各家俱浚井, 女汲井水洗額, 云可免疾病.

三月三日上巳, 家作艾糕相餉遺. 官民皆海濱禊飮, 又拜節相往來. 此月中, 同日又祭麥神, 謂之大祭.

五月五日, 競渡龍舟三[泊一, 那霸一, 久米一]. 一日至五日, 角黍·蒲酒同中國. 亦拜節. 此月稻穗祭, 選吉. 同日祭稻神. 此祭未行, 稻雖登場, 不敢入家. 明夏冊使子陽≪使錄≫云. 國中神有女王者, 王宗姊妹之屬, 世由神選以相代. 五穀成時, 女王渡海至姑達佳山, 採其穀穗成熟者嚼之, 各處乃敢穫. 若未嘗先穫者, 食之卽斃. 故田間絶無盜採者.

六月, 稻大祭, 選吉. 同日祭稻神. 又有六月節, 國中蒸糯米爲飯, 家家相餉. 此日亦不作女紅, 不事田野, 同上四祭日. 此月有月之夜, 士民皆拔河爭勝.

七月十五日, 盆祭祀先. 預於十三日夜, 家家列火炬二於大門外, 以迎祖神. 十五日盆祭後, 送神.

八月, 家家拜月. 明夏子陽≪使錄≫云, 俗有待月之願. 凡月初三·十八·二十三夜, 皆修吉果拜待. 初三夜, 焚香對月拜. 十八夜, 焚香立待, 待升明而拜, 拜畢乃敢坐. 二十三日, 焚香坐待, 待月出則拜, 謂可益壽延禧.

白露, 爲八月節. 先後三日, 男女皆閉戶, 不事事. 名守天孫. 此數日內, 如有角口等諸事故, 必犯蛇傷. 國中蛇九月出, 傷人立斃. 同日, 蒸糯米, 交赤小豆爲飯, 相餉.

十二月, 逢庚子·庚午日, 通國皆作糯米糕, 粽葉包裹三四層, 和葉蒸食相餉, 名曰鬼餠. 俗傳古有鬼出, 作此祭之. 亦驅儺禳疫之意. 二十四日, 送灶. 次年正月初五日, 始迎灶.

每月朔望, 家家婦女取瓶罌至砲臺汲新潮水, 歸獻灶神或獻天妃前石神.

正·三·五·九此四月, 國人名爲吉月, 婦女相率至沿海雪崎洞中拜水神祈福.

官吏家有人渡海者, 斲木爲小舟長尺許, 檣帆俱備. 著竿首, 立庭中, 候風以卜歸信. 歸卽撤之[名風旗, 亦名五兩旗].

凡許願, 皆以石爲神. 凡神嶽叢詞之所, 皆有巨石數處離立, 設香鑪, 炷香燭於前. 燒酒, 設牲果酬願, 皆就石獻供, 不設神像也. ≪舊錄≫有女王·女君·辨才天·六臂神之類, 蓋卽君君·祝祝開國諸神. 傳久異辭, 不盡核也. 女巫爲人祈疾者, 曼聲唄誦徹夜, 無鼓樂.

通國平民死, 葬皆用棺槨[土名曰龕]. 官宦有力之家, 儀物仿家禮, 有詳略. 會葬者, 衣白蕉衫. 久米村大夫中, 近有從家禮葬, 不用浮屠者.

棺製, 比中國棺略小. 板厚不過一寸, 長四尺五寸.

墓, 皆穴山爲之. 旣窆, 壘以石. 貴家則磨石方整, 亦建拜臺. 墓門, 遠望如橋門. 更有穴山, 葬在層崖之上者. 女墓前, 掛棕葉片扇·白巾. 男墓前, 白布笠, 立杖, 草履·木屐. 插花筒, 設香爐, 則男女墓皆同.

男女食皆不同器, 各設具別食, 食餘棄之. 與客會飮, 不各設具. 一杯傳飮, 筋一雙著盎間, 同用. 今其貴官對客, 亦效中國同器, 分筋飮食. 或其居常尙仍舊俗耳. 夏子陽≪錄≫云, 居官言事, 必具酒二壺, 至其家跪而酌之. 酌畢, 告以所事云.

前明疏球人, 不薙髮, 惟不用網巾. 萬曆中, 冊使謝行人傑閩之長樂人, 母舅某從行, 攜網巾數百事, 至無可售. 謝使遲冊封禮久不行, 云本國旣服中華冠帶, 冊封日如陪臣有一不網巾者, 冊事不擧. 琉人競市一空. 福建至今相謔强市者, 則云疏球人戴網巾也. 至本朝, 始薙頂髮. 自國王以下, 皆遵時制留外髮一圍, 綰小髻於頂之正中. 首里與久米人, 皆無異. 夏子陽≪錄≫云, 首里人髻居偏, 久米人髻居中. 今不然也. 翦脣上髭令齊者, 間有之.

國中惟三種人, 皆薙髮如僧. 一爲醫官, 名曰五官正. 一爲王宮執茶役者, 名曰宗叟, 又名御茶湯, 六人. 又有司灌園六人, 皆全薙髮, 戴黑色六棱幔頂寬檐帽, 名曰片帽. 衣外多著短褂一領, 比大衣略短二三尺許, 黑色. 二種人皆趨役, 無時櫛髮. 恐稽時事, 故皆使從徑省云.

作屋, 皆不甚高, 以避海風. 去地必三四尺許, 以避地濕. 民間作屋, 每一間瓦脊四出, 如亭子樣. 瓦如中國瓪瓦, 極堅厚. 非此不能御颶故也.

無磚牆, 每屋四旁皆夾設板爲壁. 庭院中圍牆及外圍牆, 則用蠣石壘成. 首里大家外圍牆, 磨削一面如切成, 極堅整.

無磚地, 多用版閣, 高三四尺許.

門窗, 皆無戶樞. 上下限, 皆刻雙溝道, 設門扇其中, 左右推移以爲啓閉.

室中以席裹草, 厚寸許, 緣以青布. 布滿室中. 入室, 必脫三板, 故名腳踏綿. 自王宮以至民間, 皆然.

屋宇, 在那霸所見者, 皆村中民居. 首里所見官戚大家, 牆垣棟宇, 皆極華整. 然亦一行作屋分內外, 無層構複室也. 惟官署始連楹八九作大屋, 每屋一間柱礎多至二十餘所.

屋用樫木作梁柱, 堅潤細理, 千年不蠹. 一名羅漢杉, 大島奇界所出尤良, 價亦甚貴. 作屋一間, 費至五百金. 故久米大夫家從宦有年, 尙多結茅者. 首里大家皆以此造屋鋪地, 久之光潤可鑑.

壁旣用板, 無粉墁牆, 多用砑花重粉箋, 或白色, 或白地綠花者糊之.

竹簾極粗, 以細竹全幹編之. 掛屋檐四周.

屋中畫軸皆短小, 不過四五尺. 尾小故也. 若首里貴家, 長與中國畫軸無異.

屏幅字, 或用四扇. 例先書一大字於首, 如春·夏·秋·冬·仁·義·禮·智之類. 下綴詩語三四行, 亦不必與大字相應.

屋中開軒, 多旁向, 或東, 或西. 庭院中設小山石, 樹黃楊·烏木·檜·松之類. 必翦束整齊, 或方, 或圓, 層層有致. 茸草如茵, 極細軟,柔結寸許. 連土不散, 布滿山上下. 或置小石池, 畜魚其中. 中立小石, 石上植鐵蕉等小木爲玩.

村徑皆極寬潔, 多編細葉小竹作屛籬. 翦葉令齊, 方整縝密, 村落皆是. 寺院前, 或列植黃楊, 翦束就方, 葉密如牆. 數十步許. 又有樹, 葉如冬青, 六七月生, 小白花, 香如梔子, 極芬烈, 土名十里香, 亦截作籬屛. 將至王宮, 夾道數里.

藏米廩, 亦懸地四五尺, 遠望如草亭. 下施十六柱, 柱間空處可通人行. 上爲版閣. 官倉皆如此. 村民或數家共爲一亭, 藏米其中, 分日守望.

室中皆席地坐, 無椅桌之用. 飮食諸具, 皆低小, 以便用.

凡飮食置碗之具, 如古俎豆槃器, 或方或圓, 皆著脚, 高五六寸許. 食羅數具於前.

煙架一匳中, 火鑪一, 唾壺一, 煙盆一. 室中置數具, 人前各置一具. 王宮製用甚精飾.

棋局, 高尺許, 脚二三寸, 面厚七八寸. 極堅重, 使不傾側. 黑子, 磨黳石爲之. 白子, 磨螺蛤頂骨爲之. 人皆善奕, 謂之悟棋. 下時, 不用四角黑白勢子. 局終, 數空眼多少以定虧嬴, 不數實子也. 亦有象棋.

士夫家有一榼, 或朱, 或黑, 滲金間采, 製作甚精. 郊飮, 各攜一具. 中四器, 置食物. 旁置酒壺一, 盞一, 箸二, 諸具略備. 民家食榼, 或方, 或圓, 皆作三四層. 刳木爲之.

水火鑪, 製用輕簡, 銅面錫裏. 一置火, 一置水, 外作一小木架盛之. 下二層, 黑漆奩三四事, 中藏茗具. 入茶擔中, 國王令秀才二人値之. 客出遊, 則攜以隨.

曲隱几, 仿古式, 繞身如扇形, 高一尺許. 加褥其上隱之.

書架, 如鏡架, 著小坐, 高半尺許. 席地坐用之.

大小套枕，中藏數具．客至，則人授一枕．

茶甌，色黃[無白地者]，描青綠花草．云出土噶喇．其質少麤無花，但作冰紋者，出大島．

甌上造一小木蓋，朱黑漆之．下作空心托子，製作頗工．茶甌頗大，斟茶止二三分，用果一小塊貯匙內．此學中國獻茶法也．若國中烹茶法，以茶末雜細粉少許入碗，沸水半甌，用小竹帚攪數十次，起沫滿甌面爲度．以敬客．

燭燈，木底四方格，上寬下窄．白紙糊之而空其上．施木柄，釘柱上．雖大風，不致滅燭也．王宮內所用皆然．民間燈，多不用燭．以木作燈，四方糊紙高木座，籠油碟其中，置地席上．

燭，如黃蠟而色黑．國中有油樹，取其子榨油爲之．

蕉扇，圓者爲日扇，男子用之．婦人用者缺其旁，如缺月狀．名月扇．

摺疊扇，名櫂子扇．卽倭扇也．皆單邊，無寬邊者．粗細不等，有絕佳者．本國官民冬夏用之，橫插大帶間以爲飾．又有折腰扇，扇骨兩截，下合上開．僧人所用．

團扇，以竹爲骨，繭紙糊之，或靑或白．灑金作畫．有泥金五華者，名玉團扇．惟王宮中有之．命婦或受賜，始得用之．

斧·鑿，皆類中國．惟鋸，用純鐵爲之．形如刀，下著柄，列齒口端爲用．

瓶·罌，多類中國．其小異者，茶具·火鑪一二種．

炊爨鍋器，皆有鐵者製．亦頗與中國異，或有柄，有提處．夏使≪舊錄≫[17]云，多用螺殼炊爨．今不爾．間以大螺殼烹茶者有之．

筆，用鹿毛爲之，短管．比中國筆較短，僅長四寸餘．竹管似蘆，取其輕細．管之末有番字小帖，筆帽皆有小開處．國人作書，皆不倚

17) 同 4).

桌, 或立或坐. 倒卷紙尾, 左手箝頓掌中, 懸腕書之. 以筆蘸墨, 則橫筆臥捲之.

紙, 以繭爲之. 有理堅白者, 極佳. 其黃色質鬆者, 名事宜紙, 皆切方幅爲用, 與高麗繭紙正同. 其質厚者染紫色, 可爲衣. 名內用紙. 有印花者如錦, 極可愛.

耝犂, 皆彷中國, 但減從輕小. 高田惟仰雨澤. 下田層列, 引泉下漑. 其江湖通潮者, 皆鹵不可漑, 故無桔槔·戽斗諸具.

機形, 坐處窄, 外寬, 高一尺五六寸, 低著脚僅三四寸許. 機前立竹竿一, 下垂, 引扣上下. 梭長四寸餘, 如皁角形. 器用輕小, 席地爲便, 家家有之. 縷蕉絲雜紉織之.

沿海近港, 所見皆用獨木小舟, 或釣, 或施繳網以取小魚. 螺·蛤·蟹·蝦·石鉅·海膽隨潮下上者, 夜候潮落, 篝火取之.

樂器, 與中國無異, 箏·笛等俱備[無笙]. 三絃, 柄比中國短三寸餘, 彈撥惟用食指.

笛曲, 有≪青山曲≫[卽中國銀絞絲≪五更轉≫也]·≪落鷹曲≫·≪樂平曲≫.

≪太平歌≫乃神曲, 每擊小銅點起調. 一人先唱, 下乃齊聲和之.

前使張學禮≪記≫云, 國王遣子婿於從客某所學琴. 今已失傳. 國中無琴, 但有琴譜. 國王遣那霸官毛光弼於從客福州陳利州處學琴, 三四月習數曲, 幷請留琴一具. 從之.

市易之所, ≪舊錄≫云, 向在天使館東天妃宮前平地上, 後徙馬市街. 今市集移在辻山沿海坡上, 早晚兩集. 市集無男人, 俱女爲市. 所市物, 惟魚·蝦·番薯·豆腐·木器·瓷碟·陶器·木梳·草靸等粗下之物. 仕宦家多不入市.

市中交易用錢, 無銀. 錢無輪廓間有舊錢如鵝眼大, 磨漫處或有洪武字. 已絶少. 今用者如細鐵絲圈, 一貫不及三四寸許, 重不逾兩許. 貫口封一紙扣鈐記之, 散卽不可用. 每千, 値國銀二分二釐[明萬曆中蕭崇業·夏子陽等≪錄≫卽云, 國中用黑銅錢極輕小, 千不盈掬. 凡五貫, 折銀一錢. 則其來已久, 本國稱謂鳩字錢云]. 其平日皆行寬永通寶錢[錢背無字, 或有一文字. 按日本寬永元年爲前明天啓二年, 歲在壬戌. 此日本舊錢也. 錢模大小, 亦與前明萬曆錢相埒. 錢質皆赤銅, 每百値國銀一錢二分. ≪國朝典彙≫云, 琉球市用日本錢, 以十當一. 爲近是], 臨時易之. 使還, 則復其舊. 國中舊有洪武錢, 永樂十一年又賜永樂錢. 天順二年, 王請照永樂·宣德間例, 所帶貨物以銅錢給賜. 禮部寢之. 本朝又無賜錢之例, 故其國少中國錢.

婦女, 小民家簪用玳瑁, 長尺許. 倒插髻中, 翹額上. 髻甚鬆, 前後偏墮. 疑卽所謂倭墮髻也. 不穿耳, 聞國中大家女亦然. 無脂粉, 無首飾, 珠翠俱廢不用. 足無所矯揉, 或穿半襪, 或著三板, 或赤足行沙土中. 手背皆有青點, 五指脊上黑道直貫至甲邊. 腕上下或方, 或圓, 或髺, 爲形不等, 不盡如梅花也. 女子年十五, 卽鍼刺, 以墨塗之, 歲歲增加. 官戶皆然. 聞先國王曾欲變革, 集衆議, 以爲古初如此, 或深意有所禁忌. 驟改前制, 不便. 遂至今仍之. 過市所見, 無不盡然.

入市貨物, 無肩擔者. 大小累重, 皆戴於首. 卽大甕·束薪, 皆然. 登坡, 下嶺, 矯首曳袖而行, 無偏墮者.

土妓行市中, 暑月衣襟上亦用紅絹緣於領掖間, 以此識別. ≪舊錄≫云, 良家入市, 手持尺布以自別. 今亦間有之.

婦人抱小兒者, 惟一手操小兒腰臂, 令騎坐左右腰叉上. 所見皆然.

貢舶, 式略如福州鳥船. 船掖施櫓, 左右各二. 船長八丈餘, 寬二丈五六尺. 前明洪永中, 皆賜海舟. 後使臣請自備工料, 於福州改造. 今本國舟工, 亦能自造如式. 其各島往來通載之船, 大小皆尖底, 底板鱗次. 太平山船加飾欄檻爲異. 小船, 皆刳獨木爲之, 極輕捷. 村民·漁戶皆用之. 一舟不勝載, 則雙使爲用.

通國惟國王肩輿, 仿中國式, 或十六人, 或八人. 轎上亭蓋帷幔, 悉如中國. 國相·法司以下, 皆兩人肩輿, 式皆矮小. 著扛木於轎頂, 二人前後舁之. 轎高不踰三尺許, 席底, 趺坐. 遠望如籠榼然. 前使≪汪錄≫云, 不知其中有人. 信然也. 貴族亦有造作精緻者, 用羅漢杉木雕鏤, 銅飾錦邊, 繪裏紗縠爲蔽, 而其高下大小則一也.

國中無車, 山谷非所宜也.

馬, 與中國無異, 高七八尺者絶少. 蹀躞善行, 山路崎嶔, 上下沙礫中不見顚蹶. 此則其所習也. 上山涉水, 則馳.

地旣多暖, 冬草不枯. 馬終歲食靑, 不識棧豆. 故雖村戶下貧, 亦皆畜馬. 有事則斂用之, 事過散還. 村家亦有以馬耕者.

鞍, 制同中國, 黑漆·紅漆不同. 有極精者, 鞍前後加紅帕四條分垂左右, 以爲馬飾.

韉與障泥, 皆從簡略. 仕宦者, 或用紅氈一條.

勒口索, 貴家多用五色相間蕉布全幅, 入手兩盤垂之, 尙及馬脇也.

鐙, 以木爲之, 式如曲杓形. 一邊著繩繫鞍下, 空其口以便赤足穿踏. 或鞴皮爲之, 朱黑漆有極精者.

國人騎馬, 皆不用鞭. 能騎者, 縱控令速行. 否則, 折樹梢用之, 下馬卽擲去.

宦家女人騎馬, 擁領蔽面, 多側坐鞍上, 兩足共一鐙, 人控徐行. 前使≪汪錄≫有記, 今偶見亦有之.

弓, 長七尺餘, 卓地高齊屋檐. 箭, 比中國箭乃較短一握許, 射必卓地. 執靶時, 不在正中. 乃就下窄處扣弦發. 矢皆用決拾如古制, 發不甚遠. ≪舊錄≫云, 射二百步外. 則未之見.

月令, 正月, 桃夭[碧桃·絳桃·櫻桃, 俱於是月開], 長春始榮[四季開, 此月尤盛], 蠶豆食新, 鶯舌有簧, 蛇出於穴, 始電雷乃發聲, 枇杷熟[與中國無異, 形略長如棗. 元旦食新, 爲百果先]. 二月, 木筆書空, 海棠紅, 棠棣華, 春菊有芳[百合·麗春花, 俱於此月開], 月橘子紅[月橘一名十里香, 花六月開. 子紅, 纍纍, 至此月滿樹], 萍始生, 田豆收, 蟋蟀鳴, 蟄龍出於海. 三月, 粟蘭香, 石竹花[玫瑰·薔薇·藤蘿·罌粟, 俱於此月開], 紫蘇生, 諸豆畢種, 王瓜登於市, 麥乃秋, 虹始見. 四月, 梯沽紅[樹高十餘丈, 花如木筆, 攢生. 榴·葵·萱花·金錢花·杜若·鳳仙, 皆於此月開], 鐵錢花開, 甘露見於蕉[芭蕉, 此月始結實, 名甘露], 山丹吐焰, 蔗田熟[楊梅亦於此月熟], 青瓜出, 竹筍抽林, 螳螂生[蜻蜓亦生此月], 蜩鳴, 鴉養羞, 蚯蚓出, 螻蟈鳴, 烏鳳來[小鳥名. 又有鳥名古哈魯, 亦於此月來]. 五月, 刺牡丹開, 右納花[花與秋葵無異, 木本, 高三四丈], 月橘花[色白如雪, 香聞十里], 夏菊開[茉莉·梔子·木蘭, 俱於此月開], 蓮有華, 莧菜秀, 桃有實[榴亦於此月實], 蕻菜生, 豇豆出, 草不腐爲螢, 颶母時怒. 六月, 佛桑燒空[三月開至冬, 此月尤盛], 掛蘭香[蕙亦於此月花], 桔梗花, 決明開, 禾畢登於場, 綠豆收, 鹿入水爲魚[沙魚躍岸化爲鹿. 鹿畏熱, 以舌咂水, 亦化爲沙魚]. 七月, 木蘭再芳[海棠·玉簪, 俱於此月開], 棉花收, 龍眼圓, 玄鳥來[燕自此月始來], 寒蟬鳴, 刀豆出[絲瓜, 亦於此月出], 野菊秀[如中國青蘘, 生滿田中], 毛魚陣於水[此月朔前後五日, 八月朔前後五日, 毛魚排隊成陣. 他月不然]. 八月, 木芙蓉華[桂, 亦於此月花], 容蕊至[鳥名. 又有鳥名恨煞, 亦於此月來], 赤小豆收. 九月, 梅始華, 戊土實[果名古把梯斯, 形如青果而匾. 閩中亦有之, 名戊土], 柿紫, 霜乃降, 海鷹來[國中無鷹. 此月東北風起, 自日本飄來], 大豆收, 麥種下, 雷始收聲[或至冬不收聲, 時有之], 田野畢墾, 麻石求子來[鳥名, 綠翅白眉], 蛇爲暴[此月蛇出傷人, 立斃]. 十月, 綠秧出於水, 橘實, 田豆下種, 鐵樹有花, 蛇乃蟄, 虹藏不見, 松露入土化爲菌[松下土中, 此月有土菌形如芋. 松露滴入土中, 所化色白. 出牛糞中者, 灰色, 不可食], 紙鳶升, 石求讀來[鳥名. 又有鳥名莫讀史與伊石求子, 皆於此月來]. 十一月, 水仙開, 寒菊花, 枸杞紅, 蚯蚓鳴, 美人蕉紅, 野有黃華[如中國蒲公英, 開遍山罅中], 大雨時行. 十二月, 佛手指空, 綠鳩至, 蟄蟲不俯, 蚊不收聲, 無冰.

中山氣候多暖少寒, 無冰, 霜雪希降, 草木常青. 土產所有同中國者, 祇標其名. 異產則詳其形狀, 花卉幷記其開時.

穀則六穀咸備, 米六種, 麥三種, 菽有綠豆·赤豆·黑豆·白豆·大豆·小豆. 大豆, 卽中國黃豆, 毛莢. 七八月生田中. 所見比中國產者特小, 僅如細黑豆. 異產有番薯, 在處皆有之, 犁種沙土中, 蔓生蔽野. 人以爲糧, 功幷粒食. 家種芭蕉數十本, 縷絲織爲蕉布. 男女冬夏皆衣之, 利匹蠶桑. 明冊使蕭崇業·夏子陽≪舊錄≫云, 土不植棉, 地不宜茶. 今亦間有之, 但不甚繁植云.

蔬有白菜·芥菜·菠菜·蘿蔔·香菜·絲瓜·冬瓜·茄子·刀豆·蠶豆·芋·葱·蒜·韭·薑·胡椒·薤·芹·薺·蕨·瓠·茭·荽·茴菜·苘蒿·香菰·紫菜·松木耳·石花菜. 異產有海帶菜·女蒡·辣蕎·茯苓菜·蘡菜. 又有松露, 土音稱爲蓄蘿. 九十月中, 生大松樹下土中. 實圓色白, 菌類. 味鮮美. 產具志頭, 老尤良. 灰色者, 生牛糞中, 不可食[海菜有海帶, 一名昆布. 又有紅菜, 類石花菜而少匾, 出海灘中. 又有雞脚菜·麒麟菜].

木有松·柏·檜·杉·榕·樟·梔·柳·槐·棕櫚·黃楊. 梧桐甚少. 異產有樫木等.

樫木一名羅漢杉, 葉短厚, 三棱. 與中國羅漢松同. 木理堅膩, 國中造屋, 梁柱皆用之. 諸島皆有, 出奇界者尤良.

福木, 葉如冬青, 特大, 對節生, 長二寸許, 如腰子形, 厚而光澤. 一名常盤木. 樹直上, 長丈餘, 四時不凋. 葉可染綠色. 開小黃花, 結實如橘, 可食. 又有一木, 土名呀喇菩. 葉皆似福木, 亦對節生. 白花似梅, 十一二月實, 俱號君子樹[葉紋對縷如織, 中邊映日通明, 作金黃色. 舊傳鬪鏤樹葉如橘, 當卽此也].

鐵樹, 卽鳳尾蕉, 一名海椶櫚. 身蕉葉, 葉勁挺對出, 漓褷如鳳尾. 映日, 中心一線虛明無影. 四時不凋, 處處植之.

烏木, 葉如桂, 直上. 外與常木不異, 中心木質黑色, 然亦有白理者. 又有紅木.

油樹, 葉似橘. 實如橘大, 不可食. 用以榨油. 又有福滿木, 樹高數尺, 葉似木槿差小, 花如橘. 子纍纍紅色, 可食. 又有樹, 葉似冬青, 高丈餘. 花如棗, 子纍纍生, 如中國女貞子, 甘酸可食, 亦可染物作青蓮色, 名山米, 又名野麻姑當卽青精也.

古巴梯斯樹, 高二三丈餘, 葉大如柿葉. 花五椏, 八九月實, 如青果而少匾, 味香甘. 閩中有之, 名戊土.

右納樹, 高三四丈餘, 葉似白桐. 夏季開花, 如中國秋葵, 黃瓣檀心.

地分木, 高五六丈, 葉如穀. 樹小, 白花叢生, 冬月開, 有毒, 可藥魚.

月橘, 樹高丈餘, 細葉如棗. 五六月開小白花, 甚芬烈. 名十里香. 結實, 如天竺子稍大. 二月中, 紅纍纍滿樹.

梯姑, 樹高七八丈, 大者合數圍. 葉大如柿, 每葉抽作品字形, 對節生. 四月初花, 朱紅色, 長尺二三寸. 每幹直抽, 攢花數十朵, 花葉如紫木筆吐焰. 高麗種, 出太平山.

悉達慈姑, 樹高丈許, 葉類桃. 子如葡萄, 穗纍纍, 深藍色, 名慈姑奶. 不可食.

花有梅·桃·杏·桂·木蘭·木蓮·水芙蓉·紅櫻·雪毬·山茶·安石榴·杜鵑[杜鵑十月開花, 至三月止. 花絶大, 四倍於中國所產者]·佛桑[千葉者, 有大紅及淺紅二色. 單葉者, 惟大紅一種. 中心蕊高出花瓣外一寸許, 如燭承盤狀. 故一名照殿紅. 四時皆花, 六月爲盛]·山丹[比中國特大, 有成樹長丈餘者. 紅花四出, 數十朵攢生如火. 有千葉者, 重臺甚艷. ≪五雅統注≫云, 山丹·扶桑同出日本, 始入中國]·蘭[四時皆開]·菊·茉莉·海棠·長春·水仙[十月花]·翦秋羅·月季·薔薇·千日紅·銀臺金盞[卽水仙]·杜若·菖蒲·百合·葵·雞冠·萱·石竹·仙人掌·雁來紅藤. 異產有名護蘭等.

名護蘭, 葉短而厚, 與桂葉同, 大僅如指. 三四月開花, 與蘭無異. 一箭八九朵攢開, 香淸越勝蘭. 出名護嶽巖石間, 不假水土. 或寄樹椏上, 或以椶皮裹懸之. 又有風蘭, 葉比蘭較長, 香如山柰·茴香.

蔑竹爲盆, 懸掛風前, 極易繁衍. 俗皆尙蘭, 號爲孔子花.

粟蘭, 一名芷蘭. 葉如鳳毛, 花如珍珠蘭. 又有松蘭·竹蘭·棒蘭[狀如珊瑚樹, 綠色. 無葉, 花從椏間出, 似蘭較小].

野牡丹, 土名卄花, 葉與牡丹無異. 二三月, 花開作叢, 纍纍如鈴鐸. 素瓣紫暈, 檀心如碗大, 極芳烈. 其葉嚼之, 以爲口香. 種出太平山. 又有野海棠·仙人掌·帚桃·野蘭[卽中國靑囊].

文萱花, 一名歡冬花. 花如萱花, 特小. 葉有靑白相間紋.

山蘇花, 一名猿莚花. 無花, 無幹, 出土長不及尺. 葉如蕉而小, 堅厚有紋.

雷山花, 土名吉茄. 葉如鐵梗海棠, 花如牽牛花差小, 鴉翠色. 四五月開, 至十一月結子如豆. 苞如榴房, 藏子數十粒, 可種.

吉姑羅, 一名火鳳. 人家牆上多植之以辟火. 幹似霸王鞭草, 葉似愼火草. 花似黃菊. 亦有紅者, 名福祿木.

果有藕·蔗·西瓜·靑瓜·木瓜·橘[數品]·香橙·金柑·佛手·荔枝·龍眼·葡萄·櫻桃·楊梅·覆盆子[形如楊梅]·栗·柿·核桃·枇杷·梅[小如龍眼]. 異產有蕉實等.

蕉實, 芭蕉所結實, 名甘露. 花紫紅色, 大如瓢, 日開一瓣. 結實如手, 五六指幷垂. 採久之, 膚理似藕之最嫩者, 可熟之如薯而甘.

阿咀呢, 葉長, 旁有刺. 久成林連蔓, 堅利可爲藩牆. 葉可造蓆, 根可造索. 開花者爲男木, 花白若蓮瓣合尖, 左右迸疊十餘朶, 直上五椏. 蕊露如杖, 長數寸, 芳烈如橘花. 女木無花, 結實大如瓜, 膚紋起釘皆六棱, 可食. 云卽波羅蜜別種. 粵東亦有之, 名鳳梨.

櫧子, 一名芝. 子如橡栗而小. 山中處處有之, 一名椎子.

竹有苦竹·貓竹·虎斑竹·鳳竹·竿竹·篬竹·烏竹·大竿竹·矢竹·艻竹.

異產有觀音竹.

觀音竹, 著地叢生, 葉長尺許, 寬三四寸. 紫色.

獸有牛·馬·羊·豕·犬·貓·鹿·猿·山豬. 無虎·兔·獐[≪明一統志≫言其土產有熊·羆·豺·狼. 今考皆無之].

畜有雞·鴨·鵝. 異畜有太和雞, 比常雞特小, 短足, 長尾. 種出七島.

禽有雀·烏·鴿·鷺·鷗·梟·鶺·班鳩·綠鳩[十二月來]·野鳩·鶉·鵁[俗呼神鳥]·田鳥·雉·鶺鴒·杜鵑·鴛鴦·燕, 七月來, 不巢人屋. 鷹, 九月中東北風, 從外島飄來. 鴈, 偶有之, 不恆至. 鶴, 或一有. 亦希見之. 異鳥有古哈魯等.

古哈魯, 金黃毛羽, 長觜短尾. 四月鳴.

麻石, 翅羽綠色, 白眉. 九月來. 又伊石求子, 似麻石.

烏鳳, 一名王母鳥. 四月來.

恨煞, 毛羽似鷹而差小. 八月來.

容蕊, 翅灰褐色, 黑頭. 八月來.

石求讀, 毛羽似雀. 十月來, 春乃鳴.

莫讀史, 綠毛. 十月來.

蟲有鼠·蝙蝠, 蠍虎, 能作聲如雀, 冬夏皆然. 蜥蜴, 生水池中, 紅腹, 背有金光, 又有四脚. 小青蛇, 常見之. 國中蛇最毒, 九月中, 每出傷人. 人立斃[前≪使錄≫云, 其蛇不傷人. 未然]. 蚊蠅, 皆冬生. 蟻, 與中國同, 但腹亮如晶. 斃之, 有點水.

鱗族有鮫·鯉·鮒·鰻·鰍·蝦·金魚·銀縷魚. 異產有毛魚·針魚·燕魚等. 其綠色·紅色·綠鱗·紅章五彩相間, 或圓, 或長者, 不可勝數. 土人就其色其形呼之, 皆無名. 海魚生切片, 夜中黑處視之, 皆明透, 有綠火光色, 如熱河夜光木.

毛魚, 細小, 外視似腐, 咀嚼有味. 閩人皆重之爲珍品. 七月朔前後五日·八月朔前後五日, 於海中排陣出. 他月則否.

針魚, 頭戴針形, 亦名鱵.

韡魚, 頭長如靴.

燕魚, 如燕, 有翼能飛. 古名鰩, 俗呼飛魚.

介族有龜·黿·鼈. 異者有玳瑁等.

玳瑁, 甲如龜鼈, 首尾形少尖, 頭帶淡紅色.

海馬, 馬首, 魚身, 無鱗, 肉如豕. 頗難得. 得者, 先以進王.

石鮔, 首圓, 下生八手, 無脚. 土人皆以入饌.

蟳, 肉最佳味. 如蟹而大, 性溫.

蟹, 大小種族各異. 有小蟹, 五色兩螯, 左大右小. 小以取食, 大以外禦. 惟大螯朱紅色, 名曰照火. 小蟹居螺殼中, 名寄生.

海膽, 背生刺如蝟, 蠕蠕能運徐行. 味如蝦·蟳.

螺族尤異, 五色璀璨, 形狀詭出. 蚌螯, 大如盤, 國人以爲盎, 爲戶樞, 爲釜皆是. 異者有壁虎魚等.

壁虎魚, 螺殼上生五六爪, 形如壁虎. 名壁虎魚.

桅螺, 殼尖出如桅, 生刺滿之. 名桅魚.

貝有數種, 一種外白色, 內米紺色. 一種玳瑁斑, 內紫白色.

龍頭蝦, 名鰝. 大者一二尺, 形絶似龍, 時以供饌. 蛤蚶之族, 不可勝紀.

佳蘇魚, 削黑鰻魚肉, 乾之爲腊, 長五六寸, 梭形. 出久高者良. 食法, 以溫水洗一過, 包芭蕉葉中入火略煨. 再洗淨, 以利刃切之. 三四切皆勿令斷, 第五六七切始斷. 每一片形如蘭花, 漬以淸醬, 更可口.

海松, 生海水中. 大者二三尺, 根蟠海底石上, 久之與石爲一矣. 國人亦名曰礒松, 似言松本木類, 附生石上, 如義甲·義髻之義. 此字甚切. 按字書, 礒, 石貎. 別是一意. 其枝葉纖細, 與側柏無少異. 鮮焰如火, 疑似柏枝. 葉成朱色, 有腥氣, 不可近玩. 其根木色, 輪囷屈曲如老樹. 根以刀刻之, 拒不可入, 儼然石也. 生馬齒山者較他處尤良, 紅色不卽褪落. 又有一種, 無枝葉, 拳石殷紅. 上作蜂窠細眼, 攢蹙徧滿, 如雞冠花頭, 皆生海底. 惟馬齒山漁人能泅水深沒取之. 中山漁戶能入水者, 亦不能及也.

石芝, 生沿海海底石罅中. 天使館西北海上有小石山, 名石筍崖, 土人亦稱爲波上. 此崖之下, 石芝所聚. 前使≪舊錄≫云, 有根, 有葉, 大者如盆, 小者如盎. 其他如菌, 如菊, 如荷葉者, 不可勝數. 靈壁·羊肚, 俱不足道. 亦惟馬齒山人能深沒取之. 鹽水久漬而成腥氣, 尤不可近. 出水久之, 腥氣漸退. 然脆折亦難致遠, 故不貴重云.

凡石大小, 皆極嵌空. 大者如樓, 如屋, 玲瓏明透, 古藤縈結蔥鬱. 卽拳石, 亦有奇致. 山崖海邊, 遍地多有. 但質甚鬆利, 易脆折. 惟磨刀石甚堅而膩, 以爲礪, 勝中國者. 故世以充貢.

琉球字母四十七, 名伊魯花, 有眞草二體. 其眞體, イ[人讀如依]·ロ[類讀如魯]·ハ[波讀如花]·ニ[仁讀如義]·ホ[保讀如夫]·ヘ[飛讀如揮]·ト[登讀如都]·チ[知讀如癡]·リ[里讀如利]·ヌ[奴]·ル[留讀如祿]·ヲ[遠讀如烏]·ワ[和讀如哇]·カ[加讀如喀]·ヨ[有讀如夭]·タ[太讀如達]·乙レ[禮讀如力]·ソ[卒讀如蘇]·ツ[律讀如卽]·子ネ[你]·ナ[奈讀如那]·ラ[羅讀如喇]·ム[無讀如某]·ウ[宇讀如務]·井ヰ[而讀如依]·ノ[乃讀如奴]·オ[於讀如烏]·ク[可讀如姑]·ヤ[也讀如耶]·マ[末讀如馬]·ケ[計讀如其]·フ[不讀如夫]·コ[科讀如庫]·エ[江讀如而]·テ[天讀如梯]·ア[安讀如牙]·サ[世讀如沙]·キ[其讀如基]·ユ[由讀如夭]·メ[女讀如霉]·ミ[弁讀如米]·シ[之讀如志]·ヱ[忌讀如意]·ヒ[北讀如蜚]·モ[毛]·セ[世]·ス[●讀如使]·ン[嫣]. 自舜天爲王時, 始制. 或云, 卽日本字母. 或云, 中國人就省筆易曉者教之爲切音色記, 本非字也. 古今字繁而音簡, 今中國切音字母舊有三十六, 後漸簡爲二十八. 自喉·齶·齒·脣張翕輕重疾徐淸濁之間, 隨擧一韻, 皆有二十八母. 天下古今有字無字之音, 包括盡矣. 今實略仿此意, 有一字可作二三字讀者, 有二三字可作一字讀者. 或借以反切, 或取以連書. 如春色二字, 琉人呼春

爲花魯二音, 則合書ハロ二字卽爲春字也, 色爲伊魯二音, 則合書イロ二字卽爲色也. 若有音無字, 則合書二字反切行之. 如村名泊與泊舟之泊, 幷讀作土馬伊, 則一字三音矣. 村名喜屋武讀作腔字, 則又三字一音矣. 國語多類此. 國人語言, 亦多以五六字讀作一二字者甚多.

得中國書, 多用鉤挑旁記, 逐句倒讀. 實字居上, 虛字倒下逆讀. 語言亦然. 本國文移中, 亦參用中國一二字, 上下皆國字也. 四十七字之末, 有一字作二點音媽. 此另是一字, 以聯屬諸音爲記者, 共四十八字云.

元陶宗儀云, 琉球國職貢中華所上表, 用本爲簡, 高八寸許, 厚三分, 闊五分, 飾以髹, 釦以錫, 貫以革, 而橫行刻字於其上, 其字體科斗書. 又云, 日本國中自有國字, 字母四十有七. 能通識之, 便可解其音義. 其聯輳成字處, 髣佛蒙古字法. 以彼中字體寫中國詩文雖不可讀, 而筆勢縱橫, 龍蛇飛動, 儼有顚素之遺. 今琉球國表疏文, 皆用中國書. 陶所云, 橫行刻字, 科斗書. 或其未通中國以前字體如此, 今不可考. 但今琉球國字母亦四十有七, 其以國書寫中國詩文, 筆勢果與顚素無異. 蓋其國僧皆遊學日本, 歸敎其本國子弟習書. 汪錄所云, 皆草書, 無隸字. 今見果然. 其爲日本國書無疑也.

琉球土人居下鄉者, 不自稱琉球國, 自呼其地曰屋其惹. 蓋其舊土名也.

4

使琉球記

綿州 李鼎元 撰

乾隆五十有九年甲寅四月八日，琉球國中山王尙穆薨，世子尙哲先七年卒．世孫尙溫取具通國臣民結狀，於嘉慶三年戊午八月遣正使耳目官向國垣·副使正議大夫曾謨進例貢，表請襲封．四年二月，福建巡撫臣汪志伊以聞禮部，上其議．天子特命內閣大學士·翰林院掌院·都察院·禮部堂官，選舉學問優長，儀度修偉者爲正副使．時選得內閣中書四員·翰林院編修三員·都察院給事中四員·禮部主事三員，於八月十九日黎明引見乾淸宮．奉旨遣趙文楷爲正使，臣李鼎元爲副使．先是，甲辰之歲，鼎元假遊浙江，秋九月四日，泊舟溫州城下，其夜夢乘舟出洋，舟極大，旗幟飛揚，人役甚夥，海天不辨．夢中一無所悸，遙見數山浮來水面，幽秀奇特，作五律一首．醒時記一句，云雲養淡螺深，幷記舟牌有免朝字，急捉筆登載．常舉以問人，無知者，以爲夢也，而置之．恩命旣下，卽覓同鄉周海山先生前使琉球時所著≪志略≫[18]，意得有所遵循．開卷首見封舟圖，龍口有牌曰免朝，始悟玆役，數定於十七年前．古人謂夢生於想，恐

18) ≪琉球國志略≫，十六卷．周煌輯，淸乾隆21年(1756)五月，周煌同翰林院侍講全魁受命前往琉球，冊封尙穆爲琉球國中山王,，於次年正月回國．

非定論. 溯自乾隆二十年封尙穆後, 距今四十餘年, 舊典雖載禮部, 尙須綏稽, 而≪玆略≫[19]又未載受命後一切事宜. 因思海內博通掌故者, 無如大宗伯紀曉嵐先生, 因與正使趙介山偕謁. 介山者, 安慶府之太湖人, 嘉慶元年狀元也. 先生一見, 笑謂曰, 二君來意吾知之, 然事隔數十載, 老夫何能盡識. 猶幸及見全·周二前輩出使, 時有瑣細不登≪志略≫者, 二君願聞之乎. 皆曰唯唯. 先生曰, 琉球世居炎徼, 明初始入貢. 其人深目而長鼻. 其衣大袖寬博, 男女皆以帕蒙首, 貴者戴冠, 式如僧帽而淺. 封使之服, 明則給事中以麒麟, 行人以白澤. 本朝自康熙五十有八年海·徐二公出使, 始用東珠帽頂, 正副使皆賜正一品麟蟒服, 由工部製造, 禮部頒給, 頂帶則自備. 跟役正使二十人, 其副十五人. 例有頂帶者, 仍許聘帶從客. 出都門, 肩輿八人, 例持節, 詔勅前, 有黃蓋·龍旗等儀, 皆由工部咨取, 所以壯天威也. 鼎元曰, 跟役頂帶有例乎. 八座有說乎. 先生曰, 有. 麒麟爲將軍·提督之服, 制軍兼提督者亦服之. 前驅, 例有頂帶者, 今旣賜麟蟒, 則因品服而波及前驅矣. 旣服此服, 例宜八座. 京師從無八座出都者, 惟琉球·安南冊使爲然, 全·周二先生已行之矣. 鼎元曰, 應具摺謝恩乎. 先生曰, 非一二品以上, 凡出使, 例不具摺. 鼎元曰, 然則賜服之後應具摺謝乎. 先生曰, 此服爲使而設, 係朝廷體統, 非有私於君等也, 何謝焉. 惟臨行當請訓耳. 鼎元曰, 冊使旣遣文臣而服麟蟒, 何也. 先生曰, 示武也, 亦文武兼資之意也. 鼎元曰, 試學差皆有路費, 此獨無, 何也. 先生曰, 此差由兵部發先行牌, 沿途供給, 又何路費之有. 吾聞之前輩曰, 凡翰林得此差, 同館及同年友皆有厚贐, 不減數千金. 世情日薄, 今固異於古所云矣, 君等勉爲之. 國體攸關, 不得以縕袍不恥爲高也. 語旣畢, 先生有倦容, 與

19) 玆는 志의 오자.

介山請出. 邀入師竹齋, 私詰之曰, 聞起行在來春二月, 今卽有此命, 毋太早乎. 介山曰, 此正皇上體恤使臣之意也. 此差旣無路費, 安家·製裝種種須財, 今所恃者, 惟汪舟次先生請支二年俸例在, 前輩僅百八十金耳. 若非寬以時日, 安能驟辦. 楷且欲借此餘日告假省親, 便籌一切. 余聞此悵然, 羨介山家鄉近, 轉念故園之遠. 十月朔日, 介山出都, 余於九月二十有二日, 新遭胞弟𠳐塘中允喪, 不及送. 自後, 遂無可商者.

十一月十有六日, 禮部題爲請旨事, 先經臣部議準, 勅封琉球國世孫尙灝爲琉球國中山王, 幷賜卹故國王尙穆, 應遣正副使臣前往. 續經臣部遵將各衙門保送人員及臣部司員, 帶領引見, 奉旨, 正使著趙文楷去, 副使著李鼎元去. 欽此. 臣等業經行文福建督撫, 遵照在案. 該臣等議得, 此次往封琉球一應事宜, 除賜卹故國王尙穆, 另行繕本具題外, 謹將勅封應行賞賚幷各項預備之處, 按照乾隆二十年往封事例, 開列條款, 恭呈御覽, 伏候欽定. 一, 查向例, 勅封琉球國王, 頒給詔書一道, 勅諭一道. 此次應照例頒給, 詔勅由內閣撰擬, 封送臣部交正副使, 敬謹齎往, 宣讀該國王祗受. 一, 向例, 賜該國王蟒段二疋, 靑藍綵段各三疋, 藍素段三疋, 閃段二疋, 衣素段二疋, 錦二疋, 紗四疋, 羅四疋, 紬四疋, 共三十疋. 賜王妃妝段二疋, 靑藍綵段各二疋, 藍素段二疋, 閃段二疋, 衣素段二疋, 錦二疋, 紗四疋, 羅四疋, 共二十疋, 交封使帶往, 仍將數目撰入勅內. 此次應請照例賞賜該國王, 王妃. 所需段疋, 均於內務府移取臣部, 交封使帶往, 頒給該國王祗領. 一, 正副使銜命出使, 應照例持節. 所有節及節衣, 由工部移送臣部, 轉授封使. 回日繳還工部. 一, 向例, 詔勅前用黃蓋一柄, 龍旗一對, 御杖一對, 欽差牌一對, 肅靜牌一對, 回避牌一對, 均由工部咨取, 回時交納工部. 幷取前行牌一面, 於封使起行前期, 交兵部飭發沿途飛遞琉球國, 俾知預備. 此次應照例辦理. 一, 向例, 正副使賜正一品蟒段披領袍各一件, 麒麟補褂各一件, 行文工部辦給, 仍許其自備正一品頂帶, 事畢回京, 仍用本任品服. 此次封使亦應照例給予. 一, 向例, 正使·副使遠涉海洋, 賜給御祭海神文二道, 齎往福建致祭. 此次應請頒諭祭海神祈報文各一道, 由內閣撰擬, 交封使齎往致祭. 其香帛, 祭品, 該地方官備辦, 照例核銷. 一, 查, 頒外國詔勅, 例應繳送內閣, 向來琉球每請爲傳國之寶, 經正副使驗明, 允留彼國, 仍令其於謝表內聲明. 此次亦應照例辦理. 一, 向例, 正副使恭齎詔勅, 卹賞等項, 自京起程, 沿途撥護官兵, 其過海登舟, 行令該督撫, 遴委幹弁二員, 幹兵五百名護送, 并酌撥修船匠役帶往. 此次亦應照例辦理. 一, 向例, 正副使許自帶諳曉醫術醫士二名隨往, 至家人跟役, 正使許帶二十名, 副使許帶十五名, 兵部給與勘合, 沿途支取夫馬·船隻·廩給·口糧. 此次亦應照例辦理支給. 一, 向例, 正副使俱照伊品級預支二年俸銀, 回日扣還在案. 此次亦應照伊品級支給, 回日扣還. 以上各條, 臣等按照舊章, 敬行開列, 進呈恭候命下之日, 臣部行文各該處, 遵奉施行. 臣等未敢擅便, 謹題請旨. 奉旨, 依議. 欽此. 臣鼎元聞命後, 卽自備正一品頂帶, 製辦行裝, 候正使假滿回京, 恭請聖訓, 擇日起行. 十二月望日, 琉球使臣向國垣等入京. 先是, 賜服命下, 有誠余且無換頂帶者, 余曰, 不換是慢君命也, 烏乎敢. 客唯唯而退. 嘉慶五年庚申正月戊寅元旦日甲寅五更, 恭詣乾淸宮門朝賀. 旋詣東四牌樓馬大人衚衕天后宮進香, 祠爲故大學士貝子福公康安建. 貝子破擒臺匪林爽文, 歸舟時將抵岸而風息, 舟人下椗待風, 貝子喝令起之, 否且行誅, 椗起舟走, 忽觸礁, 舟人驚惶, 分無生理. 忽見紅燈自遠飛來觸舟, 舟旋, 瞥眼間已入厦門口. 祠之建, 以報恩也. 正殿爲天后塑像, 後殿爲三官神像, 西爲關帝神像. 余進香, 心爲之動. 竊謂貝子建此祠, 未盡善也. 凡天下受勅封爲正神者, 率褒及其父母, 況天后由孝女成神, 後殿不祀其父母而祀三官, 失其本矣. 毋亦以天后父母未經受本朝封典, 故不祀邪. 果爾, 何不籲請褒封乎. 是貝子之疏也. 此行仗神默佑, 歸定籲請褒封, 崇祀後殿, 以妥神孝酬靈貺. 十二日, 介山至京銷假. 二十一日, 甲戌, 琉球使臣向國垣等回國. 二十九日, 壬午, 浙閩總督玉德奏, 琉球遣正議大夫梁煥來迎冊使, 已到閩. 奉上諭, 冊使遠涉重洋, 其乘坐船隻, 自應妥爲預備. 且現在洋面未能一律寧靜, 著傳諭玉德, 飭令地方官將趙文楷等所需船隻預備穩妥, 幷派撥弁兵小心護送, 俾其遄行無阻. 欽此. 同日, 奉上諭, 沿海地方崇奉天后, 仰承靈祐昭垂, 歷徵顯應. 溯查, 乾隆二年加增神號四字, 嗣於二十二年, 五十三年兩次各增四字. 現在各洋面巡緝兵船及商船往來, 均賴神力庇佑, 著該衙門再議加增四字, 幷著翰林院衙門撰擬祭文, 卽交此次冊封琉球正使趙文楷齎往福建敬謹致祭. 欽此. 於是內閣擬進欽定四字, 曰垂慈篤祜, 翰林院撰擬祭文. 二十四日, 丁未, 五更, 具摺恭請聖訓. 巳初, 蒙召見乾清宮西暖閣, 敬承天語, 體卹小邦, 不勝悚惕. 二十六日, 偕介山赴禮部, 祇領詔勅卹賜·龍節·儀仗等件. 逐一驗看, 謹送正使寓奉安中堂, 惟御書未經用寶, 移知兵部, 驛遞閩省. 是日, 兵部發下勘合, 照尋常一品服例塡寫, 與禮部所題跟役名數不合, 途中恐致累, 而兵部憚於檢舉, 且恐誤行期, 累自此始矣. 二月, 己卯, 二十有八日, 辛亥, 黎明, 設香案, 望闕謝恩畢. 午刻, 拜辭老母, 由米市衚衕起程, 轉橫街出轎子衚衕, 不由菜市口者, 俗有所忌也. 介山寓彰儀門大街, 亦於是時起程. 先奉詔勅付武弁, 負之前行, 罩以黃蓋. 儀仗後之, 節後之, 賞卹諸物又後之, 正副使又後之. 坐轅輿, 舁者八人, 前, 負弩者一人, 帶刀者一人, 後, 執坐鎗者二人, 步行扶輿者四人. 餘人管理官私物, 各有專責. 出彰儀門五里至普濟堂. 同鄉檢討楊萃中祖純, 戶部楊松崖彥青·周梧庭維垣·吏部崔君永福·刑部張安亭學潮·工部劉芳皋濯·廣東增城營守備唐君文才·候選縣令孫君光先·韓君海·寧波太守姪平山坦, 餞於堂之正庭. 同年給事中邵楚帆自昌·編修吳衣園裕德, 餞於堂之門內. 禮部謝薌泉振定率其同館門人, 餞於堂之西廂. 各進三觥. 未初, 別. 酉正, 宿良鄉縣同節驛, 設香案, 奉安詔勅畢. 以後日常爲例. 縣令趙君宣霖來謁, 江西南豊人. 介山別居一館, 相去不數武, 飯後過談. 是日, 惟午時晴. 出門選吉時, 或其驗也.

二十九日壬子, 陰, 大風. 介山從客三人, 王君文誥·秦君元鈞·繆君頌, 余從客一人, 楊君華才, 俱於昨夜至, 早起同行. 過竇店, 不憩. 申刻, 宿涿州涿鹿驛.

三月朔日癸丑, 晴. 過張桓侯祠, 不入. 六十里, 新城縣分水驛食. 經白水溝, 沿隄行七十里, 宿雄縣歸義驛. 明雲間陸應陽≪廣輿記≫[20]載, 雄縣有大雄山. 余往來數次, 未之見. 縣令馮君瑛來謁, 問之, 對曰, 不惟縣治無山, 卽附郭亦無山. 則陸記未足信, 疑金人併歸義入歸信, 非復周顯德時故州矣. 是日, 午後大風. 入傳舍迎送, 始聞礮.

初二日甲寅, 大風, 晴. 卯刻行, 瀰望皆水, 道通一綫, 曲折如盤蛇. 十里達趙北口. 橋十二洞, 舟俱泊橋東. 俗謂之燕南趙北, 疑卽瓦橋關. 三十里至鄚州, 又四十里宿任邱縣鄚城驛. 未刻, 介山過談, 同寄第一封家書.

初三日乙卯, 陰, 大風. 行七十里, 宿河間瀛海驛. 府爲京師之南府, 天下之津途. 陂澤沃衍, 宜耕植, 濱海鹽運, 軍府所資, 燕南重地也. 太守姚芝佃梁學問人品, 海內欽慕, 有古大臣風. 先爲廣西廉訪使, 爲巡撫孫公永清劾, 改部郎, 轉侍御. 今年正月, 皇上特簡爲

20) ≪廣輿記≫, 二十四卷, 明陸應陽輯, 萬曆28年(1600).

河間太守. 詢以風土人情, 了如指掌, 要地可謂得人矣. 途中見麥三寸許, 望雨甚切.

初四日丙辰, 陰, 大風. 行六十里, 獻縣樂城驛食. 縣治唐始移此. 不惟非河間獻王舊封, 并非漢樂城縣故地. 故縣在今縣東南十六里, 獻王封邑在今縣東南九十里, 所謂景城廢縣也. 天下邑治, 歷代屢移, 執舊名而求之, 百不得一矣. 又十里, 交河縣富莊驛宿. 是夜, 雪. 麥苗得此, 不啻膏雨.

初五日丁巳, 大雪. 行四十里, 阜城驛食. 縣當南北衝, 非漢故城. 縣令張綠溪文旐來謁, 河南靈寶人, 己酉進士. 途中遇同鄉鄧尉以伊, 護餉至保陽, 立談片刻. 又五十里, 宿景州東光驛. 本蓨縣故治, 地形四通, 古齊·趙界. 與介山約遊董江都祠, 日暮, 不果.

初六日戊午, 晴, 寒甚. 行三十五里, 劉智廟食. 廟名不知所起. 按明正德中, 馬申錫駐桑兒園, 招流賊劉六等, 劉應招而至. 或卽以此得名, 而土人訛爲劉智邪. 又二十五里, 宿德州安德驛. 本漢平原郡安德縣故治. 運河出城北, 浮舟爲梁, 聞山東糧艘將次出境. 是夜, 寄二封家書.

初七日己未, 晴. 行四十里, 曲路食. 沿途雪消麥茂, 麥秋有望矣. 又四十里, 平原縣桃園驛宿. 是夜, 經行有所謂黃河沿者. 按≪唐志≫, 德州有張公故關. 孔穎達曰, 平原縣六十里, 有張公故城. 城東有津, 俗名張公渡, 卽平原津. 戰國時, 齊之西境, 以河爲界, 此卽黃河津濟之所. 今河久失故道, 津已堙而名尙在, 父老相傳有可以徵古者, 此類是也. 縣令劉東堂懷淸來謁. 陝西華陰人, 丁酉舉人, 與凫塘鄉試同年. 詢以風土人情, 地方利弊, 答云, 平原素不產棉, 而男女多貿自他郡, 以織爲業. 到任後, 訪知縣中有鹵地數頃, 不能種五穀, 試令種棉, 乃大穫, 民皆傚行, 近出棉不僅供一縣之用. 山東素多鹵地, 得此法通行, 一省可無曠土矣. 又云, 乾隆五十七年, 歲大饑, 民之流亡未歸者甚衆, 所遺田地二百餘頃, 民不敢種, 因爲代募佃戶耕種, 旣不欠糧, 又不棄地. 亦善政. 縣有顏魯公及先主祠, 蓋以魯公常守平原, 先主曾爲平原相也. 魯公祠內有文文山弔魯公詩碣, 前明人補書. 從客强記其韻以歸, 因和之. 惜未得錄全文.

初八日庚申, 晴. 行五十里, 禹城縣劉普驛食. 縣令潘君漢來謁. 大興人, 庚子進士. 又五十里, 宿齊河縣晏城驛, 店陋甚. 濟南太守德垕生遣使持札問起居. 德, 漢軍人, 余戊戌同年. 聞其廉靜寡欲, 有守有爲. 重其人, 卽爲書答之.

初九日辛酉, 晴, 驟熱. 行三十里, 齊河縣食. 縣令柳世珍來謁. 又二十里, 杜家廟小憩. 熱甚. 又十里, 潘村. 從此步步入山, 路多滑石. 又三十里, 長淸縣崓山驛, 山多柏, 層植而上, 頗可觀. 縣令徐竹亭紹薪來謁. 乙卯歲, 覺塘典試山左, 竹亭爲分校, 闈中有唱和詩. 直隸永平府人, 學者也. 申刻, 家人董祥患中風, 移時卒. 余此行, 詳頗得力, 中道而逝, 爲詩哭之. 星家言, 奴僕星有得力不得力之數. 余前有二僕曹玉·紀陞, 頗勤愼, 皆早死. 今祥又如此, 豈眞命邪. 以五十千錢購一棺斂之, 寄殯蕭寺, 差回當令歸葬.

初十日壬戌, 陰. 介山來言先行, 余視董祥殯出乃發. 山行頗難肩輿, 始加縴. 五十里, 長淸縣長城驛食. 俗名萬德店, 路旁柳青矣. 午刻, 雨, 不能望岱. 又四十里, 新店小憩. 又四十里, 宿泰安府泰安驛. 太守李松雲堯棟公出, 泰安令舒君輅來謁, 與商岱頂進香事. 是日, 齋, 約介山來早登岱.

十一日癸亥辰刻, 微雨, 決意登岱, 恭謁碧霞元君祠, 以天后於明末時曾封碧霞元君故. 出館, 先於岱廟進香. 雨轉大, 狂風倒人, 客皆中道返. 限於王程, 不能待晴, 於遙參亭元君像前禮拜. 時進香者日常數萬人, 廟中排列肆市, 百物粗麤備, 菜石爲尤多. 廟東炳靈宮前漢柏五本, 西北隅一本, 二株臨西, 一株爲火所焚, 焦中而枯外. 異於甲辰·甲寅兩度所見, 乃歎松柏亦有劫. 入午, 風雨轉盛, 仍宿故館. 夜, 寒甚.

十二日甲子, 淸明, 陰, 大風. 山行四十里, 崔家莊食. 見徂徠山盡白頭, 始知昨夜之雨, 在山已成雪, 而所謂徂徠之松, 杳不復得矣. 又四十七里, 宿新泰縣羊流驛, 晉羊叔子故里也. 是日, 五渡汶水, 水環山流, 人截山行, 民夫捧轎以渡. 諺云蛾子抬靑蟲, 頗類此景, 蓋民夫皆有雇錢也. 壁間見北平何琴立題壁詩, 饒有風致, 走筆和之. 旁又有悟眞題其後, 亦有致, 惜未知其姓氏.

十三日乙丑, 晴. 山行五十二里, 新泰縣新泰驛食. 縣令狄君芬來謁. 又二十里, 過敖陽, 敖山在焉. 前過小村, 問新甫山不得, 有一秀才東指曰, 卽此山, 俗名蓮華. 其西則龜山, 蒙山, 聯絡而南, 蒙陰縣在其麓. 又四十里, 宿蒙陰驛, 亦名保德驛. 縣令范君晉來謁. 沿途見道路修理, 溝渠浚治, 其良吏乎. 晩, 食餠, 粥甚甘.

十四日丙寅, 晴. 山行六十里, 沂水縣垜莊驛食. 見題壁有敖陽曉發詩, 款曰秀峰, 不知何姓氏. 又有古越陸耐庵己未冬月十九日題壁, 頗能道眼前景. 又見何琴立題壁五律一首. 再行二十里, 有坊曰瑯琊古郡, 後題蘭山令祁恕士新建. 連日逐沂水, 傍蒙山行, 頗有山水趣. 又二十里, 宿靑駝寺. 土人云, 佛刹有靑石駝, 蹏腹陷於土, 惟頭及鞍尙可辨. 或係大家墓道物. 然駝之設於墓道, 制亦未爲久遠.

十五日丁卯, 陰, 微風. 山行五十里, 過沂州徐公店驛, 至伴城食. 山於此盡, 平郊麥苗較茂. 又五十里, 宿沂州府沂州驛. 州南連淮泗, 北走靑齊, 最爲兵衝, 誠南北之咽喉也. 首縣爲蘭山, 地無此山, 卽艾山而別名. 太守洪桐生, 梧蘭令祁君恕士, 皆余故友, 在京時常相過從, 桐生又係同館. 卽日招飮, 依依如骨肉. 桐生以詩畫扇幷詩刻香墨見惠, 詩四首皆佳, 末首云, 送君亭館似勞勞, 已約歸程候節旎. 意尤可感.

十六日戊辰, 大風. 行二十八里, 沂州李家莊驛食. 有山亙於東, 陂陀平遠, 勢如長隄, 若馬首之低昂, 土人指曰馬陵山也, 或曰卽古瑯琊山. 又六十五里, 宿郯城縣郯城驛. 去縣尚十里. 縣令周君履端來謁, 託寄三封家書. 是夜, 雨.

十七日己巳, 陰, 大風. 巳刻, 雨, 麥益暢茂. 路滑甚, 舍輿而騎. 郯城紅花埠驛食. 驛爲山左江南界, 街長三里許, 盡茅店, 瓦屋絕少. 恐賞物爲雨所溼, 遂宿焉. 是日, 見道旁密種皁角樹. 樹旣多刺, 實又不可食, 可避人馬之擾, 道旁有田園者, 可取以爲法.

十八日庚午, 陰. 路濘甚. 騎行六十里, 宿遷縣峒峿驛食. 食後, 卽登馬陵山, 見落馬湖水勢浩蕩, 不辨涯際. 又六十里, 宿遷縣鍾吾驛宿. 是夜, 介山於亥初始到, 行李車陷於泥. 去驛四十里, 野宿, 俗謂之打野盤.

十九日辛未, 陰. 候車不至. 騎行五十里, 桃源縣古城驛食, 俗名新安集. 隄行又六十里, 宿桃源縣桃園驛, 俗名重興集. 令曹君松篁來謁. 丙辰進士, 鄕試乙卯與大兒胡塏同年, 有器局才具. 詢知地方情形, 地瘠民貧, 多受水害. 余從紅花埠至此, 見瓦屋絕少, 所言良不誣. 是日, 介山未至, 因不慣騎馬, 爲泥濘阻滯矣.

二十日壬申, 晴. 欲候介山至, 恐留住多擾, 遂留札先行. 約行二十里, 不見魚溝, 詢知順隄行, 乃直至王家營道, 爲引道者所誤. 又行四十里, 宿清河縣清江驛, 俗名王家營. 日暮始得食. 隄上望洪澤湖, 水勢甚闊. 館舍新造, 宏敞可容百人, 館後有餘地, 植樨柳八株成陰, 大可納涼.

二十一日癸酉, 晴. 留住, 候介山. 以紀恩留別詩刻寄漕督鐵冶亭保, 余庚寅同年也. 燈時, 鐵公和詩至, 并寄其紀恩詩諸刻. 慕其速, 亦卽依韻和交來使, 有句云, 能飽軍民是此官, 蓋規之也. 戌刻, 介山行李及從客至，聞介山宿魚溝.

二十二日甲戌，晴. 介山至，因同過黃河，至淸江浦. 縣令備船甚多，僅用大舟二，小舟一，餘令遣去. 奉安詔勅畢，遂登舟. 河督吳菘圃璥來，恭請聖安. 余戊戌同館同年，敘舊言歡. 隨答拜，言治河通運事，極有條理，合龍定有日矣. 留余飮，余以戒酒固辭. 歸舟後，承惠蟒衣·紗紬·酒脯等物. 入暮，檢討韓君鼎晉自川來，過訪，言故鄕宅爲賊焚，奉太夫人幷眷口入都供職. 因卽邀介山過舟同食. 平山太守姪亦於是日登舟. 夜深，不得晤.

二十三日乙亥，晴. 介山從客不戒於盜，停舟訪緝，余先解纜過關. 沿河糧船絡繹，盡江南幫. 申刻，介山至，同泊山陽縣淮陰驛. 淮安阻淮憑海，控制山東，自古依爲重鎭. 漕督鐵公來，恭請聖安，旋招飮署中. 戌刻歸舟.

二十四日丙子，晴. 午刻，東南風大，恃犁以行. 犁木身鐵觜，繫纜於鼻，以殺風力，隨耕隨移，二人專主之. 八十里，泊寶應縣安平驛，漏三下矣. 舟中登倉以望，白馬湖漾其西北，廣洋湖蕩其東南，水光接天，樹影浮沈，景最淸遠，暮景尤可愛. 署縣令方君觀鯉來謁.

二十五日丁丑，晴. 風如故. 感風畏寒，閉東窗，又不敢立船頭遠望，殊悶. 悶行四十里，已昏黑，風轉大. 去高郵四十里，泊.

二十六日戊寅，陰，東南風仍大. 午刻，至高郵州界首驛，以州北有界首鎭也. 沿隄多斗門，爲宋轉運使吳遵路遺制. 州介揚楚間，岸峻而水深狹，藪澤環聚，易於控扼. 過州不泊，行三十里，泊露筋祠前盂城驛. 宋，州人秦觀詩曰，吾鄕如覆盂，高據隄楚脊，環以萬頃湖，黏天無四壁. 故高郵亦曰盂城.

二十七日己卯，穀雨，雨，風轉順. 過邵伯湖，湖爲晉謝安築，民思其德，比於邵伯，故名. 州境湖汊最多，樊梁·新開·甓社，號三湖，益以平阿·珠湖，又號五湖. 蔣之奇詩又云，一十六湖水所瀦，而揚州境又有艾陵·雷塘等湖陂, 蓋其上有七十二澗, 至此盡瀦爲湖, 經官河入於江. 午刻, 泊揚州江都縣廣陵驛, 計行百有十里. 鹽政書公魯來, 恭請聖安, 都轉曽公燠遣人起居. 江都·甘泉二令來謁, 未見. 山長馮鷺亭·編修集梧過訪, 知謝公榕生尙健, 年八十七矣, 壬戌進士, 與石亭伯同年. 飯後, 登岸答拜, 皆未見, 惟謁見謝公, 以其爲父執, 年老家居, 於公事無嫌避也. 是夜, 東風大.

二十八日庚辰, 晴. 東風仍大, 不能渡江. 鷺亭邀介山同遊平山堂, 同年吳杜村郎中紹浣偕行. 減從人, 屛官隸, 駕一葉舟, 蕩三尺槳, 搜奇選勝, 窮僻探幽, 目極園亭花木之妙, 耳飽松竹禽鳥之聲. 芍藥初開, 海棠將謝, 或坐茂林而飮, 或蕩蘭槳而歌. 優焉游焉, 樂難名狀. 少頃, 至平山堂, 舍舟而登其巓. 俯瞰揚州, 枕江臂淮, 爲轉輸之咽喉, 湖海之襟要, 誠東南一大都會也. 相與品第五泉, 盡七碗. 登舟容與, 且行且酌, 林間燈出, 岸上炬來. 乃不得不歸耳, 而坐客皆陶然矣.

二十九日辛巳, 晴. 東風仍大. 杜村招飮, 出所藏黃山谷書太白詩墨蹟, 龍蛇飛舞, 迥非石刻可比. 又觀趙子昂墨蹟十札, 眞跡可愛. 又宋搨李北海書雲麾將軍碑, 精神滿足, 所謂減眞蹟一等者. 六一先生云, 物常聚於所好, 而常得於有力者之强. 信然. 酉刻, 歸舟.

三十日壬午, 陰. 東風如故. 渡江之心甚急, 而舟人阻之. 觀察李公奕疇以督糧過維揚, 詢知糧艘得數日東風, 盡過江, 是大可慶, 余小住有名矣. 移時, 江寧孫方伯曰秉因驗工過訪. 談利弊, 了然於心, 能見之躬行, 眞有爲者. 竊惟察吏之法, 不在察察爲明, 亦不在毛擧細事. 大吏果廉而有爲, 屬吏廉能者擧之, 貪酷者去之, 人心勉爲良吏, 自能調劑得宜, 方伯殆其人也. 方伯爲雨村同年, 觀察爲舊日同館, 宜不容辭, 故見之, 且彼皆過客, 無干謁事也.

四月朔日癸未, 日食. 孫方伯邀遊平山堂, 固辭乃已. 時東風稍息, 遂解纜. 四十里至瓜洲, 風逆不能渡. 洲爲揚子江砂磧, 狀如瓜字, 謂之瓜埠洲, 亦曰瓜步洲. 南有城, 宋乾道四年築, 今謂之瓜步城. 由西以望, 有山綿亙四十餘里, 曰蜀岡, 卽平山堂所踞也. ≪爾雅≫, 蜀, 獨也. 凡山之獨立無依者, 似皆可名蜀, 不必盡通蜀也. 然揚州自邵伯埭以南, 岡阜連亙幾數百里, 山又非獨立, 或謂之廣陵岡, 亦曰西山, 爲得其實. 入夜, 江聲甚沸, 不能寐.

初二日甲申, 晴. 卯刻, 渡江. 披衣起, 細審北固山勢, 上接鍾山, 下臨海口, 東南保障, 是稱天塹. 金山·焦山如螺浮江面, 以東海潮之勢, 眞形勝地也. 辰刻, 入京口. 因山爲壘, 控扼大江, 三吳襟帶, 最爲險要. 巳刻, 泊京口驛. 副都統阿公玉什來, 恭請聖安. 隨解纜, 過丹徒鎭. 鎭卽漢縣治, 土人猶謂之丹徒舊縣. 行五十里, 去丹陽二十里泊.

初三日乙酉, 晴. 辰刻, 抵丹陽縣雲陽驛, 風順不泊. 六十五里, 奔牛鎭. 未刻, 雨. 申刻, 泊武進縣毘陵驛. 縣令周石雲宗泰與余至交, 十年不見, 隨招飮. 丑刻, 歸舟.

初四日丙戌, 晴. 行九十里, 泊無錫縣錫山驛. 約介山同遊慧山, 山在縣西五里, 其東一山, 卽錫山. 泉曰慧山泉, 陸羽所謂第二泉也. 邱壑大好, 有石曰美人, 亦有天致. 薄暮, 遊秦園. 園以石勝, 引泉流徑右, 淲淲有聲. 惜黃昏, 未能得其要領. 列炬映, 崖壑深黑可怖, 乃棄之而去.

初五日丁亥, 陰. 行四十五里, 風逆, 暫泊五臺山. 山有道觀, 頗淸靜. 午後, 强行三十里, 泊蘇州府姑蘇驛, 織造全公德來, 恭請聖安. 聞王夢樓先生在號船, 因訪之. 以夢樓曾從全公至琉球, 可資考問, 又係雨村房師, 禮宜進謁. 號船者, 乃備運銅鉛兵糧之船, 閒泊時, 人卽賃爲旅舍, 便於旅店. 夜, 大雨. 是日, 謁見少詹錢竹汀前輩大昕, 承贈金石文跋十九卷.

初六日戊子, 大雨. 藩臬各官來謁, 辭, 不見. 江蘇自嶽公起爲撫軍後, 政尙淸靜, 非復前此繁華氣習. 嶽公眞能勤儉率下, 爲封疆大吏中不多得, 惜有目疾, 未得晤, 心竊敬之. 是日, 五柳居印得≪六書故≫百部送至. 板爲余乾隆四十九年舊刻, 寄藏五柳書肆者.

初七日己丑, 大雨. 舟不得行, 悶甚.

初八日庚寅, 晴. 五更解纜, 行五十里, 小泊吳江縣松陵驛. 驛去縣城尙十里. 又二十里, 黎里鎭, 俗名八尺湖. 烏鎭同知龍君度昭運餉至京都, 過舟相訪, 談往事, 爲之慨然. 又二十里, 平望驛泊.

初九日辛卯, 晴, 風. 行五十五里, 泊嘉興府西水驛. 介山約遊煙雨樓, 樓在城南八里鴛鴦湖中, 一名南湖. 時菱葉尙小, 居民界以竹竿, 頗敗湖景. 樓後有小園, 亦有奇石異卉. 歸路便訪馮孟亭前輩浩, 幷其子星實應榴, 皆致仕家居, 富有著作. 孟亭有≪李玉溪詩集補注≫, 星實有≪東坡詩集補注≫, 極典核, 幷承見惠. 酉刻, 歸舟.

初十日壬辰, 陰, 風逆. 行五十五里, 泊石門縣皁林驛, 舊名皁林鎭, 亦名皁林市. 市南有寨, 元將路成營壘尙在, 縣故名崇德, 本朝易以今名, 以地有石門鎭也.

十一日癸巳, 晴. 行七十里, 至塘西, 卽官塘河. 浙江阮芸臺中丞元, 幷司道皆遣人起居. 中丞具有啓, 意甚厚, 亦以啓答之. 又二十五里, 泊橫塘, 去北新關五里.

十二日甲午, 晴. 平山來舟話別, 將之海寧任. 辰刻, 過關, 泊武林門外. 將軍范建庵建中·織造延儉宜豊·撫軍阮公·署方伯秦小峴瀛·署廉訪張穆庵映璣·觀察達袁二公俱於武林門內官廨恭請聖安. 龍亭, 儀衛皆修整, 過營門, 軍伍排隊跪迎, 頗嚴肅. 適武林巷公館, 奉安詔勅畢, 中丞以下畢集, 各寒溫而去.

十三日乙未, 立夏, 晴. 中丞邀遊西湖. 已刻, 偕介山出錢塘門, 先趨聖因寺, 敬謹叩拜聖祖仁皇帝·高宗純皇帝牌位. 畢, 隨遊六一泉, 步行至花神廟, 泛舟金沙港. 因訪寶林上人, 上人善畫, 以墨梅二聯見贈, 同遊湖心亭, 早食. 由漪園至淨慈寺沐浴, 便訪小顚上人於萬松山房, 芸臺新題額曰七代詩僧精舍. 趙生西垣晉, 舊受詩於余, 今在精舍肄業, 因與同遊小有天園. 湖上諸勝, 皆余舊遊, 已詳載≪南遊記≫. 申刻, 入城. 將軍·織造·中丞公餞於中丞署.

十四日丙申, 晴. 往拜敷文書院山長王蘭泉先生昶. 先生學有淵源, 爲海内聞人, 致仕十餘年, 精神尙健, 惟耳聾, 是亦老人壽徵. 從客楊生病痢已兩日, 昨夜衆人來告, 因以驗方與之, 一服而愈. 午後, 司道公餞於藩司署, 以齋戒辭.

十五日丁酉, 晴. 卯刻, 偕介山恭詣天后宮致祭, 中丞陪祭. 祭畢, 同出錢塘, 泛舟至金沙港登輿, 趨上天竺進香, 遂觀夢泉. 歸遊下天竺, 觀三生石. 復遊飛來峰, 石如懸磬, 圓峰倒墜, 九天雲垂. 小憩冷泉亭. 便遊靈隱, 齋食於僧舍. 食後卽遊龍井. 西湖之山石, 以飛來峰爲最. 水石以龍井·三生石爲最. 竹以雲棲·韜光爲最. 邱壑以小有天園爲最, 余已八度來遊矣. 是日, 蘭泉先生招飮, 至則馮玉圃給諫培, 潘蘭坨侍御庭筠先在座. 皆余戊戌同年, 歸田不出, 教讀爲業, 具有高致. 酉刻, 入城. 祝杏南茂才志箕來, 余庚寅座主止堂先生之子, 將附舟至衢.

十六日戊戌, 晴. 招飮湖上舊遊於萬松山房. 食後, 出湧金門, 訪玉圃於崇文書院, 不遇. 放舟至馬頭, 登獨秀峰, 介山亦隨至. 同飮者, 處士朱清湖·彭何春樹琪·沈理堂本義·張秋江濬·上人小顚際祥·道士滄煙·茂才趙西垣·祝杏南, 皆文士高人, 逃於詩酒者, 惟山右宋芝山孝廉偶客遊此, 亦余舊好. 酒酣, 各以詩贈. 芝山復以宋朝張卽之墨蹟見貽, 云, 卽之沒, 爲水神. 持以渡海, 可靖風濤. 厚意良可感. 酉刻, 入城. 是日, 寄第四封家書.

十七日己亥, 晴. 奉詔勅至錢塘江登舟, 中丞諸公送於鳳山門外.

巳刻, 解纜, 逆風行五十里, 泊渡船埠.

十八日庚子, 微雨, 風順. 乘早潮, 行四十里, 卯刻, 至富陽縣會江驛, 不泊. 又乘風行百里, 過桐廬縣桐江驛. 又十五里, 泊.

十九日辛丑, 微雨, 風順. 二十里, 富春山一名嚴陵山, 有二石高數百丈, 土人號爲子陵釣臺. 其下曰嚴陵瀨, 瀨上有子陵廟. 泊舟, 與介山同登. 廟前碑碣十餘丈, 半苔蝕, 不能卒讀. 有明莊一俊, 范徠詩碣尙可辨正, 復不佳. 自桐君山而西, 兩峰山勢蜿蜒如蛇, 對走於平原之上. 一水中流, 秀壁雙峙, 不減重慶三峽. 其下有泉, 則陸羽所品爲第十九泉也. 釣臺對岸曰白雲原, 相傳下有蘆茨溪, 爲唐方干隱居. 幽地合配高人也. 過七里灘, 風順. 七十里, 過建德縣富春驛. 署太守方公應選偕縣令來辭. 又行十里, 泊.

二十日壬寅, 微雨. 行新安江上, 淸澈可愛, 太白所謂新江淸若空者是也. 十五里, 至胥口溪, 名大洋灘. 水急, 恃縴以行, 人肩一繩, 異於他所. 又三十五里, 白沙渡, 新安渡口也. 又二十里, 泊許埠. 去蘭溪二十里.

二十一日癸卯, 微雨. 過穀水驛, 不泊. 又四十五里, 大雨, 裘家堰泊.

二十二日甲辰, 雨. 行四十里, 過龍游縣停步驛十里, 泊.

二十三日乙巳, 雨, 風順. 行八十里, 泊衢州府西安縣上杭埠驛, 驛程例於此陸行. 總兵英公海來, 恭請聖安. 蔣培元觀察繼暉·朱靜齋太守理·縣令許君執中來, 與商登岸事, 言水大, 舟可至淸湖, 便於陸路. 因乘原舟再行, 卽解纜. 行二十里, 泊. 連日舟無停時, 不暇登覽. 然雨中看山, 淸境獨絕.

二十四日丙午, 風順. 水急灘多, 舟行沙石上, 輾如雷, 絕類撞江舟景, 而險過之. 去江山縣三十里, 塔溪泊.

二十五日丁未, 陰, 巳刻, 微雨. 過江山縣, 不泊. 縣令黃君天益來謁, 蜀人, 余庚寅鄉試同年也, 人誠實儉樸, 亦有守者. 又行十五里, 泊淸湖鎭.

二十六日戊申, 晴. 介山以前途山路崎嶇, 館舍甚狹, 因讓. 介山先行. 寄第五封家書.

二十七日己酉, 陰. 與杏南別. 行三十五里, 過江郎山. 石峰三片, 高插雲表, 適雲覆其頂, 未見全面, 然山態轉奇. 食後, 步步入山. 過蘇嶺, 道義上人來迎, 遂小憩. 壁間多名人題詠, 前使海山先生有五絕一首, 走筆和之. 此外, 如莊公培因·德公保·褚公庭璋·慶公霖, 皆海內詩人也. 登窰嶺, 路轉峰腰, 與縉雲桃花嶺谿壑無異. 又四十里, 宿保安驛.

二十八日庚戌, 小滿, 晴. 上仙霞嶺, 山頂有關, 無戍卒, 或曰卽古泉山. 周圍百里, 皆高山深谷. 凡登三百六十級, 歷二十四曲, 長十里, 兩浙之襟束, 八閩之咽喉也. 漢朱買臣云, 南越王居保泉山, 一人守險, 千人不能上. 劍閣而外, 此其匹也. 惟石徑平鋪, 無梯級, 異於棧道. 半嶺先有關帝廟, 可小憩. 壁上多題詠, 恆浴上人亦不俗, 題詩三首贈之. 廟側有泉, 置亭於其脣, 曰雨花庵. 上有周櫟園先生亮工木刻詩牓, 句極生新, 復凝思和之. 三里, 茶嶺. 又五里, 小竿嶺, 險不及仙霞. 亦有關帝廟, 僧寧遠俚甚, 一茶而去. 至廿八都, 食. 地勢平曠, 居民甚衆, 歧徑可達衢處諸郡. ≪輿程記≫[21]謂, 浙閩分疆處, 地名南樓. 問土人, 不知. 或卽此. 名廿八都者, 以歧路所達之都計算而名之邪. 食後, 卽登楓嶺, 卽大竿嶺異名, 迆邐而陡絕, 舍輿而騎. 登梨嶺, 地宜梨, 俗名五顯嶺, 以上有五顯廟也. 北有小天池, 取徑甚幽, 而亭勢甚敞. 僧俗惡, 頗敗人意. 日常扃其外戶, 非余强啓之, 則此境不得入目矣. 盡日仰看山, 俯聽泉, 騎而

21) ≪讀史方輿紀要≫의 ≪輿程記≫편. 顧祖禹(1631~1692) 撰, 書成於康熙31年(1692).

忘苦. 計行七十里, 九牧宿.

二十九日辛亥, 晴. 三十五里, 漁梁食. 土人多堰水捕魚, 故曰魚梁, 山以此得名. 道側有山如船, 曰船山. 又四十五里, 宿浦城縣小關驛. 浦城城環越王山上, 俯瞰大江, 有形勝. 縣令王君宗徽來謁. 得介山書, 知分家人由水路進, 余仿而分之, 僅帶跟价四人, 餘悉遣上船. 奉詔勅, 由陸路進. 計與介山減從陸行, 所省夫價不少. 問知祖舫齋撫軍之望, 已抵新任, 太夫人留家. 余以年家子有登堂拜母之誼, 請見, 辭.

三十日壬子, 晴. 行三十五里, 過西陽嶺. 嶺北多竹, 嶺南多松, 晝暝晦, 暑氣全消. 又四十里, 宿人和館驛. 觀察戴公求仁·趙公三元以公事之江山, 因過訪. 趙爲夐塘甲辰同年. 土人以鐵網然松脂代燭, 頗能照.

閏四月朔日癸丑, 晴. 行五十五里, 馬嵐食. 傳舍臨江, 軒豁而淸幽, 地屬甌寧縣, 與建陽縣地方犬牙相錯. 又四十五里, 過石陂玉塔嶺, 沿亂石大溪等灘至營頭驛宿. 舊名水吉鎭驛, 屬甌寧, 食供建陽, 大有東家食而西家宿意. 館後有小軒, 近牆植鳳尾竹, 有魚盎二, 階前茉莉二盆, 香樹兩株, 點綴俱幽. 鳥語蝶情, 啾啾栩栩, 心神爲之一淸.

初二日甲寅, 晴. 行四十里, 七姑店食. 館介兩山間, 亭依樹蔭, 杯中時有雲影往來, 亦大佳境. 又四十里, 宿建陽縣建溪驛. 驛舍俯臨淸溪, 平眺遠岫, 極軒敞. 上游造舟爲梁度人, 歷歷如畫. 所經傳舍, 此景爲最. 縣令趙君庭翰來謁, 夐塘丁酉同年, 問知朱文公祠在城西五十里, 未得謁.

初三日乙卯, 晴. 行四十里, 震前食. 疑卽蓋竹鎭. 名震前者, 縣南有鄭灘, 或傳寫誤耳. 又四十里, 過葉坊驛, 小憩. 本前明舊驛. 有吉陽溪, 自驛口流入西溪, 溪水較大. 又四十里, 宿建寧府之甌寧縣城西驛, 坐船從人夜半先至. 驛在建溪南岸覆船山下. 府治在溪北, 東水襟山, 爲全閩屛藩, 亦東南勝地也. 附郭爲建安·甌寧二縣, 建令劉君爲堯塘甲辰同年, 甌令歐陽君爲余庚寅同年, 與商舟行事, 皆以險辭.

初四日丙辰, 晴. 行四十里, 太平驛食. 驛因太平山得名, 然去山實遠. 又四十里, 過大橫驛, 不宿. 再行四十里, 戌刻至延平府, 追及介山, 同宿劍浦驛. 余欲舟行, 而介山難之, 然余慣歷三峽, 今且渡海, 何畏於溪. 乃決意登舟, 介山仍陸行. 少頃, 延平守廣公善·副將李公慶雲偕南平令完君智來謁, 語以來日登舟一事, 完令欣然.

初五日丁巳, 雨. 午刻, 登舟, 卽解纜, 從者稍後, 遂不相及. 江面甚平, 特多石. 凡急湍處土人皆謂之灘, 亦有梨灘·箭孔,·梅花諸名, 實不甚險. 惟兩岸亂石參差, 水觸石作漩, 有似三峽平處. 行四十里, 從人尙未追及. 乃買船戶米一升, 就鹽齏一碟, 與二僕同食. 終日肥甘, 忽得蔬食, 大適口. 申刻, 大風雨, 泊尤溪口, 計行八十里.

初六日戊午, 晴. 細玩閩江山水, 麤類巴江, 然山平而無奇拔氣, 水緩而無建瓴勢, 而土人已謂險不可測, 亦猶度仙霞者不知雲棧之高, 登漁梁者欲傲峨眉之峻也. 行百里, 泊古田縣水口驛, 介山猶未至. 琉球迎封使梁焕來謁. 黃帽闊帶, 衣寬博, 稍通華語. 問知曾充通事, 入京已四次. 省城將軍·中丞以下, 各遣官持札來起居. 制軍玉公德由泉州寄札, 幷以奏稿夾片見示. 始知前大學士福公康安進剿臺匪林㸚文時, 高宗純皇帝賜以右旋白螺, 往來順利, 靈助非常. 蕆事後留貯督臣署中, 備渡海用. 臣等此行, 又蒙恩准督臣所請, 賞臣等奉以渡海. 仰見我皇上體卹使臣, 無微不至. 謹按高宗純皇帝≪御製文三集≫, 有右旋白螺贊注, 云, 每年藏中喇嘛於新正及萬壽節進丹書, 所陳供器, 時有獻右旋法螺者, 以爲奇寶而不多見. 涉海者攜帶於舟, 則吉羊安穩, 最爲靈異. 臣等何人, 荷蒙異數, 感激涕零.

初七日己未, 晴. 介山亦至, 遂同登舟解纜. 與介山各乘一紅船, 水順無風, 行百二十里, 過侯官縣白沙驛, 不泊. 又行六十里, 孚遠驛. 是日, 舟中飮食皆取給閩與侯官二縣. 奉安詔勅, 又別具一紅船焉. 泊處去省會三山驛二十里.

初八日庚辰, 晴. 辰刻, 抵洪山橋, 閩令譚君掄·侯官令畢君所讜·海防同知張君釆五來謁. 午刻, 奉詔勅, 賞卹登岸, 舁以龍亭·綵亭送館安奉, 慶晴村將軍霖·汪稼門中丞志伊·李石渠方伯殿圖·瞻雲亭廉訪柱·陳琴溪觀察觀·副都統札公拉芬俱來館驛, 恭請聖安. 申刻, 適館. 汪公遣官咨送白螺, 與介山啓櫝, 敬謹驗收. 其螺長五寸六分, 得天地中和之數. 腹圓, 象太極, 首尾各出二寸, 由漸而削, 象兩儀, 凡四旋而及口, 象四象. 螺皆左旋, 此獨右旋者, 以陰承陽, 迎天行也. 膚嵌寶石八, 位按八卦. 外襲雲錦五重, 重一色, 取五行相生之義, 皆所以養之也. 統藏以金匱, 而無極之理備焉. 宜渡海可以息風靜浪, 靈攝海族, 眞異寶也. 前夢雲養淡螺深之句, 得此奇驗, 字字著落, 異哉. 少頃, 汪公來. 素有淸廉聲. 與之語, 事事求合人情, 人或謂其深刻, 非知汪公者. 坐間議及封舟事, 云, 此次修理之費皆令船戶自辦, 故准船戶帶貨. 余曰, 此固人情, 然封舟例不載貨. 歷來冊使至琉球, 不能按十月風信回者, 俱由貨多且貴. 琉球窮國, 盡買則財不足, 不買又恐得罪, 百計設措, 耽延時日. 今貨雖准帶, 貴貨宜禁. 須令船戶造冊具結呈驗, 庶前弊可杜. 汪公以爲然. 其後, 省會諸公絡繹皆至, 隨與介山答拜. 日暮, 歸館. 是日, 初食西施舌, 極鮮美, 江瑤柱之次也.

初九日辛酉, 晴. 至溫泉浴. 泉在城南演武廳側, 從地涌出, 甃而蓄之, 作暗穴以通於浴池, 溫如驪山泉. 將軍慶公親爲修理, 額曰不因人熱, 語趣甚. 隨與介山至撫軍署商調兵事, 撫軍意在水陸兩營各挑一百, 余與介山語之曰, 皇上以海上未能一律寧靜, 著認眞挑兵, 似宜盡挑水師, 庶緩急有濟. 撫軍亦以爲然, 遂去陸營之兵, 行文各路水師剋期挑撥. 卽於是日具摺恭報到閩日期, 面求撫軍拜發, 幷寄第六封家書. 定期於十三日恭詣馮港天后宮致祭, 敬懍聖諭. 齋戒, 閉門謝客.

初十日壬戌, 晴. 齋.

十一日癸亥, 晴. 齋.

十二日甲子, 晴. 齋.

十三日乙丑, 晴. 黎明, 恭奉諭祭加封天后文出城, 至南臺之馮港. 主祭者正使, 陪祭者余與將軍, 巡撫都統·司道等官, 皆朝衣, 獨玉制軍未與. 禮畢, 往驗封舟. 舟身長七丈, 首尾虛艄三丈, 深一丈三尺, 寬二丈二尺, 較歷來封舟幾小一半. 介山詰其故, 撫軍以閩縣海船, 但有此等. 余曰, 皇上諭令造舟, 封舟自有式, 非限以閩縣船也. 且廈門六艚船大與封舟等, 曷不取於彼, 而必諄諄將就用此船乎. 撫軍無以應. 余曰, 風信已近, 必欲易舟, 恐延時日. 但恐兵役人數過多, 舟不能容, 柰何. 撫軍以臨期設法爲辭. 二號船大亦如之, 無龍骨. 余又力爭, 衆口以爲可用, 余不能強, 但令加槐藤勒肚. 是日, 將軍·撫軍·都統公餞於撫軍署, 薄暮, 乃就席.

十四日丙寅, 芒種, 微雨, 午刻晴. 通事鄭煌來謁, 年六十, 前度冊封伊已爲通事. 因問琉球一切事宜, 據云, 撫夷無他法, 惟在積忠信以感之, 因其勢而利導之. 否則有戴網巾之誚也. 余請畢其辭, 煌曰, 前明謝杰充冊使, 時從客有舅某, 攜網巾數百事, 至則球人冬夏一冠, 無所用之. 謀於杰, 杰乃下敎曰, 中國以戴網巾爲敬, 如冊封日有不戴網巾者, 以不敬論. 於是球人強售而戴之. 故父老相傳, 遇事有以聲勢強派者, 謂之球人戴網巾, 甚矣. 一事拂人情, 千秋成話柄, 可不愼歟.

十五日丁卯, 晴. 琉球耳目官向國垣來謁. 向曾於京師進謁, 例不必見, 今則渡海有期, 宜博訪, 以就妥適. 談次間, 亦以二號船無龍骨爲慮, 然已無可柰何, 亦惟曰, 過海仗天后, 不盡在船. 問知伊舟例貨已齊, 惟兵丁未集, 且俟之. 是日, 登同年故太史何君西泰之宅, 拜其母. 家甚貧, 少爲助薪水焉.

十六日戊辰, 晴. 黎明, 至馮港, 恭請天后行像并拏公登舟, 祭用三跪九叩首禮. 命道士舉醮祭桅, 行一跪三叩首禮. 道士取旗祝之, 噀以酒, 合口同言, 順風吉利. 余與介山默禱於天后, 以筊卜兩舟吉凶, 頭號船得第一筊爲陽陽, 聖斷曰, 牧羊此地已經秋, 今日還鄉歎白頭. 忠道已成名已遂, 會看麟閣姓名留. 解曰, 蘇武還鄉之象. 預告歸期, 可謂吉矣. 二號船得筊爲陰陽, 聖斷曰, 運行坎坷免施爲, 猶是荊山抱璞悲. 璞本有成云有詐, 來時不必淚雙垂. 解曰, 卞和獻玉之象. 時皆憂二號船無龍骨, 據筊亦正無慮. 海船以鴉班爲重, 每舟三人, 人管一桅, 各披紅執旗, 緣一繩而上, 疾如飛, 不負鴉班之目. 余時與介山登後艄觀之, 天空日朗, 風波不興. 鴉班甫登桅末, 西南風驟至, 并帶微雨, 神其示以順風矣. 惜時兵未調齊, 未得解纜. 拏公者, 閩之拏口人, 常行賈舟, 臥聞神語, 某日當行毒某地, 公謹伺之. 至期, 果見一人拋毒水中, 公投水收取, 盡食之, 遂卒, 以故面作藍靛色. 土人感其德, 祀之, 以爲拏口人, 故曰拏公. 或曰公卜姓, 以業拏舟得名. 申刻, 入城, 司道公餞於藩司署. 夜, 大雷雨.

十七日己巳, 雨. 陪臣梁煥以迎詔儀注求訂, 注云, 天使船未至, 先期遣探. 得信, 卽遣獨木船數十隻以長緶引舟, 王世孫遣官郊迎. 首接, 用中議大夫·副通事各一員, 駕小舟, 樹赤旗, 書恭接字, 接官立船頭請安, 送酒席. 二接, 王舅, 正議大夫·副通事各一員, 駕舟送席, 如前儀稟見, 呈上儀注. 三接, 法司·紫金大夫·都通事各一員, 如前儀稟見, 不送席. 封舟入港, 近臨海寺, 本國備龍亭五. 詔·勅·御書·論祭文·節五者各奉安一亭, 綵亭四, 貯賜幣·焚帛. 鼓吹·

儀衛均排列御金亭，造舟爲梁，聯接亭階. 礮三響，遣官上封舟稟知，天使遣從官分捧詔勅·幣帛上岸，奉安龍綵亭中，行一跪一叩禮. 畢，天使登岸，仍響礮三，卽以鼓吹·儀衛排列導行. 王世孫率百官恭迎道左，望見龍亭，世孫跪，百官皆跪. 龍亭至前，皆俯伏，候過，卽平身. 見天使轎來，差官持帖跪迎，世孫拱迎道左，百官跪迎. 天使至，下輿，與世孫各一揖，世孫仍候升輿，揖送，天使轎內答揖，百官跪送. 世孫率百官先趨迎恩亭，奉龍亭於亭內，綵亭置亭外. 天使至，下輿入亭，分立龍亭左右. 引禮通事官唱排班，作樂. 設世孫拜位於前，百官拜位於後. 世孫跪奏云，琉球國中山王世孫臣尚溫，恭請皇上聖躬萬安. 天使答以聖躬萬安. 世孫起立，率百官行三跪九叩首禮. 畢，儀衛先行，世孫率百官騎馬導迎至天使館. 世孫先下馬，立道左，望龍亭至，仍跪迎如初. 候天使轎至，差官請，勿下轎. 百官仍導引至東轅門，下馬，排班跪迎，候龍綵亭·大轎過·平身. 奉安龍綵亭於大堂中，天使左右立. 作樂，引禮官引法司等官入，行三跪九叩首禮. 畢，各官引退，閉門. 天使將詔勅等件敬謹安貯，天使乃坐大堂. 開門，引禮官引法司各官以次參見，皆行一跪三叩禮. 畢，引禮官引出. 世孫乃遣長史投帖親至請安，天使請見，世孫轎至頭門，欲下轎，巡捕官跪請進轎，由中門至二門內露臺下轎. 天使趨迎，揖至會客堂上，行相見禮. 世孫居東，天使居西，對拜，一跪三叩首. 天使安世孫座，行拂座禮，揖，世孫答揖. 世孫回敬，亦如之. 茶至，一揖，遣通事寒溫. 茶三獻，世孫告辭，揖. 天使送至轎前，世孫辭，一揖，升轎，天使揖送，世孫轎內答揖. 巡捕官跪送於頭門. 一，每月每五日問安，差法司·王舅·紫巾官·紫金大夫·耳目官·正議大夫·中議大夫·長史·那霸官·都通事·庫官等至天使館，引禮通使將各官手版幷供應手版遞上，廚官對單點收. 天使坐堂，各官參見，行一跪三叩禮，侍立請示，無事則退. 一，每月朔望，除問安長禮外, 世孫用名帖遣遏闌理官·長史各一員送羊·豕·酒·果, 參見如前. 法司等官常見, 行一跪一叩禮, 垂手侍立. 賜坐則跪謝. 賜茶則揖謝. 有問則立而對, 告辭, 三揖, 趨而出. 耳目官以下常見, 俱行一跪三叩禮, 垂手侍立, 無坐. 有問則跪而對, 告辭, 則一跪一叩趨出. 禮數周詳, 亦無可更. 惟時當四海遏密, 因諭梁煥率由舊章, 凡樂皆設而不作. 是日, 有守備王得祿來謁, 云兵尙未調齊.

十八日庚午, 雨. 汪撫軍贈送行詩二首, 有句云, 拊循早識辭金事, 酬唱難忘陟屺詩. 得古人贈言之旨. 午後, 至將軍署, 見壁間有寄塵字畫. 詩僧大名, 耳熟已久, 問知其人, 現挂錫烏石山. 將軍三度訪之, 乃肯見, 其品亦可謂高矣.

十九日辛未, 雨. 將軍贈送行詩四首, 有句云, 時惟占五月, 令恰鼓南風. 自然名貴, 幷札云, 寄塵有航海之興, 願與同行. 高人自有高致, 此亦從前舊例應有之人, 但尙未覿面, 容再訪之. 是日, 石渠方伯亦以詩見贈. 午後, 至瞻廉訪署, 問所謂樂圃荔枝樓者, 已杳不知所在, 署基雖闊, 荒落不治矣.

二十日壬申, 陰. 往遊越王山. 山在郡城北, 半蟠城外, 東聯冶山, 閩越王無諸之所都也. 便訪唐馮審毬場, ≪紀略≫[22]所謂二十九景者, 半爲民居, 不能復辨. 午刻, 登頂, 雨驟至, 乃歸.

二十一日癸酉, 雨. 午刻, 汪撫軍招飮. 署基甚高, 踞嵩山之麓, 宋王尙書祖道故宅也. 閩時爲五諸侯館, 至今猶稱. 館前入門夾道皆荔支. 堂側有精舍, 軒豁可以遠眺. 層級而下, 有園曰牧荔, 卽歲收荔支以供御用者. 餘地盡爲圃, 饒瓜菜, 撫軍躬行節儉, 於此見一斑矣. 惟時芭蕉尙花間, 有甘露, 荔支猶未大熟, 因向撫軍乞得盆植二本, 已結實, 意欲攜之過海, 栽於中山. 非敢希召伯甘棠, 亦聊以

---

22) ≪三山紀略≫를 가리키는 듯하다.

自勵耳.

二十二日甲戌, 陰. 玉制軍寄到和詩, 時方欲遊鼓山, 悤悤札謝. 減從出東門, 約行一程, 其山延袤數十里, 頂有巨石如鼓, 遇大風雨輒振擊有聲, 郡之鎭山也. 前明冊使陳給事侃題名猶存. 最高爲屴崱峰, 人言天晴可望琉球, 實不爾也. 海氣終日如霧, 安能極目數千里. 亦猶泰山有孔子崖, 謂孔子望吳見閶門, 理不可信, ≪論衡≫辨之詳矣. 下山至湧泉寺, 竇泉尙在, 傳唐建中四年, 龍見於此, 或與龍見於井同, 不得謂爲祥瑞.

二十三日乙亥, 晴. 再至溫泉, 浴. 便訪寄塵於烏石山. 寄公, 衡山人, 名衡麓, 別號八九山人, 寄塵其字也, 姓范氏. 五歲度爲僧. 略窺內典, 好吟詠, 工書善畫, 有奇術, 人莫測也. 喜作方丈書, 新於烏石南崖刻壽山福海字, 結密無間. 余卒至其室, 圖書滿架. 邀之遍遊各峰, 欣然同行. 山有三十六奇, 最奇者爲鄰霄臺之不危亭. 傳工師創時, 四面材瓦土堲, 銖兩悉稱. 戒曰, 損勿修. 修必壞. 後人不悟而修之, 果圮. 世之妄逞聰明者, 大都類是. 華巖頂上李陽冰篆刻尙存, 大半苔蝕, 不能卒讀. 劉克莊詩云, 城中楚楚銀袍子, 能讀曾碑有幾人. 余性好遊山, 此山石刻題名甚夥, 而不能細爲洗搨, 與銀袍子何異. 踞峰頂以望, 海環其東, 衆峰三面羅列, 城恰置亂山凹處, 萬瓦浮青, 三山掃翠, 亦極宇宙大觀矣. 午後微雨, 因與寄塵坐文昌閣, 叩其所蘊, 淵然以深, 元遠而淸雅, 偕行之約遂定. 酉刻, 雨霽, 歸館.

二十四日丙子, 晴. 寄塵來, 以詩畫扇見貽, 幷薦畫士施生爲余圖, 航海行樂圖, 試令貌之, 頗得八九, 留與寄塵同食. 何實齋長子來, 問知其弟有舉茂才者, 留之食, 苦求去. 亦介士也.

二十五日丁丑, 晴. 寄塵遣其徒李香崖來, 蘇州人, 亦善畫, 將侍寄塵渡海. 午刻, 方伯招飮. 署極寬, 荔支甚夥. 堂踞大阜, 阜北爲客庭, 左高而右卑, 世傳嚴高卜勝處. 方伯善書, 以所刻碑記數種見貽, 余與介山於方伯爲後輩, 情義有加焉.

二十六日戊寅, 陰. 海防廳移送渡海人役淸冊幷執事等至, 余見人數過多, 恐封舟不能容, 以爲或可裁減, 而吏以例對, 姑受之. 查上次封舟過海, 兵役滋事, 故與撫軍商, 去千總而添都司, 又特派能醫之巡檢顔家選, 庶兵役有專管. 雖稍變舊例, 益加周詳.

二十七日己卯, 陰. 查渡海雖有舊章, 尙多靡費, 余初適館, 卽與當道約, 一切務崇節儉, 飮食毋豊, 供應毋華, 絲毫無取. 於行戶, 恐尙有派累, 因傳渡海人役細加諮訪, 期杜混冒之弊, 絕科派之源, 衆口一詞, 皆云, 實無科派, 行戶俱深感激. 午刻, 陳觀察招飮. 見署後有桑寄生一叢, 老母藥餌, 常須此味, 因乞爲翦藏之. 陳爲皃塘同年, 故有是請, 此外卽一草一木, 不敢擅受.

二十八日庚辰, 晴. 都司陳瑞芳來謁, 云渡海兵已集. 卽同介山至撫軍署, 簡閱兵, 擇其精壯者, 鎧甲亦尙鮮明. 當爲嚴立章程, 三令五申之. 陳瑞芳領百名, 護頭號船, 王得祿領百名, 護二號船. 幷傳同渡海人役, 於五月朔日在南臺點驗登冊. 船戶以所帶貨單進視, 其單內如肉桂·黃連·麝香等藥皆貴, 盡裁去, 東海所需, 藥材爲最, 而尤以大黃·大楓子·茶葉·兒茶爲要藥, 補品不甚需. 是日, 撫軍遵例加陳瑞芳三品頂帶, 加王得祿四品頂帶, 加顔家選五品頂帶, 武官轄兵, 文官管役, 體統肅然.

二十九日辛巳, 晴. 撫軍以兩舟貨價幷船戶甘結移至, 細閱兩船貨價不及四萬, 較前度少三分之二, 私心竊喜, 船貨無累, 可望剋期早歸. 隨令跟役先將行李上船. 聞介山家人有私帶貨物者, 介山逐之. 此役能行余志者, 端賴良友同心共濟耳.

五月朔日壬午, 夏至, 晴. 向來封中山王, 去以夏至, 乘西南風, 歸以冬至, 乘東北風, 風有信也. 早起, 命僕襆被登舟. 午刻, 具龍綵亭奉詔·勅·節·幣安放中倉. 同介山先至南臺館驛點驗兵役, 盡令登舟. 舟二, 余與介山共乘其一. 前後各一桅, 長六丈有奇, 圍三尺. 中艙前一桅, 長十丈有奇, 圍六尺, 以番木爲之. 通計二十四艙. 艙底貯石, 曰壓鈔, 載貨十一萬斤有奇. 列龍旗·御仗於船頭, 執事分列兩舷. 龍口置大礮一, 左右各置大礮二, 兵器貯艙內. 桅上有欽差旗·蜈蚣旗·五采旗·黃認風旗. 大礮下, 橫大木爲轆轤二·移礮·升篷皆仗之, 輦以數十人. 頭纜圍尺有八寸, 次尺有二寸, 次尺. 椗三, 皆以鐵力木爲之, 形如个字, 以代鐵錨. 艙面爲戰臺, 尾樓爲將臺, 立幟列藤牌, 爲使臣廳事. 下即柁樓, 柁前有小艙, 實以沙, 布鍼盤其中. 鴉班之外, 有繚手·椗手·車手各目. 中艙梯而下, 高可六尺, 爲使臣會食地, 左右分居. 居復分兩層, 名曰麻力. 上層又劃爲三間, 下層則劃爲六間. 主棲其上, 僕棲其下. 下層間臥二人. 前艙貯火藥, 貯米, 又前以居胥役, 稍後以居兵, 稍後爲水倉, 凡四井, 再後, 則都司居之. 柁前艙則接封陪臣及從者居之. 二號船稱是. 每船約二百六十餘人, 船小人多, 無立錐處. 余與介山不得已遣人札商撫軍. 日暮, 不得入城.

初二日癸未, 晴. 遣陳都司·王守備入城籌住人法. 撫軍遣副將·福州太守·海防同知等官來相度, 苦無良策, 咨嗟而去. 是日, 烏石山僧人餽寄塵荔支一簍, 乃得飽啗.

初三日甲申, 晴. 撫軍仍遣前三人來, 以勢撥兵丁四十人, 令過二號船. 余立止之曰, 公等此舉, 是欲激變人心, 而令我等受累也. 何者. 渡海, 苦役也, 酷暑, 苦時也. 此輩亦人子, 彼二號船已不能容, 而復益以數十人, 將安置之. 且遣兵所以護船, 遣去太多, 尤非慎重. 義不得已, 人役尚可減耳. 因呼兵至前, 諭之曰, 汝輩過船亦無處住. 今欲酌減胥役, 汝輩過海能代彼執役乎. 皆感泣曰, 如命. 因每船減役二十餘人, 人心始定.

初四日乙酉, 晴. 午, 泊鼇頭. 申刻, 慶雲見於西方, 五色輪囷, 適與樓船旗幟上下輝映, 舟中及兩岸之人莫不歎爲奇瑞, 因作頌以紀之. 亥刻, 起椗, 乘潮至羅星塔, 投銀龍潭, 祭, 取淡水滿四井止. 井各授二百石, 封錮之, 以鑰交陳都司司啓閉.

初五日丙戌, 晴. 連日皆南風, 以水淺待潮乃行. 辰刻, 至怡山院, 奉諭祭文, 致祭於天后海神, 分胙於兩船兵役. 問船戶, 知祭黑溝羊豕, 官未之備, 因與介山捐資購之. 潮至, 仍行.

初六日丁亥, 晴, 無風. 巳刻, 過管頭. 金牌門領兵·總兵許廷敬來謁, 諭令嚴申紀律, 以待風信. 是夜, 總兵探得五虎門外有艇船.

初七日戊子, 晴, 無風. 同介山禱於天后, 禱畢, 風微至. 時總兵札陳都司, 云艇匪尚在海口, 不宜開船. 余細視報單, 乃係浙江來信, 語皆懸揣, 無實據. 因飭都司, 如果有艇匪, 許總兵帶兵千餘, 配船四十隻, 便宜出海驅逐, 何尚觀望. 無西南風則已, 有風卽開洋. 巳刻, 西南風大至, 潮亦盛, 令都司傳諭許總兵排定船隻, 各執器械, 分三起出口. 先鋒船十二隻爲一起, 若遇賊, 視賊船揚帆來, 卽落帆讓之. 各賊船落帆, 我船卽揚帆直過, 不必打仗. 俟二起接著打仗. 聞連珠礮, 卽將船轉回, 前後夾攻. 二起爲封舟, 配戰船二十隻. 三起礮船八隻, 左右接應. 令船戶車杉板置於舟右. 杉板者, 舟之小船, 泊時渡人者也. 布置已定, 令張帆. 午刻, 開洋. 舊例, 洗礮應在五虎門內, 因聞有賊, 故令出口再洗, 藉以壯聲勢, 慴賊膽. 丁未, 風, 乘潮出五虎門. 日入, 過官塘. 越進士門, 水淺, 起柁尺許乃過. 亦竟不見賊, 隨遣護送船回. 封舟無玻璃漏, 前經屢飭海防同知備辦, 亦置不理, 至是, 舟人以香代, 具文而已. 入夜, 接封大夫梁煥率其國夥長二人主鍼, 目不能瞬, 與柁工相依爲命. 午風, 單辰鍼, 計行船五更.

初八日己丑, 晴. 午, 風大. 日出無甚異, 所謂不識廬山眞面目,只緣身在此山中也. 黎明, 有二白鳥繞船而飛. 午刻, 丁風, 仍用辰鍼, 計行四更. 申刻, 過米糠洋. 璇皆圓, 波浪密而細, 如初篩之米, 點點零落. 米糠字, 極有形容. 日落, 計又行三更船, 夥長云, 雞籠山花瓶嶼去船遠, 不應見. 是夜, 用乙辰鍼, 行船六更. 舟中吐者甚多, 余日坐將臺, 初不覺險, 飮食如常.

初九日庚寅, 晴. 卯刻, 見彭家山, 山列三峰, 東高而西下. 計自開洋, 行船十六更矣, 由山北過船. 辰刻, 轉丁未風, 用單乙鍼, 行十更船. 申正見釣魚臺, 三峰離立如筆架, 皆石骨. 惟時水天一色, 舟平而駛. 有白鳥無數, 繞船而送, 不知所自來. 入夜, 星影橫斜, 月色破碎, 海面盡作火燄, 浮沈出沒. 木華≪海賦≫所謂陰火潛然者也. 舟人稟, 祭黑水溝. 按汪舟次≪雜錄≫[23], 過黑水溝, 投生羊豕以祭, 且威以兵. 今開洋已三日, 莫知溝所. 琉球夥長云, 伊等往來, 不知有黑溝, 但望見釣魚臺, 卽酬神以祭海. 隨令投生羊豕, 焚帛, 奠酒以祭, 無所用兵. 連日見二號船在前, 約去數十里.

初十日辛卯, 晴. 丁未風, 仍用單乙鍼. 東方黑雲蔽日, 水面白鳥無數. 計彭家至此, 行船十四更. 辰正, 見赤尾嶼, 嶼方而赤, 東西凸而中凹, 凹中又有小峰二. 船從山北過. 有大魚二, 夾舟行, 不見首尾, 脊黑而微綠, 如十圍枯木附於舟側, 舟人擧酒相慶. 巳刻, 微雨從南來, 雷一發, 雨倏止. 午刻, 大雨, 雷以震, 風轉東北. 柁無主, 舟轉側, 甚危. 接封大夫梁煥請曰, 水井漏, 淡水將竭, 如此風不止, 當乘風回五虎門, 再圖風利. 余聞大魚夾舟, 若有神助, 行海最吉, 因令人視大魚, 尙附舟未去意者. 風暴將起, 魚先來護舟. 因與介山潛焚藏香, 跪禱於天后曰, 使者聞命, 有進無退, 家貧親老, 志在蕆事速歸. 神能轉風, 當籲請於皇上, 加封神之父母. 鼎元自元旦發

23) 同 5).

願, 時刻不忘, 想蒙神鑒. 禱畢, 不半刻, 霹靂一聲, 風雨頓止. 申刻, 風轉西南, 且大. 合舟之人, 舉手加額, 共歎神力, 感應如響. 是夜, 行六更船, 仍用單乙鍼.

十一日壬辰, 陰. 丁未風, 仍用單乙鍼. 計赤尾嶼至此, 行十四更船. 午刻, 見姑米山. 山共八嶺, 嶺各一二峰, 或斷或續, 舟中人歡聲沸海. 未刻, 大風, 暴雨如注. 俗傳十一日爲天帝龍王朝玉皇之期, 又十三爲關帝颶, 發於前後三日, 殆其驗也, 然雨雖暴而風順. 酉刻, 舟已近山, 計又行五更船. 球人以姑米多礁, 黑夜不敢進, 待明而行, 亦不下椗, 但將篷收回, 順風而立, 則舟蕩漾而不能進退. 初使風時, 各篷再加插花褲, 大篷更加頭巾, 頂皆以布爲之. 插花附於篷側, 頭巾附於桅稍, 至此盡落之, 惟大篷不落. 海舟所恃, 惟柁與篷, 落篷下椗, 舟行最忌. 戌刻, 舟中舉號火, 姑米山有火應之, 問知, 爲球人暗令, 日則放礮, 夜則舉火, ≪儀注≫所謂得信者, 此也. 丑刻, 有小船來引導, 乃放舟, 由山南行, 始用乙卯鍼.

十二日, 癸巳, 晴. 辰刻, 過馬齒山. 山如犬牙相錯, 四峰離立, 若馬行空. 計又行七更船, 再用甲寅鍼, 取那霸港. 回望, 見迎封船在後, 共相慶幸. 考歷來鍼路所見, 尙有小琉球, 雞籠山, 黃麻嶼, 此行俱未見. 問知, 琉球夥長. 年已六十, 往來海面八次, 每度細審得其準的, 以爲不出辰卯二位, 而乙卯位單乙鍼尤多, 故此次最爲簡捷, 而所見亦僅三山, 卽至姑米. 鍼則開洋用單辰, 行七更後用乙辰, 自後盡用乙, 過姑米乃用乙卯. 惟紀更以香, 殊難爲據. 念五虎門至官塘, 里有定數, 因就時辰表按時紀里, 每時約行百有十里. 自初九日未時開洋, 訖十二日辰時, 計共五十八時. 初十日暴風停兩時, 十一日夜畏觸礁停三時, 實行五十三時, 計程應得五千八百三十里, 計到那霸港, 實洋面六千里有奇. 據琉球夥長云, 海上行舟, 風小固不能駛, 風過大亦不能駛, 風大則浪大, 浪大力能壅船, 進尺仍退二尺. 惟風七分, 浪五分, 最宜駕駛, 此次是也. 從來渡海, 未有平穩而駛如此者. 於時球人駕獨木船以繂挽舟而行, 迎封三接如儀. 辰刻, 進那霸港. 先是, 二號船於初十日望不見, 至是乃先至, 迎封船亦隨後至, 齊泊臨海寺前. 夥長云, 從來未有三舟齊到者. 衆復驚喜. 午刻, 登岸. 傾國人士聚觀於路, 世孫率百官迎詔如儀. 啓門後, 各官以次進謁, 法司, 王舅, 紫巾官, 紫金大夫爲一班, 皆紫帽, 立而揖答之. 耳目官, 正議大夫, 中議大夫, 遏闥理官爲一班, 皆黃綾帽, 立而拱手答之. 那霸官, 都通事, 長史爲一班, 皆黃紬帽, 坐而抗手答之. 少頃, 世孫來. 年十七, 厚重簡默, 儀度雍容, 白晰而豊頤, 有福相, 寒溫仰於通事, 茶罷辭去. 天使館西向, 仿中華廨署, 有旗竿二, 上懸冊封黃旗. 有照牆, 有東西轅門, 左右有鼓亭. 有班房, 類半間, 國之小吏執事者坐焉. 大門署曰天使館, 門內廊房各四楹, 以居吏役. 儀門署曰天澤門, 萬曆中使臣夏子陽題, 年久失去, 前使徐葆光補書. 門內廊房左右各十一間, 以居從人. 中有甬道, 道西有榕樹一株, 大可十圍, 徐公手植, 本四株, 今存其一. 最西者爲廚房. 大堂五楹, 署曰敷命堂, 前使汪楫題. 稍北, 葆光署曰皇綸三錫堂. 後有穿堂, 直達二堂. 堂五楹, 中爲正副使會食之地, 前使周公署曰聲教東漸, 左右卽寢室. 堂後南北各一樓, 敞其中, 有後門, 樹塞焉. 南樓爲正使所居, 汪楫額曰長風閣. 北樓爲副使所居, 前使林麟焻額曰停雲樓, 額北有詩牌, 乃海山先生所題也. 周礪礁石爲垣, 望同百雉. 垣上悉植火鳳, 幹方, 無花有刺, 似霸王鞭, 葉似愼火草, 俗謂能避火, 名吉姑羅. 南院有水井. 堂樓皆上覆甌瓦, 下砌方甎. 板壁, 席地, 院平以砂. 桌椅牀帳悉仿中國式, 飮食日用之物, 無不畢備. 樓前後有窗, 海風徐來, 頗無暑氣, 賓至如歸焉.

十三日, 甲午, 晴. 恭謁先師孔子廟. 廟在久米村, 創始於康熙十二年. 堂三楹, 中爲神座, 像如王者垂旒搢圭, 而署其主曰至聖先師孔子神位. 左右兩龕, 龕二人立侍, 各手一經, 標曰≪易≫, ≪詩≫, ≪書≫, ≪春秋≫. 卽所謂四配也. 堂外爲露臺, 東西拾級以登. 柵如櫺星門, 中仿戟門, 半樹塞以止行者. 其外爲屏牆. 堂之東爲明倫堂, 康熙五十六年程順則請建. 堂北祀啓聖. 久米士之秀者皆肄業其中, 擇文理精通者爲之師, 歲有廩給. 廟中有前使者汪林二公碑記. 次謁天后關帝廟. 廟在久米村, 三楹, 中祀天后, 西祀關帝, 空其東以居人. 是日, 卽恭請天后挐公行像登岸, 安奉廟內.

十四日, 乙未, 晴. 飭從者各安執事, 無妄出入. 諭閽者嚴啓閉, 差遣則付以籤, 閽者驗放, 無籤而擅放, 責閽者. 聞球俗有紅衣土妓, 諭令驅逐, 無附近使館蠱我從人. 諭長史, 一切供應宜從節儉, 毋過豊. 凡館中瑣事, 皆長史領之也.

十五日, 丙申, 晴. 早起, 於文廟天后宮行香. 世孫遣法司等官來饋食, 有紫金大夫鄭得功能漢語, 通事無能及者. 長史·耳目官呈進供應事例, 天使, 日米一斗, 麵粉四斤, 豬肉五斤, 羊肉三斤, 雞二隻, 乾鮮魚各四斤, 蛋十枚, 鱘二枚, 蔬菜十一斤, 西瓜二圓, 米醬, 醬油, 醋, 鹽各四盞, 豆腐三斤, 醬菜半斤, 燭四枝, 燒酒二瓶, 炭十斤, 柴四束, 瑞泉淡水二石. 隨弁三員, 減十分之四. 全廩給, 減十分之五, 無羊肉. 半廩給, 減十分之六, 口糧月糧, 減十分之七. 世孫五日一遣官齎牛酒問安, 俱周詳不惜費, 然物多亦正無用, 乃於供應裁十之四, 廩給裁十之二. 問牛能耕, 何以殺. 長史云, 有大祀, 則殺牛, 無故不殺也. 乃令去牛用羊. 此行不宴會, 法司等官來, 卽以羊酒與之, 仍於朔望日, 各齎以筆·墨·幣·扇之類, 以是日爲例. 午後, 雨, 虹見於東.

十六日, 丁酉, 小暑, 晴. 遣內丁·外丁·通事各一人至世孫處看拜, 世孫留食, 隨遣長史謝. 余意欲親身往拜, 長史云, 大禮未成, 不敢勞駕. 余考向例, 果然. 世孫來簡云中山王世孫某, 余與介山簡云冊封正副使某, 皆遵例行也. 是日, 斷虹見於北. 按≪指南廣義≫, 斷虹見, 則有颶. 連日見之, 必有航海遭風者, 余等眞僥倖矣.

十七日, 戊戌, 晴. 閱案頭食單, 有所謂龍頭蝦者. 蓋水族雖多, 隔日輪供, 取視之, 長尺餘, 絳甲朱髯, 血睛火鬣, 類世所畫龍頭, 見之悚然. 徐葆光≪傳信錄≫云, 一名鰝. 按, ≪爾雅≫注, 鰝, 大蝦也. 無龍頭之說. 取其殼以爲燈, 可供兩日玩, 三日而色變矣.

十八日, 己亥, 雨. 栽荔支於使院庭後, 南北分列, 南者一本二幹, 北者一本三幹, 長四尺以上, 移自牧荔園, 種曰陳家紫. 旣爲詩以祝之, 幷序其由來, 刻碑列於北樓之側. 球陽地氣溫暖, 或可望其榮實也. 是日, 供食有毛魚, 以細小得名, 外視似腐, 而味耐咀嚼. 率以七八月朔前後五日排陣出, 土人取而鹽之, 風味不減糟鰣, 閩人以爲逸品, 汪徐二公頗垂涎焉.

十九日, 庚子, 微雨. 寄塵得詩四首, 有句云, 相看樓閣雲中出, 卽是蓬萊島上居, 又一舟蓊徑憑風信, 五日飛帆駐月槎. 皆眞境眞情. 是日, 食品有石距, 似墨魚而大, 腹圓如蜘蛛, 雙鬚, 八手攢生, 兩肩有刺, 類海參, 無足, 無鱗介, 味如鮑魚. ≪徐錄≫作石鉅. 余前遊登萊, 見所謂八帶魚者, 以形考之, 當是石距.

二十日, 辛丑, 晴. 世孫遣官問起居, 禮答之. 前渡海時, 汪撫軍送紹興酒二埕, 此日開試, 味益香, 因與介山痛飮, 所謂聞足音跫然而喜者也. 席間, 食品有海膽, 色如伏後卵黃, 味如蝦螺, 乃取其肉而醢之者, 正不知生作何狀, 行當取驗之. 是日, 國中祭稻神. 此祭未行, 稻雖登場, 不敢入家.

二十一日, 壬寅, 陰. 連日食海味, 腹漸作瀉, 飭庖人但供時蔬, 淡粥. 庖人乃以佳蘇魚進, 問之, 曰, 此非魚名也, 係削黑鰻魚脊肉, 乾而爲之. 長五六寸許, 形如梭, 質如枯木. 土人謂出久高島者, 良. 食法, 先以溫水侵洗, 裹蕉葉煨之, 切片如鉋花, 連五七片不斷, 又如蘭花, 宜淸醬, 頗有異味. 淸醬甘美, 十倍於閩. 惟求佳蘇之義不得, 適有長史至, 問亦不解, 因呼至前細核之, 據云, 此品在敝國旣多且美, 自王官以及貧民皆得食, 意殆謂如家常蔬菜, 人人得食也. 球人字皆對音, 輒爲易以家蔬, 以紀其實. 是日, 爲龍母暴期.

二十二日, 癸卯, 晴. 午後, 偕介山·寄塵策騎遊波上山, 一名石筍崖, 以形似名之也, 石垣四周, 垣內板閣離立三楹. 下有平堂三楹. 垣後可望海, 沿海多浮石, 嵌空玲瓏, 潮水擊之, 聲作鐘磬. 東北有山, 曰雪崎. 又東北有小石山, 曰龜山. 稍下爲護國寺, 國王禱雨之所. 龕內有神, 黑而倮, 手劍立, 狀甚獰, 名曰不動, 或曰火神. 庭中有景泰七年鑄鐘一, 廡下又有乾隆五十七年新鑄鐘一. 寺後多鳳尾蕉, 一名鐵樹而有石, 高五六尺, 黑而闊, 狀如駢佛手, 爲書仙人掌三字於上. 佛桑葉正與桑無異, 世以木槿爲佛桑, 未得實也.

二十三日, 甲辰, 晴. 法司等官呈進諭祭儀注云, 先期灑埽王廟, 設香案司香二人. 設開讀臺於滴水西, 設開讀位, 東南向. 設先王神位於露臺東, 西向. 設世孫俯伏位於神主下, 設拜位於露臺中, 皆北向. 設衆官拜位於世孫後, 左右列. 設奏樂位於衆官拜位後, 設而不作. 祭日黎明, 法司率衆官及金鼓儀衛集天使館. 俟啓門進參, 迎請龍亭, 綵亭入中堂, 捧軸官捧諭祭文, 安奉龍亭, 捧帛官捧焚帛, 安置綵亭. 衆官排班, 行三跪九叩首禮. 畢, 前導至眞玉橋, 世孫素衣黑帶, 率衆官迎伏於橋東道左. 龍亭暫駐, 世孫·衆官平身, 天使分立龍亭左右. 通事官唱排班, 世孫率衆官行三跪九叩首禮. 畢, 前導至廟門外, 龍綵亭由中門進, 置廟內中堂, 天使隨入, 左右立. 捧軸, 捧帛官由東角門進, 至廟東階, 西向立. 宣讀·展軸官由西角門進, 至開讀臺下, 東向立. 司香二人舉香案置龍亭前, 添香. 世孫率衆官由東角門入, 上露臺, 各就拜位, 行三跪九叩首禮. 畢, 退立於先王神主下, 西向. 捧軸官由東階進, 天使取諭祭文授捧軸官, 捧軸官高擧出廟中門, 上開讀臺, 宣讀官次之, 展軸官又次之. 捧軸官立案右, 展軸官立案左, 與捧軸官對展, 宣讀官就開讀位. 通事官唱開讀, 世孫率衆官俯伏於先王神位之下, 北向, 候宣讀. 畢, 通事官唱焚黃, 捧軸官捧軸下臺, 捧帛官捧帛由廟中門出, 俱至焚黃所, 世孫·衆官皆平身, 至焚黃所候焚. 畢, 回露臺, 率衆官行三跪九叩首禮. 畢, 退班. 天使詣先王神主前祭, 行一跪三叩首禮, 世孫俯伏謝, 隨捧先王神主由東階安於東龕. 天使與世孫行相見禮, 再拜畢. 茶三行, 天使告辭, 世孫送, 如前天使送世孫禮. 琉球七宴, 此宴居首, 以不宴會, 故茶罷卽歸也.

二十四日, 乙巳, 晴. 閒居無可消遣, 與介山奕. 用琉球棊子, 白者磨螺之封口石爲之. 內地小螺拒戶有圓殼, 海螺大者, 其拒戶之殼厚五六分, 徑二寸許, 圓白如硨磲, 土人名曰封口石, 黑者磨蒼石爲之. 子徑六分許, 圍二寸許, 中凸而四圍削, 無正背面, 不類雲南子式. 棊盤以厚木爲之, 厚八寸, 四足, 足高四寸, 面刻棊路. 其俗好奕, 擧棊無不定之說, 頗亦有國手. 局終, 數空眼多少, 不數實子, 數正同. 相傳國中供奉棊神, 畫女像如仙子, 不令人見, 乃國中雅尙也.

二十五日, 丙午, 晴. 世孫遣官起居. 食單內有海蛇, 長三尺以來, 僵直如朽索, 色黑, 狀猙獰. 起居日供一束, 束五具, 土人云, 性熱能去瘋殺蟲, 療痼已癘, 殆永州異蛇類. 余性無所忌, 試令如法炰治, 但有皮而無肉, 味亦無他異. 然土俗甚重之, 以爲貴品.

二十六日, 丁未, 晴. 食後, 偕介山遊奧山, 由卻金亭登舟. ≪徐錄≫載, 前明冊使陳給事侃歸時卻金, 故國人造亭以表之. 舟東行二里, 至看見城. 高丈許, 周圍不十丈, 荒廢無亭舍, ≪志略≫謂之礮臺, ≪徐錄≫謂之看見城. 問之從官, 莫知建由. 折而西, 步行小土山, 時潮退, 平沙泥淖, 略可步, 舟不能及岸. 過小橋, 至龍渡寺. 寺在奧山麓, 舊爲蛇窟, 僧心海始闢之, 蛇避去, 因築隄截湖, 引泉種松而建寺焉. 寺兩楹, 徐澄齋爲題曰龍渡寺, 今寺側又新建二楹. 沿路多種美人蕉. 寺前有小亭, 亭前有小沼水涸, 小魚多熱死. 有鯉長尺許, 奔若求救, 因命取之, 養以水而放之海. 沼側有小廟, 亦供不動. 有大番字, 如世所傳奎星閣. 對山爲鶴頭山. 時雲黑欲雨, 遂急歸. 寺後有貝多羅樹一株, 多烏木, 葉如棗, 黑質而白章, 性頗堅, 國人用以作屛, 以其有文理也.

二十七日, 戊申, 晴. 偶閱≪志略≫, 屢見颱颶字, 余不識颱字, 遍查字書, 無之. 然琉人每言大風, 必曰颱颶, 閩人亦習言之. 按韓昌黎詩, 雷霆逼颶䬒, 是與颶同稱者爲䬒. ≪玉篇≫, 䬒, 大風也, 於筆切. ≪唐書≫≪百官志≫有䬒海道, 或係球人誤書. 歷來使者不深考, 遂沿其誤, 然亦未敢自執, 俟歸質之博學者.

二十八日, 己酉, 晴. 偕介山遊善興寺. 寺在使院東北, 周垣, 可五六畝, 樹多福木·榴·薇. 中建板閣一, 祀天滿大自在天神, 戶尙扃, 祈報者皆膜拜於門外. 土俗, 敬神用瓣香而不焚, 最尊敬者輒撒米數撮而去. 佛堂亦供不動. 更有神三首六臂, 黑如漆, 從官云, 此開國天孫氏神也. 僧供茶甚甘, 問之, 卽本寺井泉. 寺側有石池, 疊石山, 玲瓏可愛, 百層拳屈, 色如初燒瓦. 上以花草點綴, 問知爲石芝, 結自海邊. 然質脆, 不能攜遠.

二十九日, 庚戌, 晴. 連日細訪琉球山川風俗, ≪志略≫略備. 惟琉球≪寄語≫尙未搜採, ≪徐錄≫偶及之, 亦挂一漏萬. 因語法司官, 擇有文理通暢, 多知掌故者常來館中, 以資採訪. 是日, 世孫遣楊文鳳來. 長史言其文理甚通, 能詩, 善書, 與之語, 亦不能解. 因以筆代舌, 逐字詢其音義, 幷訪其方言, 文鳳果能通達字意. 是日, 爲天帝龍王朝玉皇暴, 不應.

三十日, 辛亥, 晴. 首里公子向循師, 向世德, 向善榮, 毛長芳來, 以所作詩文進質, 皆有思致. 詢其來意, 乃知世孫知余欲輯≪球雅

≫, 特遣四人來助, 楊文鳳參稽一切. 三向爲世孫本支, 毛則王妃之姪, 通漢文, 能漢語, 年皆二十以上. 與之語, 文理尙不及文鳳, 而聰明善悟. 世孫卽令五人館於使院之西里許, 因就詩韻字令, 每人日注數十字來, 疑者面議, 後率以爲常.

六月朔日, 壬子, 晴. 連日球陽少雨, 農家望雨甚切. 因與介山至文廟天后宮行香, 遂默禱於天后關帝, 求賜甘霖以救一方. 是日, 世孫遣官起居有加禮. 食單始見米肌, 狀如酪, 味少酸. ≪徐錄≫謂釀米經婦人口嚼而成, 名曰米肌酒, 球人甚重之. 細詢作法, 實不用麴糵, 而味亦不類酒, 殆酪類也. 食單又有福壽酒, 名頗吉祥. 細考之, 仍是燒酒, 著黃糖則名福, 著白糖則名壽, 中朝亦有此法, 特未錫以佳名耳. 琉球土產惟有燒酒一種, 能以米釀之. 未刻, 陰云密布, 飛雨數點而止.

初二日, 癸丑, 大暑, 陰. 遣從官入首里看拜. 從客寄塵等往遊泊村, 歸以新稻穗見示, 云稻已盡收. 乃知球陽地氣溫暖, 稻常早熟, 種以十一月, 收以五六月. 薯則四時皆種, 三熟爲豊, 四熟則爲大豊. 稻田少, 薯田多, 國人以薯爲命, 米則王官始得食. 亦有麥·豆, 所產不多. 薯一名地瓜, 沿閩人土語. 午後, 微雨.

初三日, 甲寅, 陰. 未刻, 大雨, 番薯得此, 不啻甘露. 是日, 食單有蚶. 取視之, 徑二尺以上, 圍五尺許, 古人所謂瓦屋子, 以殼形凹凸象瓦屋也. ≪徐錄≫謂國人以爲洗具, 又以爲戶樞. 洗具前於善興寺見, 長五尺許. 然肉味不及小蚶, 水族除鱘鰉外, 愈大愈無風味, 不特蚶也. 卽如此邦海螺有圍數尺者, 遠不及京師小青螺矣.

初四日, 乙卯, 晴. 食後, 偕介山遊七星山, 俗名富盛山. 出館東行, 至文廟折而南, 度泉崎橋, 橋下爲漫湖滸. 每當晴夜, 雙門拱月, 萬頃澄清, 如玻璃世界, 爲中山八景之一. 過橋而南爲牧志村, 有隄曰長虹. 山多松, 無亭舍, 陵阜錯峙, 如七星之蟬聯. 多墳墓, 墓皆依山而封, 截其前. 由山北折而東, 里許至城嶽, 圓峰突起, 灌木成林. 山麓板屋一區, 石大小横列. 國俗以石爲神也. 旁有小浮屠, 立於乾隆二十七年, 後署親雲上某渡海歸來造. 前有古松數百株. 東有泉曰旺泉, 味甘, 爲中山八景之一. 旁有老松三株, 奇崛可玩. 東望見壺家山, 瓦屋十數楹, 東西對列, 從官指爲國中陶處. 未刻, 大雨, 歸.

初五日, 丙辰, 陰. 巳後, 大雨. 長史送佛桑四株. 一種千層如榴, 有深紅粉紅二色. 一種單層, 花如燈盤, 蕊單出如燭, 長二寸許, 有紅白二色, 朝開暮落, 落則瓣卷如燭. 花而不實, 四季有花, 深冬葉始凋謝. 此地花開四季者甚多, 氣暖故也. 余感長史意, 囑從客酬以酒, 意有花再相致耳.

初六日, 丁巳, 晴. 是日, 國中作六月節, 家家蒸糯米爲飯相餉, 卽中朝嘗新之意. 迎封大夫梁煥以一盤見餽, 因命庖人爲糕, 和糖食之. 食後, 遣通事從客等至琉球先王廟習禮, 蓋凡大典禮, 皆從行之通事從客等執役. 世孫亦先期遣官致請, 謂土人不甚習禮, 先遣至廟者, 視其出入進退之路也.

初七日, 戊午, 晴. 辰刻, 微雨, 旋止. 長史復以花二盆見貽, 標曰水翁花, 視之, 乃馬蘭花也. 中山草木多與中朝異稱, 蓋因國中少書, 多不識古來草木之名. 如羅漢松, 謂之樫木. 冬青, 謂之福木. 萬壽菊, 謂之禪菊. 其初以意名之, 後遂相沿不改. 惜未攜≪群芳譜≫來, 一一證辨之耳.

初八日, 己未, 晴. 辰刻, 恭奉諭祭文及祭銀, 焚帛安放龍綵亭內. 出天使館, 東行過久米村, 泊村, 至安里橋, 卽眞玉橋. 世孫跪接如儀, 卽導引入廟. 按儀注, 行樂皆設而不作. 焚黃時, 有黃氣直上二十餘丈, 結爲黃蓋, 四垂瓔珞, 莫不歎爲奇祥. 禮畢, 世孫引觀先王廟. 正廟七楹, 正中向外通爲一龕, 安奉諸王神位. 左昭自舜馬至尙穆, 共十六位. 右穆自義本至尙敬, 共十五位. 諸皆稱神主, 惟寧·豊·賢·質四王稱尊靈, 又加稱寧曰康翁, 豊曰宗盛, 賢曰秀英, 質曰直高. 琉球俗質, 諸王神主皆稱名, 四王獨加稱者, 殆以王有功德, 仿中朝加謚之義而稱之耳. 左壁向右木主一, 書歷代有功王叔神位, 右壁向左木主一, 書先代王妃神位. 楹上有四額, 前四次使臣所題. 廟前, 西爲神廚, 東爲佛堂. 堂之側爲僧廚, 卽崇元寺, 中有甬道, 道東西廳各三楹. 前堂三楹, 臨街, 正中洞門三, 左右角門二. 門前石路平敞, 左右有木坊及下馬牌, 周礪石爲牆. 前臨溪澗, 對岸松岡數重, 村曰安里, 屬眞和志. 茶罷, 卽歸. 臨行, 紫金大夫鄭得功前跪致詞, 述世孫感激之忱, 通國臣民歡躍狀. 仰見我皇上孝德旁孚, 無遠弗屆, 球雖僻陋在夷, 罔不銜感榮幸, 思念先王. 是日, 球人觀者彌山匝地, 男子跪於道左, 女子聚立遠觀, 亦有施帷挂竹簾者, 土人云係貴官眷屬. 女子皆黥手背, 指節爲飾, 甚者全黑, 少者間作梅花斑. 按≪諸番志≫黎母俗, 女及笄卽黥頰, 爲細花紋, 謂之繡面, 集親客相慶, 俗與雕題鑿齒同. 初見紅衣人, 頭面較良家修飾, 衣亦鮮潔. 蓋國俗不穿耳, 不施脂粉, 無珠翠首飾, 此輩誨淫, 或私爲冶容, 偷施脂粉耳. 人家門前多樹石敢當碣, 牆上多植吉姑羅或榢樹, 橫臥牆頭, 翦剔極齊整. 婦女趁集者, 或戴筐而立, 或置筐於地, 男女老幼不下數萬人, 知生齒日繁矣. 午刻, 歸館. 申刻, 世孫遣遏闥理官餽胙, 外送看席一桌, 卽賞來使, 令與同官分食之.

初九日, 庚申, 陰. 辰刻, 世孫遣耳目官·長史以簡來謝, 并致宴金十二兩. 余與介山坐二堂, 呼長史語之曰, 旣不宴會, 安得宴金. 歸謝世孫, 以後無容致送, 徒勞君等往返. 寄塵以不服水土, 得河魚腹疾, 傳顔巡捕胗視. 入夜, 大雨, 驟涼, 覓夾被不得, 以衣代之. 是日, 爲地神龍王朝玉皇暴, 驗.

初十日, 辛酉, 雨. 邀楊文鳳首里四公子爲竟日談, 得寄語百數十條. 庭中寄生螺冒雨夥出, 大小不一, 長圓各異, 皆負殼而行. 螺中蟹, 兩螯八跪. 跪四大四小, 以大跪行, 螯一大一小, 小者常隱, 大螯以取食. 觸之, 則大跪盡縮, 以一大螯拒戶. 蟹也, 而有螺性, ≪海賦≫所云璅蛣腹蟹, 豈其類歟. ≪太平廣記≫謂蟹入螺中, 似先有蟹然. 從人有取置碗中以觀其求脫之勢者, 力猛殼脫, 頃刻死, 則又與殼相依爲命, 造物不測, 難以意度也.

十一日, 壬戌, 晴. 食後, 偕介山騎至卻金亭, 馬較朝鮮果下馬稍高, 耳特長, 性馴, 行沙礫中, 不見顛蹶. 前初八日, 騎數百匹皆牡馬, 不用牝者, 恐亂群也. 登舟, 渡過山南. 稍上, 有板屋三間, 名土地廠, 有石, 無神像. 西接長隄, 直至南礮臺, 徑荒不能直達. 折而南度大嶺, 遊海邊村, 無他樹, 滿望皆阿呾呢連蔓堅利, 可爲藩籬. 葉長, 可造蓆, 刺生其旁幹, 層裂如裹麻, 根可爲索. 開花者爲男木, 花白, 瓣若蓮, 合尖, 左右疊十余朵, 直上五椏. 蕊露如杖, 長三寸許, 頗芳烈, 不實. 女木則無花, 而實大如瓜, 膚紋起鍼, 皆六棱, 可食, 或云卽波羅蜜別種也, 一名鳳梨. 村中泉石頗佳.

十二日, 癸亥, 晴. 長史送鐵樹四盆來, 質枯如鐵, 一本或數幹, 無旁枝, 叢葉蓋頭, 對出而勁挺, 如蜈蚣. 一名鳳尾蕉, 以葉對出形似也. 一名海椶櫚, 以葉蓋頭形似也. 其根碓爲粉, 可充糧, 島人以御荒歲, 處處皆植之. 亦有攜至中華以爲盆玩者, 則謂之萬年椶云. 午刻, 大雨, 申刻, 晴. 自此日以至二十四日, 皆大颶之期.

十三日, 甲子, 晴. 球地皆沙土, 雨過卽可行, 無泥濘. 食後, 偕介山騎過迎恩亭, 沿隄行. 隄長三里左右, 石砟磚立, 隄盡處爲礮臺, 南北對峙, 踞霸港口, 環以埤堄, 方廣不盈畝, 無一人一物. 臺西中流有巨礁曰馬加, 爲琉球險隘門戶. 入港皆鐵板沙, 堅如鐵, 平如板而利如劍. 舟路曲折, 避沙而行, 誤觸之立碎, 惟土人能知其道, 故恃以爲險. 歸路, 遊臨海寺. 寺創於順治十二年, 爲渡唐官船祈報之所, 國人呼中國爲唐山, 呼華人爲唐人也. 石垣四周, 佛堂三楹, 面東板閣一, 無佛像而有香鑪, 供石. 舊名定海寺, 有鐘爲前明天順三年鑄. 此邦觀海, 波上爲最, 礮臺其次矣. 入夜, 雨.

十四日, 乙丑, 陰. 荔枝栽近一月, 新葉茂發, 有生機矣. 早起, 偶步其側, 見新葉有蝕者, 薄視之, 有蟲黃體而蒼文, 兩角, 八足, 身方而毛, 世所謂毛蟲類. 附葉爲巢, 蒙如小蛛網, 卵生如蠶子而速, 大者二寸以來. 命僕捉而坑之, 盡拂其巢, 嘉樹生蟲, 修士來謗, 固其所也. 介山偶得一蟹, 闊而薄, 兩螯大於身, 甲小而缺其前, 縮兩螯以補之, 若無縫. 八跪特短, 臍無甲, 尖團莫辨. 見人則凸雙睛, 噀水高寸許, 似善怒. 養以沙水, 經十餘日, 不食亦不死. 土人不知其名, 以其得於沙也, 名之曰沙蟹, 爲詩以記焉. 午後, 雨.

十五日, 丙寅, 大雨. 各廟行香. 世孫遣官起居, 食品有海馬肉薄片, 迴屈如鉋花, 色如片茯苓, 品之最貴者. 常不易得, 得則先以獻王. 其狀魚身馬首, 無毛而有足, 皮如江豚, 惜未得見生者. 適楊文鳳四公子來, 卽以海馬分韻, 詩亦有理致而不能繪其形狀, 非余命題之旨, 亦恐未見其生也.

十六日, 丁卯, 晴. 遣官看拜. 偕介山遊鶴頭山, 陟其顚, 避日而坐, 草色黏天, 松陰匝地. 東望辨嶽, 秀出天半, 王宮歷歷如畫. 其南則近水如湖, 遠山如岸, 豊見城巍然特出, 山南王之舊蹟猶有存者. 西望馬齒·姑米, 出沒隱見, 若近若遠, 封舟之來路也. 北俯那霸·久米, 人煙輻輳. 擧凡山川靈異, 草木陰翳, 魚鳥沈浮, 雲煙變滅, 莫不爭奇獻巧, 畢集目前, 乃知前日之遊, 殊爲鹵莽. 梁大夫小具盤樽, 席地而飮, 余亦趣僕以酒肴至. 未申之交, 涼風乍生, 微雨將灑, 乃移樽登舟. 時海潮正漲, 沙岸瀰漫, 遂由奧山南麓折而東北, 山石嵌空欲落, 海燕如鷗, 漁舟似織. 俄而返照入山, 冰輪出水, 文鰩無數, 飛射潮頭. 與介山擧觴弄月, 擊楫而歌, 樽不空, 客皆醉.

越渡里村, 漏巳三下, 卻金亭前, 列炬如晝, 迎者倦矣. 乃相與步月而歸, 爲中山第一遊焉.

十七日, 戊辰, 大雨竟日. 長史覓得法司蔡溫·紫金大夫程順則·蔡文溥三人集, 詩皆有作者氣. 順則別著≪航海指南≫, 言渡海事甚悉. 蔡溫尤肆力於古文, 有≪蓑翁語錄≫·≪至言≫等目, 語根經籍, 有道學氣, 間出入二氏之學, 蓋學朱子而未純者.

十八日, 己巳, 立秋, 晴. 寄塵病初愈, 欲遊波上而力弱不能騎, 長史爲之備轎. 轎如中國擡榼, 長三尺許, 廣二尺, 高三尺, 啓其右以入, 周圍以草簾, 聞亦有用竹簾紗布者, 人坐轎底. 頂有二環, 貫以獨木, 二人前後舁之, 去地不及五寸, 遠望如籠, 不知中有人也. 王叔以下皆乘之. 薄暮, 寄塵歸, 以布數疋見示, 云購自市中, 時昏黑, 不及細視.

十九日, 庚午, 晴. 寄塵以出遊受風, 病復發, 視之面赤甚, 勸令服藥. 因取視昨所購布, 一米色, 曰蕉布, 寬一尺, 乃漚芭蕉, 抽其絲織成, 輕密如羅. 一白而細者, 曰苧布, 寬尺二寸, 可敵棉布. 一白而綿軟輭者, 曰絲布, 乃苧經而絲緯, 品之最上者≪漢書≫所謂≪蕉筒荃葛≫, 卽此類也. 一米色而麤者, 曰麻布, 品最下矣. 國人善印花, 花樣不一, 皆翦紙爲範, 加範於布, 塗灰焉. 灰乾去範, 乃著色, 乾而浣之, 灰去而花出. 愈浣愈鮮, 衣敝而色不退. 此必別有製法, 祕不語人, 故東洋花布特重於閩.

二十日, 辛未, 晴. 食後, 遊辻山, 國人讀爲失汁山, ≪志略≫謂一字兩音, ≪汪錄≫亦作青芝山. 石阜臨海, 上多冢, 亦有僧塔. 山下爲女集, 時尙早, 墟無人, 然遠不及波上. 因仍至波上, 坐而觀海. 有船自山北來者, 從官云, 柴船也. 山下漁船甚夥, 有撒網者, 有釣者. 午刻, 歸. 遍考辻字不得, 因悟琉球字皆對音, 十·失無別, 疑迭字誤. ≪說文≫, 迭, 更迭也. 辻山左有波上, 右有天久山, 實有更迭之意. 訛失爲十, 遂成辻, 而不知其無字也. 卽失·汁二字, 亦是更迭之義. 與十·折同, 非二音. 余方輯≪球雅≫, 乃知一字作二三字讀, 二三字作一字讀者, 皆義而非音, 卽所謂寄語, 國人盡知之. 音則合百餘字或十餘字爲一音, 與中國音迥異, 國中惟讀書通文理者乃知對音, 庶民皆不知也.

二十一日, 壬申, 微雨. 供應所送生海膽一具, 形渾沌, 通體刺如蝟, 無頭尾面目, 蠕蠕能運, 旁有小穴, 赤而方, 或其口也. 球人以形似, 名曰海膽. 剝皮取肉, 搗成泥, 盛以小瓶供饌, 前已嘗之矣. 若易名曰海蝟, 尤爲得實. 是日, 寄塵病小愈. 夜, 與介山小酌.

二十二日, 癸酉, 雨, 東北風大. 自十二日至於今日, 皆大風, 世傳颶期, 信而可徵. 二十四日爲雷公誕, 名爲洗炊籠颶, 或預發於今日, 時樓皆震動, 窗紙盡裂. 入夜不寐, 聞壁間啾啾作雀聲, 燭而視之, 見蝎虎無數. 火至, 俱避入隙. ≪徐錄≫謂不傷人, 旣目擊之, 又懾以風聲, 益不能寐. 因呼寄公起, 與談元理, 頗有入悟處, 遂與唱和成詩, 未及數首, 而東方已白矣.

二十三日, 晴, 風轉南. 偕介山遊泉崎, 登中島, 島對奧山, 隔漫湖村. 西有園曰蕉園, 中山八景所謂中島蕉園也, 徐澄齋亟稱之. 全周二公時巳廢, 今歸馬氏. 蕉盡荒落, 然境自清幽, 具林泉氣. 出門折而西, 有礁孤立, 高二丈, 圍可五尺, 重疊而上, 小樹攢石頂. 土人云係久米風水, 所謂文筆峰也. 歸路久米, 憩倪氏宅. 宅前有臺, 宜遠眺. 內魚池二, 各圍丈餘, 疊石峰其中如芙蓉, 饒奇花異卉.

二十四日, 乙亥, 晴. 是日, 爲雷公誕. 食後, 遊東禪寺. 寺在久米東北, 前臨下天后宮, 後倚平山, 六松盤若虬, 西有茂林, 可半畝. 階前稗桂數株, 國中僅見, 木槿二, 與中國同. 佛堂有徐澄齋·王夢樓詩軸. 僧巖桂, 年七十二, 貌甚古, 類有德者. 籬邊香椽一, 華蕿縈繞, 若凌霄子赤, 形如僵蠶, 味類胡椒. 鄭得功云, 邦人呼爲辣蒿.

花白, 子赤. 種三, 更有小而黃, 圓而赤者, 食之可以冷氣.

二十五日, 丙子, 晴. 是日, 國中祭稻神, 謂之大祭, 家以糯飯饋客, 稻旣收, 報田祖也. 有梁長史邦弼饋糯飯來, 鬚髮盡白. 問其年, 方五十. 詰其故, 自稱小底, 因云國人固多不壽, 小底尤早衰, 而胡靖≪錄≫云, 人無勞心, 多致夭年語, 不實. 小底者, 陪臣對天使之詞, 若對從客, 則曰弟, 亦成例也. 通文墨者, 自稱夷官.

二十六日, 丁丑, 雨. 楊文鳳來, 問以國中官制士習. 對曰, 敝國皆世爵世祿, 官至大夫乃食采. 亦論功陞賞, 如渡海爲一功, 充朝貢使爲一大功, 無文字之試. 士農工商各世其業. 首里七大姓, 世爲王室婚姻, 法司紫巾官, 大都不出七姓. 其子弟年十四以上, 入王宮應差, 漸以資授職, 由庫司官, 積功至曷闥理官, 耳目官而至法司官, 大者曰親方. 食俸, 自庫官始. 世官, 惟蔭適長子孫. 久米人, 官始於通事, 止於紫金大夫, 從未有至法司者. 惟蔡溫學優功著, 王特用爲法司, 子尙翁主, 亦卽移居首里, 與七姓同貴. 溫之前有鄭迵, 積功至法司, 後爲日本所執, 不屈死. 久米官之子弟, 能言, 教以漢語, 能書, 教以漢文. 十歲, 稱若秀才, 王給米一石. 十五, 薙髮, 先謁孔聖, 次謁國王, 王籍其名, 謂之秀才, 給米三石. 長則選爲通事, 積功至都通事·通議大夫·中議大夫而至紫金大夫, 爲國中文物聲名最, 卽明三十六姓後裔也. 那霸人, 以商爲業, 多富室, 由夥長, 積功至那霸官. 能漢語者, 用爲長史, 無至大夫者. 其他外島不過酋長, 有按司遙領之. 按司者, 皆王之親屬, 此國中官制之大略也. 聽其言, 源委了然, 筆談翻勝口談, 當推爲中山第一學者.

二十七日, 戊寅, 晴, 無風. 世傳是日爲地神龍王朝玉皇暴, 不應. 偕介山由渡里村泛舟, 越中島, 渡饒波, 至豊見城山麓, 策騎而登頂, 有山南王弟故城. 徐葆光詩所謂頹垣宮闕無全瓦, 荒草牛羊似破村者是也. 稍東爲高嶺村, 故壘圍里許. 長史曰, 此山南王故城,名大里者也. 王之子孫, 今爲那姓, 猶聚居於此. 城下有泉, 曰惠泉, 惠泉之西, 曰芳泉. 再折而西, 有泉從巖底噴流, 味極甘, 供諸村茗飯, 取水者以船載瓷盎, 絡繹不絕. 仍呼舟, 泛漫湖而歸.

二十八日, 己卯, 晴. 鄭得功來, 問以國俗有僧而無尼僧道士, 則通國但知禮佛, 比邱仙人俱所不敬歟. 對曰, 國中雖無道士, 卻敬神仙. 問何以故. 對曰, 昔有銘列子, 家貧業農, 性誠篤, 無妻室. 近宅有井, 泉甘且清, 一日往汲, 遙見井間有奇光. 逼視之, 見一女子且汲且浴, 衣挂松枝. 銘列子惡其無恥, 且污泉, 陰取衣, 衣不類國服, 有云霞氣. 心異之, 潛以觀其變. 女浴畢, 呼其名而詬曰, 某何白晝爲賊. 速歸我. 銘列子聞呼名, 心益異, 不應. 女窘, 以浴布被體, 見銘列子, 遽伏地. 有國色, 不類國人, 銘列子責之曰, 此松我松, 井我井, 胡污我泉. 女趺坐, 正色曰, 汝言謬矣. 夫松與泉, 造化所生, 非人得私, 汝據爲己物乎. 銘列子初見心已動, 又聞其言慧, 乘機調之曰, 萬物受陰陽之氣而生, 人亦得夫婦之道而生, 陰陽有常, 夫婦有別. 汝, 女也, 我, 男也. 赤身對我, 無理太甚. 不自愧而反責我乎. 女陽怒曰, 實告汝, 我非塵世人, 仙女也. 偶愛此泉, 故浴, 豈識人間夫婦. 我非此衣, 不能去, 無辱我. 銘列子復曰, 天雨降世, 卽爲世間水, 汝卽降世, 卽爲世間人. 誠仙也, 自去, 衣不可得. 女曰, 聊戲君耳. 神明鑒君誠篤, 欲昌君家. 君貧, 不能娶, 以妾與君有夙緣, 來爲君立子女, 無去理. 銘列子喜, 又恐女紿衣去, 因脫己衣衣之, 遂爲夫婦. 人初不之異, 後稍異之. 居十載, 生女一, 男一, 女名眞鶴, 男名龜年. 時女九歲, 男五歲, 女緣滿將去, 乘兒午睡, 衣故衣出門, 兒覺嘑, 索母. 女懼爲情牽, 不得脫, 飛上樹稍. 兒追及, 泣願同去, 女諭之曰, 汝等皆具夙根, 無憂不貴. 好侍汝父, 毋念我. 乘雲冉冉而上. 姊弟嘑, 覓數日, 野宿不歸. 初, 國王聞其事, 數遣耳目官密訪, 莫知其家. 是日, 見二兒嘑泣甚哀, 詰之, 兒具以告, 官因攜兒同行. 方仙女之去也, 銘列子探親於首里. 三日, 歸, 與兒過於路, 驚問其故, 悲喜交集. 官引兒見王, 王養眞鶴於宮中, 令龜年就學, 待長貴之, 并賜其父銘列田地, 爲貴官, 號曰銘列子. 余因其事可傳, 遂援筆記之, 卽爲≪銘列子傳≫也可.

二十九日, 庚辰, 晴. 是日, 初見五采魚. 有紅綠翠黃諸色, 綠鱗, 紅章, 五采相間, 土人就形色呼之, 無定名. 又有一石眉巴魚, 色紅如金魚. 余俱不敢食, 養盎中以爲玩品. 又有鰩, 如白鳥, 云飛丈餘·始入水, 疑卽燕魚也.

七月朔日, 辛巳, 行香. 余至天后宮數次, 見大門內有左廂北向, 屋甚小, 遂不經意. 至是, 啓視之, 中供龍神行像, 云國王禱雨, 則載像至豊見城, 設壇以祀. 前六月朔, 禱雨得雨, 龍神與有力, 亦宜致禮. 因命王守備, 自後朔望分獻焉. 前陪臣請先王廟中匾并天后關帝對額, 隨書付之, 是日已刻成, 挂壁間矣. 世孫遣官起居如例.

初二日, 壬午, 晴. 遣丁看拜. 同來都司陳瑞芳, 泉州人, 由武進士, 現官閩安鎭都司, 年四十三, 於五月二十四日病痢, 痢痊而病轉深. 自恃壯盛, 不服藥, 屢勸不聽. 至是, 見有鬼入室, 衣冠皆球裝, 服黃帽者一, 紅帽者四, 近牀牽其衣不去. 守備王得祿以告, 急取篋中人參一枝, 遣顏家選診視配藥, 家選爲立方, 仍告余曰, 病入膏肓, 恐不起. 夜, 雨.

初三日, 癸未, 晴. 陳病劇, 至酉刻逝. 與介山往哭, 備衣衾棺木, 斂之如禮. 集句挽之云, 其生也榮, 死且不朽, 維子之故, 我始欲愁. 并作五律二首, 敘兵丁愛戴之情, 申同舟之誼, 以寄余哀. 嗚呼. 爲將官能使其兵哀慟思慕, 其誠信有過人者, 天不永年, 歿於異域, 痛哉.

初四日, 甲申, 處暑, 晴. 酉刻, 陳都司蓋棺, 偕介山往憑之. 停柩於室, 守以兵, 義當載歸, 使其子以禮葬. 世孫遣耳目官致祭, 并餽安家銀五百兩, 欲交介山帶付其子, 余從旁曉之曰, 都司歿於使事, 世孫宜具奏, 卽以此銀敘入. 渡海後, 移交督撫轉付其子, 使者禮無私受. 官歸以告, 世孫如余所議焉.

初五日, 乙酉, 晴, 大風. 偕介山致祭於都司, 哭之慟. 鄭得功奉世孫命來祭, 極歎都司忠誠. 余問之曰, 貴國亦有國爾忘家, 可傳不朽之人乎. 對曰, 有. 昔諸按司割據時, 有八重瀨按司者强暴好色, 窺玉村按司之妻美, 擧兵襲殺之, 其妻遣長子小按司雜亂軍以逃, 卽自縊. 八重旣失望, 又恐子長圖報, 密爲蹤迹, 聞在勝連縣平安名大主家, 潛選兵五百, 約期進取. 先是, 玉村之臣里川庇椰長子龜壽聞變, 卽變姓名, 潛逃八重, 將乘間行刺, 聞此計, 誓以死報. 先歸, 別其母. 母憐其忠, 不忍留, 遂走報小按司, 趣平安速爲備, 意在死戰. 平安急召吉田森川系數問計, 吉田謂衆寡不敵, 徒死無益. 聞昔有代君任患者, 今誠得一人肯以死代君, 庶可緩禍徐圖. 龜壽厲聲, 請以身代. 吉田乃縛龜壽詐獻於八重, 八重怒, 命速斬, 龜壽大詈, 無懼色. 八重益怒, 轉欲生苦之, 令苦盡而後殺, 乃下之獄, 以吉田爲忠, 日益親近. 玉村有大臣波平大主者, 日厲兵欲報讐而未集也, 聞吉田縛獻, 大怒, 親至勝連探問, 欲誘殺平安而後擧兵. 旣至, 平安告以故, 引令見小按司, 乃大喜, 遂密告吉田爲內應, 布兵復讐. 時八重新擧子, 日爲淫宴, 兵旣至, 八重醉不起, 遂斬於牀上, 出龜壽於獄. 嗚呼. 此眞忠臣孝子矣. 是不可以不傳, 因記其略於此, 而別爲立傳焉.

初六日, 丙戌, 大風. 是日, 食品有蕉實, 狀如手指, 不相屬, 色黃, 味甘, 瓤如柚, 亦名甘露. 聞初熟色靑, 以糠覆之則黃, 與中國製柿無異. 其花紅, 一穗數尺, 瓣鬚五六出. 歲實爲常, 實如其鬚之數. 中國亦有蕉, 不聞歲結實, 亦無有抽其絲作布者, 或其性殊歟.

初七日, 丁亥, 大風. 自此至九日, 皆神煞交會暴. 是日, 庖人進生玳瑁一具. 首尾皆尖削, 腹特大, 首淡紅色, 甲如龜, 國人取其甲以爲長簪. 沿海皆有之, 傳至中國者, 率由閩粵商販. 球人不知貴, 以爲賤品. 崑山之旁, 以玉抵鵲, 地使然也. 俗不諳七夕, 無乞巧者.

初八日, 戊子, 雨. 先是, 使院中有螺殼, 頭大而尾削, 形如船, 口如卷書, 背骨三峰如筆架. 土人以狀類海舟三桅, 名曰桅螺, 余屬取生者視之. 至是, 以一具進. 藏身於背, 無拒戶, 殼行如蝸牛, 殆蚌類. 凡介蟲無拒戶之具者, 皆非螺類.

初九日, 己丑, 雨. 是日, 始見燕, 狀無他異, 惟不巢人屋. 中國燕以八月歸, 此燕疑未入中國者, 其來以七月, 巢必有地. 問之土人, 皆不知. 別有所謂海燕, 較紫燕稍大而白, 其羽有全白似鷗者, 多巢島中. 間有至中國, 人皆以爲瑞.

初十日, 庚寅, 晴. 是日, 偶見一鳥, 黑頭, 灰翅, 大如烏. 問其名, 陪臣對曰容蕊. 按≪傳信錄≫, 此鳥以八月來. 又見一鳥, 毛羽似鴈而差小, 土人名之曰恨煞. 余觀其狀, 酷類秦吉了, ≪志略≫亦云八月來. 或今歲逢閏, 節候稍早, 鳥固應候邪.

十一日, 辛卯, 晴. 偕寄塵重遊波上, 攜酒行倦, 卽飮於護國寺. 介山偶疾不偕, 飮殊無興. 陪臣視余有倦容, 以枕進. 人各授一, 有方如圭者, 有圓如輪而連以細軸者, 有如文具藏數層者, 製特精, 皆以木爲之. 率寬三寸, 高五寸, 漆其外, 或黑, 或朱, 立而枕之, 反側則仆. 按≪禮記≫少儀注, 穎, 警枕也. 謂之穎者, 穎然警悟也. 又司馬文正公以圓木爲警枕, 少睡則轉而覺, 乃起讀書, 此殆警枕之遺.

十二日, 壬辰, 微雨. 楊文鳳, 首里四公子來, 纂得≪寄語≫五百餘條. 偶憶杜氏≪通典≫云, 婦人產, 必食子衣, 以火自炙, 令汗出. 問文鳳然乎. 對曰, 火炙誠有之, 食衣則否. 卽今中山已無火炙俗, 惟北山猶未盡改. 入夜, 月上, 開窗見人家門外皆列火炬二. 遣問長史, 云國俗於十五日盆祭, 預期迎神, 祭後乃去之. 盆祭者, 中國所謂盂蘭會也.

十三日, 癸巳, 晴. 偕寄塵沿迭山東北, 步行海灘上. 見雪崎山崖洞, 深敞如龕, 礁石玲瓏, 撲人頂. 憩片刻, 仍循東北步至龜山, 拳石嶙峋峙灘上, 潮至不能上. 南岸有窯, 國人取車螯, 大蚶之殼以鍛灰堊壁, 白不及石灰而黏過之. 再東北, 有地爲國人煑鹽處. 遂自龜山東, 策騎越久米而歸.

十四日, 甲午, 雨. 是日, 爲先大夫生辰, 齋, 不下樓.

十五日, 乙未, 晴. 行香歸, 世孫遣官起居, 果有龍眼, 種自閩來, 味甚薄, 聞植亦不繁. 因念茘支他日卽實, 未必如閩然. 果實亦固難得, ≪志略≫載物產有茘, 虛也. 是日, 爲鬼颶暴, 不應. 連日見市上小兒各手一紙幡, 對立招展, 作迎神狀, 知國俗盆祭祀先, 亦大祭矣.

十六日, 丙申, 晴. 偕介山遊壺家山. 山脊瓦屋對列, 瓶而黃, 燒器皆麤惡. 余每出遊, 茶吏攜茶甌隨, 色黃作裂文, 描淺綠花草. 其少麤者, 無花, 甌蓋木質而朱漆, 承以空心盤托, 式如豆. 斟茶二三分止, 匙貯小糖塊, 效中國果茶法. 瓷細而具雅, 今觀陶處無之, 問知細者出土噶喇, 麤者出大島. 中山土產無一適觀者, 眞貧國也.

十七日, 丁酉, 微雨. 鄭得功來, 問以嫁娶禮. 對曰, 小民禮固陋, 世家亦有以酒肴, 珠貝爲聘者. 婚時, 卽用本國轎結彩鼓樂而迎, 不計妝匳, 父母送至夫家卽返. 不宴客, 至親具酒賀, 不過數人. 問≪隋書≫云貴國風俗, 男女相悅, 便爲匹偶, 其舊俗歟. 曰, 然. 聞我三十六姓初來時, 俗尙未改, 後漸知婚禮, 此俗遂革. 今國中法有夫之婦犯姦, 卽殺, 豈尙容苟合. 余始悟琉球所以號守禮之國者, 亦由三十六姓教化之力, 國重久米人, 有以也.

十八日, 戊戌, 雨. 向循師來, 問以國中喪禮. 對曰, 小民有喪, 則鄰里聚送, 親者護喪泣送, 掩畢卽歸. 宦家則同官相知者亦來送, 柩出即歸, 大都不宴客. 題主官率皆用僧, 男書圓寂大禪定, 女書禪定尼, 無考妣稱. 近日宦家亦有書官爵者. 問≪汪錄≫云棺制三尺, 屈身而斂之, 信乎. 對曰, 近宦家亦有長五六尺者, 民則仍舊. 蓋禮教漸敷, 舊俗漸革, 樸陋誠不免焉.

十九日, 己亥, 晴. 法司等官送≪冊封儀注≫來, 隨與介山酌定云, 先一日, 所司張幄, 結彩於館前, 備龍亭三, 綵亭二, 凡經過處, 皆結綵. 造版閣一楹爲闕庭, 設殿庭中, 中置殿陛, 左右列層階. 設御案五於闕庭中, 中案奉節, 左案奉詔勅, 右案奉御書, 邊左置賜王幣, 邊右置賜王妃幣. 設香案, 設司香二人於香案左右. 設世孫受賜予位於香案前. 設宣讀臺於殿前滴水左. 設世孫拜位於露臺中, 設衆官拜位於世孫後, 左右列. 世孫左右立引禮官二員, 衆官左右立贊禮官二員. 陳儀衛於殿左右. 設奏樂位於衆官拜位後, 設而不作. 至期黎明, 法司等官吉服候館外, 金鼓儀衛畢備. 俟啓門參見畢, 請龍綵亭入館, 置中堂. 正使捧節, 副使捧詔勅御書, 各安奉龍亭中, 捧幣官捧幣, 置左右綵亭中. 排班, 衆官行三跪九叩首禮, 畢, 前導. 世孫率衆官伏迎於守禮坊外, 龍亭暫駐, 世孫率衆官平身, 天使趨立龍亭左右. 引禮官唱排班, 世孫率衆官行三跪九叩首禮. 畢, 世孫前導入國門, 立殿下. 龍亭進至奉神門, 執事者脫節衣, 奉節授正使, 奉詔勅, 御書授副使, 捧幣官分捧緞幣隨行, 升闕庭, 各安奉於御案. 天使分立左右, 捧詔勅官立陛下, 宣讀官立開讀臺下. 司香者添香畢, 引禮官引世孫由東階升, 衆官各就拜位. 世孫詣香案前, 引禮官唱跪, 世孫衆官皆跪. 引禮官唱上香, 案右司香者捧香跪進於世孫, 三上訖, 平身. 引禮官引世孫出就拜位, 率衆官行三跪九叩首禮, 畢, 平身. 副使詣前, 正中立, 捧詔勅官由東階升, 副使取詔勅授捧詔勅官高擧下殿, 同宣讀官上宣讀臺, 奉安詔勅於案. 引禮官唱跪, 世孫衆官皆跪, 引禮官唱開讀, 捧詔勅官以次對展, 宣讀畢.

引禮官唱平身, 世孫, 衆官皆平身. 捧詔勅官仍捧詔勅升殿, 授副使, 如前安奉, 捧詔勅官下東階, 國王率衆官行三跪九叩首禮. 畢, 天使宣制曰, 皇帝勅使賜爾國王王妃段幣. 引禮官引國王由東階升. 法司官隨行, 至受賜予位, 跪. 正使取國王段幣, 副使取王妃段幣, 一一傳授國王, 國王高舉, 法司官跪接, 傳至案上. 畢, 平身. 引禮官引國王出就拜位, 率衆官行三跪九叩首禮. 畢, 天使宣制曰, 皇帝勅使賜爾國王御書匾額. 引禮官引國王由東階升, 至受賜予位, 跪. 副使取御書親授國王, 國王高舉平身, 仍安奉案上. 引禮官引國王就拜位, 率衆官行三跪九叩首禮. 畢, 平身. 引禮官引國王詣香案前, 跪, 請留詔勅爲傳國之寶. 法司官捧前代詔勅, 一一呈驗, 天使驗明, 允所請. 副使捧詔勅親授國王, 國王高舉平身, 仍安奉案上. 引禮官引國王就拜位, 率衆官行三跪九叩首禮. 畢, 平身. 正使取節, 執事者加節衣, 仍置案上. 法司等官捧詔勅, 御書, 段幣入內殿, 派官守護節案. 國王請天使拜御書, 引上殿閣, 天使瞻拜畢, 國王請天使更衣, 同往北宮行對拜一跪三叩首禮. 畢, 茶三獻, 天使告辭. 國王前導, 仍至御案前, 正使奉節安奉龍亭內. 天使隨出奉神門, 與國王揖別, 各乘輿, 國王先行率衆官出, 俟歡會門外龍亭回過, 國王以下跪送. 天使至, 出輿, 國王揖別, 衆官皆跪送. 是日, 國王遣官詣館謝, 天使次日遣官入王城答謝. 觀其儀率遵舊典, 亦守禮之明驗也.

二十日, 庚子, 白露, 晴. 寄塵云, 此邦之人, 肘率較華人稍短. ≪朝野僉≫載亦謂人形短小似崑崙. 余來兩月餘, 所閱士大夫短小者固多, 亦有修髯豊頤者, 頎而長者, 胖而腰腹十圍者, 前言似未足信. 適茶吏馬秀來, 長八尺以上, 因令出肘與香崖較, 實短寸許, 而香崖長不及七尺, 乃知氣類所限, 短小其常. 且人之體多狐臭, 古所謂慍羝也, 其理尤不可解.

二十一日, 辛丑, 雨. 向世德來, 問以國中兵刑. 對曰, 小邦人不知兵刑, 惟三章, 殺人者死, 傷人及重罪徒, 輕罪罰日中曬之, 計罪而定其日. 國中數年無斬犯, 間有犯斬罪者, 又率引刀自剖腹死, 故國俗幾於刑措.

二十二日, 壬寅, 晴. 王遣法司, 長史來, 敬請先觀御書雙鉤上刻, 以便懸奉樓中. 因與介山敬請御書出, 平鋪於案, 視雙鉤頗得法, 似善書者. 鉤畢, 余出七律詩一首, 令以本國書書之, 筆力遒勁, 龍蛇飛舞, 草法不類中國. 試令讀之, 率二十餘字乃成一句, 重譯難通矣.

二十三日, 癸卯, 晴. 楊文鳳來, 問以國俗舊無姓然歟. 對曰, 然. 國中惟久米村梁, 蔡, 鄭, 毛, 曾, 陳, 阮, 金等姓, 乃三十六姓之裔. 此外, 世祿之家皆賜姓, 士庶率以田地爲姓, 更無名, 其後裔則云某氏之子孫幾男, 所謂田名私姓也. 余嘗舉向循師之名問, 法司向天迪對以不知, 始信國中皆別有通呼之名, 其書手版者特具文官名耳. 余又問, 國王親支四世後, 輒改姓向. 昨閱≪中山世譜≫, 王妃有向姓, 豈同姓爲婚歟. 對曰, 否. 首里有二向, 一爲前王尙圓之後, 今國王始祖也, 一爲前代尙巴志之後, 今所與通婚姻者也. 余始釋然. ≪世譜≫卽≪世鑑≫, 前王尙穆改今名, 昨從世孫借觀, 乃中山第一書籍也. 本國文籍固少, 卽購自中國者亦不多, 故文風不及朝鮮.

二十四日, 甲辰, 雨. 與介山奕, 以勝負賭酒. 午刻, 小飮. 入暮, 聞拇戰聲, 又聞歌聲, 多作梵音, 亦有如中國絃索歌曲者, 率搊三絃和之. 余疑附館有紅衣人, 恐從者爲所蠱, 傳長史詰之, 知爲那霸士大夫聚飮某家, 酒酣起舞, 歌以行樂, 蓋國中習俗也.

二十五日, 乙巳, 晴. 是日, 行冊封禮. 方啓門, 法司等官入, 一切如前儀. 途中觀者益衆. 過中山先王廟下山, 坦途里許, 有水田. 上萬松嶺, 迤邐而東數里許, 衢道修廣, 有坊, 牓曰中山道. 南爲安國寺, 對寺爲世子第. 中路砌石爲墩, 中植鳳蕉一叢, 佛桑二株. 更進,又一坊, 牓曰守禮之邦. 道左有天界寺, 寺西南爲王塋, 對塋爲大美殿. 道旁, 有紅帽皁衣者執長竿排班立, 數武一人, 意卽武士. 世孫戴皮弁, 服蟒衣, 腰玉帶, 垂裳結佩, 率百官跪迎道左, 如前儀. 更進, 爲歡會門, 踞山巔, 疊礁石爲城, 削磨如壁. 有馬道, 無雉堞, 高五尺以來, 遠望如聚髑髏, 始悟≪隋書≫所謂王居多聚髑髏其下者, 乃遠望誤於形似, 實未至城下也. 城外石崖, 左鐫龍岡字, 右鐫虎崒字. 城四門, 前西向, 卽歡會門, 王宮西向者, 以中國在海西, 表忠順面內之意, 後東向, 爲繼世門, 左南向, 爲水門, 右北向, 爲久慶門. 再進層崖, 有門西北向, 曰瑞泉, 卽每日秀才送館之泉也. 左右甬道, 有左掖·右掖二門通入王宮. 更進, 有漏西向, 牓曰刻漏, 上設銅壺漏水. 更進, 有門西北向, 爲奉神門, 卽王府門也. 殿庭方廣十數畝, 分砌三道. 由甬道進至闕庭, 如前儀行禮. 畢, 乃瞻王殿. 殿九楹, 左右夾室一. 月臺覆以穹亭, 中階七級, 石欄周護, 雕刻花鳥. 殿上爲御書樓, 高敞壯麗, 鉅梯當楹立. 正中懸奉聖祖仁皇帝御書中山世土匾額, 左奉世宗憲皇帝御書輯瑞球陽匾額, 右奉高宗純皇帝御書永祚瀛壖匾額, 偕正使敬謹拜瞻畢, 覺天章炳煥, 日月光華, 誠海邦世寶也. 下爲王聽政位. 中壁懸伏羲畫卦象, 龍馬負圖立其前, 絹色蒼古, 微有剝蝕, ≪汪錄≫謂非近代物, 今又經百年, 畫亦無恙, 知其保護愛惜者至矣. 更衣後, 國王揖入北宮. 殿屋固樸, 多柱礎, 屋梁舉手可接, 以處山岡, 且防海颶. 王宮如此, 他屋可知. 對面爲南宮, 有樓窗, 盡垂簾, 簾以細竹爲之. 隙地多蟠松, 鳳蕉, 奇石錯列. 舊例此日宴會於北宮, 爲第二宴, 此行不宴會, 茶三行, 辭歸. 國王隨遣官來謝.

二十六日, 丙午, 晴. 遣巡捕官入王城答謝, 且致賀. 國王遣法司官來, 致詞云, 國王擇八月初二日, 率百官於王府庭中行北面謝恩禮. 初四日, 詣天使館拜謝. 幷呈拜謝儀注, 如適館初見禮. 大禮旣成, 幸無隕越, 通國臣民, 無不欣喜. 余與介山亦如釋重負, 因與歡飲, 三更乃就寢.

二十七日, 丁未, 晴. 是日, 爲神煞交會暴, 不應. 食後, 楊文鳳送≪寄語≫二百餘條并書本國字母以來, 余以≪傳信錄≫較之, 無異. 問以≪徐錄≫謂一字可作二三字, 讀者略仿中國對音, 何以說. 對曰, 此乃字義, 非音也. 小邦但知對音, 不知切音, 如平上去入四聲, 夷官初學爲詩, 乃知之. 其實讀書仍用本國語義, 故必須鉤挑, 令實字居上, 虛字居下讀之. 凡民則但知≪寄語≫, 亦并不知對音, 卽如≪徐錄≫所云泊讀作土馬依, 爲一字三音. 小邦以船靠岸爲土馬依, 泊亦靠船之義, 故曰土馬依, 非三音之謂也. 乃知歷來冊使俱就通事口授以意解釋, 未令通人筆之於紙, 故音義不分. 余作≪球雅≫, 皆令文鳳等逐字注其音, 復注其義. 并將通俗等語彙成冊, 令注本國語各句下, 就所注而輯之, 字異而語同者合併之, 無令重出, 務在得實, 以備一邦繙譯. 名曰≪球雅≫者, 仿≪爾雅≫體例, 以漢文貫首而釋其≪寄語≫於下, 蓋欲以漢文通夷文, 使不雅者亦歸於雅, 此命名之義也.

二十八日, 戊申, 晴. 向善榮來. 先是, 途中見衣之兩脇有縫, 不縫之別, 因問衣制. 對曰, 小邦衣制, 皆寬博交衽, 袖廣二尺, 口皆不緝, 特短袂, 以便作事. 襟率無鈕帶, 總名衾. 男束大帶, 長丈六尺, 寬四寸以爲度, 圍腰四五轉, 而收其垂於兩脇間. 煙包, 紙袋, 小刀, 梳篦之屬皆懷之, 故胸前襟常搊起凸然. 其脇下不縫者, 惟幼童及僧衣爲然. 僧別有短衣如背心, 謂之斷俗, 此其概也. 余屢見僧家服背心, 今乃知其名, 殆卽袈裟之遺製稍異焉. 是日, 集兵於演武場校射.

二十九日, 己酉, 雨. 是日, 食品有蔗與柑, 柑味甚美, 蔗淡如水. 日供有西瓜, 味亦淡. 以冬瓜合西瓜爲醬菰, 大不逮小指, 味乃大佳, 土人甚珍之, 設客不過二三片. 館中日供此品, 問之, 乃製自首里, 專以供天使, 他無得設. 俗尤重醬品, 貴官勸客, 常以筯蘸醬少許納客脣, 以爲敬.

三十日, 庚戌, 晴. 是日, 食品有紅菜, 類石花而稍扁, 微紅, 國人拾於海灘, 每聚而售之中國, 不啻海錯. 又有海帶菜, 一名昆布, 深綠, 不類常色, ≪山海經≫所謂綸組也. 問之, 則云售自寶島, 非本國所產.

八月朔日, 辛亥, 晴. 向世德來, 問其家世, 言及其父早世, 有悽然之色. 余甚敬其孝思, 因問貴國孝治如何. 亦有孝子之名否. 對曰, 羊跪乳, 烏反哺, 況人乎. 昔宜野灣縣有伊佐大主者, 前妻生龜壽而死, 娶繼妻生松壽, 愚甚. 龜壽事繼母孝, 國人莫不聞. 母旣恨所生子愚, 又聞龜壽有令名, 妒之, 常短龜壽於伊佐前, 且不食以激其怒. 伊佐惑後妻, 欲死龜壽以悅, 將令深夜汲北穀, 要而殺之, 守僕謝名堂聞之, 匿龜壽於家, 往諫伊佐. 伊佐怒其異己也, 縛而放之八重山波照間, 且謂事已露, 不可殺, 乃遣平安座下庫里就名堂家逐龜壽, 毋令得歸. 龜壽旣被放, 日夜號泣, 饑寒幷逼, 欲自盡, 又恐張母惡. 值天雨雹, 病不支, 僵臥於路. 時潮平御鎖奉王命爲巡見官, 見之, 以爲靈也, 近而撫其體猶溫, 知未死, 覆以己衣, 漸甦, 徐詰其故. 龜壽不欲揚父母之名, 飾詞告. 初, 御鎖聞孝子龜壽被放, 意不平, 至是, 見言語支吾, 形色變異, 疑卽龜壽, 賜衣食令去. 密遣僕訪得其狀, 遂邀伊佐來, 陽謂己子不孝以誘之, 伊佐謂與己同病, 告以情. 御鎖乃傳集村人, 係伊佐妻至, 數其罪而監之, 將告於王, 龜壽聞, 奔求御鎖, 願以身代. 御鎖不忍傷孝子之心, 召伊佐夫婦面諭之, 婦遂感悟, 卒爲母子如初. 御鎖歸, 卽以告王, 王嘉其孝, 特賜官. 此可謂孝子乎. 余曰, 孝子哉. 遂樂爲記之, 以爲事繼母而不能盡孝者勸, 幷以醒世之惑於後妻者. 是日, 爲竈君暴, 不應.

初二日, 壬子, 晴. 寄塵出訪楊文鳳歸, 語余曰, 國陋矣. 余曰何. 寄塵曰, 國自王以下, 士以上, 乃著草鞁, 貴者乃著襪. 余曰, 襪鞁柰何. 寄塵曰, 鞁名三板, 上横平梁, 中界寸繩, 著時擧足入梁, 納繩於拇指二指間. 襪布素而單, 及踝而止, 別爲一竇, 棲將指. 余曰, 此固見之, 所疑者, 國王耳. 寄塵曰, 王著鞾, 不得已也, 爲天使, 爲大典也. 其平居亦著鞁, 製以竹皮, 但不用草, 無所謂布屨也. 余曰, 誠陋矣, 然此貧國, 非儉何以久. 余諸費爲之裁減, 猶恨不得盡, 卽如草鞁不應著而著者, 已費數百鞁矣. 東風不來, 欲歸無計, 爲嗟歎者久之.

初三日, 癸丑, 雨, 大風, 應龍王大會暴. 午後, 毛長芳以≪寄語≫百餘條來. 見其揮汗不止, 令脫帽, 取而審視, 乃以薄木片爲骨, 疊帕而蒙之, 前七層, 後十一層. 因問以冠品. 對曰, 花錦帽, 遠望如屋漏痕者, 品最貴, 惟攝政王叔國相得冠之. 次品, 花紫帽, 法司冠之. 其次, 則純紫. 大略紫爲貴, 黃次之, 紅又次之, 青綠斯下, 各色又以綾爲貴, 絹爲次. 是日, 從客聞國王經行處, 悉有綵飾. 群出往觀, 歸述其狀云, 泉崎道旁, 列盆花異卉, 繞以朱欄, 中刻木作麒麟形, 題曰非龍, 非彪, 非熊, 非羆, 王者之瑞獸. 下天妃宮前, 植大松六, 疊假山四, 作白鶴二, 生子母鹿三. 池上結棚, 覆以松枝, 松子垂垂如葡萄. 池中刻木鯉, 大小五, 令浮水面. 環池以竹欄, 旁有坊曰偕樂. 坊柱懸一板, 題曰鹿濯濯, 鳥翯翯, 牣魚躍. 余聞而笑, 客問故, 余曰, 此皆≪志略≫所載, 事隔數十年, 一字不易, 可謂印板文字矣. 從客皆笑.

初四日, 甲寅, 晴. 國王來謝, 先遣長史以柬來, 因賚茗以俟. 預遣僕出館, 記儀衛以告. 亭午, 國王至, 相見如儀幷餽刀布等物, 再辭不得, 乃受之. 通事致詞, 述國王感戴之誠, 余亦述皇上體恤外藩至意以答之. 茶罷, 辭歸. 先, 國王未受封時, 戴烏紗帽, 雙翅側衝上向, 盤金, 朱纓垂頷下, 束五色絛. 至是, 冠皮弁, 狀如中國梨園演王者便帽, 前直列花瓣七, 衣蟒, 腰玉. 肩輿如中國顯轎, 中置大椅, 上施亭蓋, 無帷幔, 轅轟而長, 無絆, 無橫木, 以八人, 左右肩之而行. 問僕, 儀衛若何. 對云, 鼓吹八, 鳴金四, 方棍·紅隔路各二, 旗十二, 鐵叉, 典槍, 狼牙鉤各二, 長鉤, 鉞斧各四, 長桿槍三十二, 月牙叉四, 雞毛帚十二, 馬尾帚·大刀·黃纖·花纖各二, 看馬四, 提鑪, 黃段團扇, 綠珠團扇各二, 印箱, 衣箱各一, 紅桿槍, 長腰刀, 長斲刀各四, 黑腰刀二, 大掌扇一, 金鑪, 金葫蘆, 綠珠兜扇各二, 小雞毛扇四, 蠅拂, 金漆匣各二, 法司以下皆從行, 紫帽近二十人, 黃帽百余人.

初五日, 乙卯, 秋分, 晴. 大颶旬, 不應. 梁長史來, 問以年歲豐歉. 對曰, 大豊, 薯可四收. 余閱≪志略≫, 知琉球田多瘠磽, 獨宜薯, 又知受封之歲, 必有豊年. 今歲五月稍旱, 心滋愧. 因於六月朔, 默禱甘霖, 雖自後雨不愆期, 猶恐前旱, 或損禾薯. 聞其言, 竊自徼幸. 是皆皇上雨露之恩, 沛不擇地, 海邦臣民, 倍覺歡欣恭順矣.

八月初六日, 丙辰, 雨. 四公子以≪寄語≫四百餘條來. 余昨聞長史言薯可四收, 未敢信, 復質之四人, 皆云誠然, 非受封, 歲無此豊年也. 余曰, 國以薯爲命, 亦知有朱薯頌乎. 皆曰, 不知, 請余書其詞. 書以付之曰, 薯之用如此, 愼毋賤視. 四人共讀一過, 矍然曰, 吾今而知薯之德與薯之所以貴也. 行當傳之邦人, 毋諱食薯.

初七日, 丁巳, 晴. 先是朔日, 諭法司等官以丁祭之期, 開示儀注, 令習禮, 幷開單, 令備牛羊豕各色祭品. 是日五更, 詣文廟致祭, 一如中國儀. 陪祭者, 琉球紫帽官八, 黃帽官十有六, 紅帽生二十有四, 隨弁二員. 國王舊例於王府門外設壇致祭, 故不與. 祭畢, 偕介山遊和光寺, 荒廢無可述. 途間見久米村竹籬翦剔, 可入畫. 梁大夫邀至其家, 小憩, 庭前樫木三株, 翦剔如纖. 茶罷, 大夫出紙索額,爲題曰三樹堂. 庭前有聚八仙, 葉如蘭而柔, 八月間葉敗, 從土中挺莖三尺餘. 花簇莖頭如萱, 有紅黃二種.

初八日, 戊午, 晴. 致祭於關聖帝君廟歸, 經迭山, 墟方集, 因步行集中. 觀所市物, 薯爲多, 亦有魚鹽酒菜, 陶木器, 蕉苧土布, 麤惡無足觀者. 國無肆店, 率業於其家. 問長史, 何以市未見錢. 對曰, 市貨, 以有易無, 率不用銀錢. 余聞國中率用寬永錢, 此來亦不見. 昨香崖攜示串錢, 環如鵝眼, 無輪廓, 貫以繩, 積長三寸許. 連四貫而合之, 封以紙, 上有鈐記. 語余曰, 此球人新製錢, 每封當大錢十封. 舟回日, 卽毁之. 蓋國中錢少, 寬永錢銅質又美, 恐中國人買去, 故收藏之, 特製此錢應用. 市中無錢, 以此, 其用心亦良苦矣.

初九日, 己未, 陰. 余每出, 見道旁聚觀夷婦, 衣服, 勤作多有異, 未悉其俗. 昨歸自集中, 以問長史, 始知國中男逸女勞, 無肩擔背負者. 趁集, 織紉及採薪運水, 皆婦人主之, 凡物皆戴之頂. 女衣旣無鈕, 無帶, 又不束腰, 而國俗男女皆無袴, 勢須以手曳襟. 襟較男衣長, 疊襟下爲兩層, 風不得開. 因悟髻必偏墮者, 以手旣曳襟, 須空其頂以戴物, 童而習之, 雖重百斤, 登山涉澗無傾側, 是國中第一絕技也. 其勤作時, 常捲兩袖至背, 貫繩而束之. 髮垢輒洗, 洗用泥, 脫衣結於腰, 赤身低頭, 見人亦不避. 抱兒, 惟一手叉置腰間, 卽藉以曳襟. 問以不作鈕故, 無能知其義者.

初十日, 庚申, 晴. 偕介山往拜國王, 先遣通事投簡. 午初, 至王府, 茶罷將辭, 國王遣通事致詞云, 此行不宴會, 無晤語時, 甚缺主人禮, 心不安. 有東苑在崎山, 去此不二里, 敢屈駕往遊, 具便酌作半日談. 與介山固辭, 國王意益誠懇. 不得已, 同出歡會門, 留侍僕六人, 余悉遣歸, 毋令縻費. 折而北, 逐瑞泉下流, 至龍淵橋, 匯而爲池, 廣可十丈, 長可數十丈. 捍以隄, 曰龍潭, 水清, 魚可數, 荷葉半倒. 再折而東, 有小村. 篠屏修整, 松蓋陰翳, 薄雲補林, 微風嘯竹, 園外已極幽趣. 入門, 板亭二, 南向, 更進而南, 屋三楹. 亭東有阜, 如覆盂. 折而南, 有巖西向, 上鐫梵字一, 畫如篆下蹲石獅一, 飾以五采. 再下, 有小方池, 鑿石爲龍首, 泉從口出有金魚. 池前竹萬竿, 後松百挺. 再東爲望仙閣, 閣前有東苑額, 前使汪楫題并跋, 閣後爲能仁堂. 東北望海, 西南望山, 國中形勝, 此爲第一. 且遊且記, 走筆和壁間徐澄齋韻四首. 國王請入座, 食品略仿中國, 器皆景德瓷. 設高席如京師半桌, 椅曰交椅. 席三, 天使國王各坐其一, 紫帽司酒, 黃帽司餚, 皆跪進. 金壺高尺許, 形如鳩, 金盤圓而微鼓, 凹其中以受杯. 金爵圓, 闊上而稍削其下, 可容五合, 兩耳高出爵面. 唾壺, 漱盂, 煙架, 畢具座側. 酒三行, 國王遣官致寒温, 又三行, 遣官致謝於國王, 辭已旣醉. 國王再三勸, 又三行, 餚已九進. 酒止, 飽飯一甌, 撤席. 通事致詞云, 國王備有舞樂, 舊供七宴, 今旣不宴會, 可令裝束見, 以表誠敬. 隨令舞童排立階下, 人二十有四, 年率十五以上, 皆高梳云髻, 戴花滿頭, 著采衣. 衣長曳地, 袖長等身, 兩脇不縫, 朱襪不履, 人物美秀, 盡宦家子弟. 余與介山贊歎稱謝. 先是, 巡捕密稟, 已遣人歸館取賞物, 至是, 各賞一扇一巾, 遣令去. 國王尙欲具酒, 時已黃昏, 固辭, 乃告別. 歸路列炬數里, 炬長二丈餘, 林鳥盡驚, 檐雀暗墮. 蓋國王欲誇耀於客, 未免過費, 然七宴旣捐, 所省已不少矣.

十一日, 辛酉, 晴. 遣官入王府致謝, 國王以瓷薰鑪二枚見餽, 受之. 食後, 鄭得功來. 問以外島何實. 對曰, 分之爲三十六, 合之惟十二. 如東四島, 姑達佳·津奇奴·巴麻·伊計, 其實也, 西惟姑米·馬齒, 分馬齒而東西之, 則爲三島, 南有太平山·伊奇麻·伊良保·姑李麻·達喇麻·面那·烏噶彌七島, 而總謂之太平山, 西北惟葉壁·硫磺·椅山爲大, 截姑米遠支而北之, 又有度那奇·安根呢, 爲五島, 東北有由論·永良部·度姑·由呂·烏奇奴·佳奇呂麻·大島·奇界八島,而總謂之烏父世麻, 西南爲八重山, 支而分之, 又有烏巴麻·巴度麻·由那·姑呢·姑彌·達奇度奴·姑呂世麻·阿喇姑斯古·巴梯呂麻, 爲九島. 問何以治之. 對曰, 擇本島能中山語者, 給黃帽, 爲酋長. 歲遣親雲上監撫之, 名奉行官, 主其賦訟, 各賦其土之宜以貢於王. 問間切有無何別. 對曰, 間切者, 外府之謂, 首里·泊久米·那霸四府爲王畿, 故不設, 此外皆設. 職在親民, 察其村之利弊而報於親雲上. 問間切略如中國知府乎. 對曰, 然. 中山屬府十四, 間切十, 山南省屬府十二, 山北省屬府九, 間切如其府數. 此外, 有勢頭官, 里之子親雲上, 築登之親雲上, 里之子座, 築登之座, 皆親民之官也.

十二日, 壬戌, 雨. 梁長史來, 問以國俗重僧, 上人名尤貴, 有道德知識可述者否. 對曰, 昔中城縣姑場村有陶姓, 先世簪纓, 中落業農. 有子松瑞, 性穎悟, 美秀而文. 五歲, 讀書過目輒成誦, 父母愛之, 仍令業儒, 就師於首里. 年十五, 豊姿益俊, 婉如處子. 一日, 歸至浦添, 暮雨驟至, 見燈光出林間, 逐火行, 得人家, 剝啄借宿. 有少女, 燭而應門, 室更無人, 兒遠嫌, 即欲他投, 女以虎豹嚇之. 兒進退維谷, 徘徊門外. 女曳之入, 欲具酒, 兒辭, 伏案假寐. 女潛偎就, 薦枕席. 兒以男女大倫, 風化攸關, 婉謝之. 女求愈急, 兒拒益力. 女佯羞, 入戶將有謀, 兒乘間逸, 覺追者有虎氣. 適至萬壽寺, 大呼求救, 寺僧普德入而坐之. 方丈遣其徒置鐘於門, 女追至, 不敢入, 繞鐘號, 鐘忽躍起, 覆之. 天明, 兒辭謝, 僧送之門, 啓鐘, 則死貍在焉. 松瑞後官至紫巾官. 嗚呼. 僧乃術家流, 非有大知識也, 然能救正士於危, 不煩力而妖滅, 術亦奇哉.

十三日, 癸亥, 晴. 王叔尙周·尙容來謁, 行初見一跪三叩首禮, 命之坐. 茶罷, 通事致詞云, 小邦諸寺, 圓覺爲大. 國王欲屈駕往遊, 特遣王叔請示. 余與介山曰, 閒居候風, 得勝地遊覽固佳, 但不宜過費, 費則同於宴會, 即不敢往矣. 爲定期於十六日. 尙周者, 國相而攝政者也.

十四日, 甲子, 晴. 伽藍暴, 不應. 潮至, 長史請觀漁, 偕介山里度登舟. 漁舟數千集於漫湖, 背湖雁排. 提網立, 截湖而撒之, 徐逐網進擧, 約以金聲, 潑剌不絕, 置船頭. 層檢至盡, 理而張之肘, 再撒再進, 且漁且行. 近中島, 聚獲而驗之, 大近百餘尾, 小餘千頭. 大例留充供應. 陪臣請其小者, 命委地作數十堆, 策而分之漁人. 國不知策, 歎其公而傳其法焉.

十五日, 乙丑, 晴. 行香. 國王遣人賀節, 幷餽餚酒. 嫌中秋例宴會, 卻之再, 長史以賀節爲辭, 乃受之. 國俗, 自初十至此, 幷蒸米拌赤小豆爲飯相餉, 以祭月, 風同中國. 是夜, 與介山邀從客露飮. 月光澄水, 天色挖藍, 風寂動息, 潮聲雜絲肉聲自遠而至, 恍置身三山, 聽子晉吹笙, 麻姑度曲, 萬緣俱淨矣.

十六日, 丙寅, 晴. 遣人入王府謝. 食後, 偕介山遊圓覺寺. 度觀蓮橋, 橋亭供辨才天女, 云卽斗姥. 將入門, 有池曰圓鑑, 荇藻交橫, 芰荷半倒. 國王迎於山門外, 王叔以下跪迎. 門高敞, 有樓翼然, 左右金剛四, 規模略倣中國, 佛殿七楹. 更進, 大殿亦七楹, 名龍淵殿. 中爲佛堂, 左右奉木主, 亦祀先王神位兼祀祧主, 與≪志略≫所載同. 左序爲方丈, 右序爲客座, 皆設席, 周緣以布, 下襯草極平而淨, 名曰踏脚綿, 使院日踐之, 而未得其名也. 前楹板閣, 護雕欄. 方丈前爲蓬萊庭, 左爲香積廚. 廚側有井, 名石冷泉. 客座右爲古松嶺, 奇花異石, 錯列松間. 左廂爲僧寮, 右廂爲獅子窟. 僧寮南, 有樂樓, 樓南有園, 饒花木. 寺僧無知識, 頗愧喝三經山宗派. 遊畢, 食蓬萊庭, 國王頻勸酒. 暮歸, 列炬如前.

十七日, 丁卯, 雨. 世傳十八爲潮生辰, 國俗於是夜候潮波上. 按潮說不一, ≪山海經≫以爲海鰌出入吐納, ≪異魚圖贊≫主之, 浮屠氏以爲神龍變化, 義仿≪海經≫≪抱樸子≫以爲兩水相合相蕩,

≪吳越春秋≫以爲伍員之靈, 是皆鑿空, 無足深辨. 盧肇賦以日氣出入, 衝激而成, ≪高麗圖經≫謂天包水, 水承地, 地沈則水溢, 地浮則水縮. 余襄公獨以爲水之應月, 各從其處, 月臨卯酉, 則水漲於東西, 臨子午, 則水平於南北. 邵康節亦以爲潮者, 月之喘息. 數說皆有理解, 而≪應月≫之論尤精. 方諸見月津而爲水, 其明驗也, 然要不離乎陰陽呼吸之氣. 余住此三月, 日記潮候, 較內地率後三辰. 如福州望日以午滿, 球陽滿以戌, 則又水生於西而歸於東, 地氣不同. 如候日出者, 地有高卑, 則時有先後, 日月出時不易, 則潮生亦不易, 故曰潮信.

十八日, 戊辰, 晴. 子刻, 偕寄塵至波上, 草如碧毯, 霑露愈滑. 扶僕行, 憑垣倚石而坐. 丑刻, 潮始至, 若雲峰萬疊, 捲海飛來. 須臾, 腥氣大盛, 水怪搏風, 金蛇掣電, 天柱欲折, 地軸暗搖. 雪浪濺衣, 直高百尺, 未敢遽窺鮫宮, 已若有推而起之者. 迷離徜恍, 千態萬狀, 覺枚乘七發, 形容未盡. 潮旣退, 始聞噌吰之聲出礁石間, 徐步至護國寺, 尙似有雷霆震耳. 潮至此, 觀止矣.

十九日, 己巳, 雨. 向世德以≪寄語≫二百餘條來, 問之曰, 聞國盡戒僧, 犯戒奈何. 對曰, 國俗, 男欲爲僧者聽. 旣受戒, 有廩給. 有犯戒者, 飭令還俗, 放之別島. 又問, 聞女子願爲土妓者, 亦聽. 接交外客, 女之兄弟仍與外客敘親往來, 信乎. 對曰, 誠有之. 然率皆貧民, 故不以爲恥. 若已嫁夫而復犯姦者, 許女之父兄自殺之, 不以告王. 卽告王, 王亦不赦. 此國中良賤之大防, 所以重廉恥也.

二十日, 庚午, 寒露, 晴. 國王遣法司來, 請遊南苑. 香崖邀長史趁集購布, 過長史家, 遂留飮. 歸, 問以所聞, 對曰, 國人率恭謹, 有所受, 必高擧爲禮, 有所敬, 則俯身搓手而後膜拜. 勸尊者酒, 酌而置杯於指尖, 以爲敬, 平等, 則置手心. 因長史命其子進酒, 故得聞之. 余始悟國王進酒之禮悉仿中國行, 非國俗也.

二十一日, 辛未, 晴. 自此至二十七, 皆龍神大會暴期. 楊文鳳以≪寄語≫二百餘條來, 問以歲時慶忌. 對曰, 元旦至六日賀節, 初五日迎竈. 二月祭麥神, 十二日浚井, 汲新水浴, 謂之洗百病. 三月三日作艾糕相饋. 五月五日競渡. 余曰, 五月後, 我已目擊. 歸舟當在十月, 請述十月後者. 文鳳曰, 十二月八日, 作糯米糕, 層裹椶葉, 蒸以相餉, 名曰鬼餅. 二十四日送竈. 正·三·五·九爲吉月, 婦女率遊海畔, 拜水神祈福. 逢朔望, 群至礮臺汲新水獻神, 此其略也. 余獨疑國俗敬佛, 而不知四月八日爲佛誕辰, 臘八鬼餅如角黍, 而不知七寶粥.

二十二日, 壬申, 晴. 食後, 偕介山遊南苑. 越中島, 富盛折而東, 循行阡陌間, 水田漠漠, 番薯油油, 絕無秋景, 薯有新種者, 問知已三收矣. 再入山, 松陰夾道, 茅屋參差, 田家之景可畫. 計十餘里, 始入苑. 村名姑場川, 卽≪志略≫所載同樂苑也, 國王新易今名. 苑踞山脊, 軒五楹, 夾石爲複閣, 頗曲折. 軒前有池, 新鑿, 狹而東西長, 疊礁爲橋. 橋南新阜壘, 壘卽鑿池棄土也, 因壘以爲亭, 僅容三人, 宜遠眺. 亭東植奇花異卉, 有花絕類蝴蝶, 絳紅色, 葉如嫩槐, 曰蝴蝶花, 有松葉如白毛, 曰白髮松. 池東舊有亭, 圮, 以布代之. 池西有閣, 方丈餘, 頗軒敞. 山下多薯田, 四面風來, 宜納涼. 國王請額, 介山題其閣曰迎暉, 余亦爲題其亭曰一覽. 軒北有松, 有鳳蕉, 有桃, 有柳. 飯後黃昏, 將辭去, 國王命舉煙火, 略與中國同.

二十三日, 癸酉, 晴. 長史來言, 北山前夜出蛟, 幸去島遠, 未傷人. 余曰, 蛟入海, 尙爲患乎. 對曰, 間亦有之. 聞昔義本之世, 有惡蛟入海, 潛北谷縣無漏溪, 歲爲民害. 陰陽家言, 須用童男女爲犧祭, 患可已. 王曰, 我何忍以赤子爲犧哉. 如不得已, 請犧我. 衆官進曰, 犧用童, 以一童而救萬民, 王其許之. 乃下教曰, 有童男女爲國棄身者, 予家萬金. 時宜野灣縣有章氏兒名思德者, 年十二, 姊名眞鶴, 長思德二歲. 幼失父, 家甚貧, 事母至孝, 日出, 採時果, 拾桑椹, 以供食. 一日, 思德行縣前, 聞王教, 歸語其姊, 願以身爲犧, 得金養母. 姊曰, 汝承宗祧, 任甚重. 我女也, 生無益於母, 不如死. 思德固爭之, 姊急, 欲自刎, 思德從之. 將告母, 姊曰, 不可告也, 告必不行. 因紿母曰, 來日將往海汲水煮鹽. 母曰, 我夜夢乘龍升天, 至今猶悸. 可毋往. 眞鶴曰, 夢, 虛也, 何信焉. 況夢無凶. 詰旦, 潛與弟出門, 哭別於野, 遂投縣自訴. 縣乃授女於巫, 擇吉往祭. 祭之日, 雲霧四塞, 有蛟眼如星, 口吐火, 巫祝方畢, 將投矣, 忽霹靂一聲, 風雨交至. 有老人如壽星者, 左執旗, 右握劍, 且趨且叱, 衆驚, 莫敢仰視. 及霽, 遂失蛟. 縣馳以告於王, 王旣感雷雨之變, 又念姊若弟忠且孝, 天且憐之, 萬金不足酬, 乃取眞鶴爲子婦, 而以女妻思德焉. 嗚呼. 舍生成孝, 烈士猶難, 況弱女稚兒哉. 乃一念感格, 事濟而身不必死, 且致富貴, 天之報施孝子, 豈不厚哉.

二十四日, 甲戌, 晴. 馬法司邀遊天王寺. 寺在圓覺寺東北, 規模略類圓覺, 宏敞不如, 亦有木主祀王父·世子之未冊立者, 幷祀王妃. 有鐘, 爲景泰七年丙子鑄. 中奉金剛, 手七星輪及刃. 有草, 葉闊如蘭, 中綠而白緣, 其邊如綫, 花長尺餘, 名烏木毒. 又一葉叢生, 無花, 無枝幹, 名一葉. 又有葉如貼梗海棠, 子如豆莢者, 問知爲雷山花, 土名吉茄, 以四五月花, 類牽牛而小, 作鴉翠色, 皆異種也.

二十五日, 乙亥, 晴. 寄塵遊波上歸, 爲余言, 板閣無他神, 惟挂銅片幡, 上鑿奉寄御幣字, 後署云元和二年壬戌. 其唐時物乎. 余曰, ≪志略≫已辨之矣, 云日本馬場信武撰≪八封通變指南≫內列三元指掌云, 上元起永祿七年甲子止元和三年癸亥, 中元起寬永元年甲子止天和三年癸亥, 下元起貞亨元年甲子. 今元祿十六年癸未, 國中旣行寬永錢, 證以元和日本僭號, 知琉球舊曾臣屬日本, 今諱言之矣.

二十六日, 丙子, 晴. 有秀才琥榮餽鮑魚一斤, 菊八盆, 標名於竹片, 曰太白仙影, 曉錦朝霞, 秋山清曙, 祥星黃霞. 花半開, 葉自根而上, 無一損者. 問來意. 對曰, 小底性嗜菊, 又嗜書, 願以菊求書. 袖出紙一卷. 噫. 生亦雅矣. 因留紙於案, 收其菊而還其鮑. 問以姓所自出, 茫無以應, 始知爲璩姓之誤. 字書已載琥字, 無足怪, 惟以鮑魚爲鮑, 則無其字矣.

二十七日, 丁丑, 晴. 紫金大夫陳天寵饋花二盆, 一禪菊, 卽中國萬壽菊, 俗名江西辣也. 一野牡丹, 花纍纍如鈴鐸, 素瓣紫暈, 檀心圓而大, 頗芳烈. ≪志略≫云, 二三月花. 今八月復花, 知凡花常開四季矣. 坐頃, 出紙一束, 索詩, 索書, 幷出所作詩求政, 詩亦有清思. 邦人但解律詩, 無能古體者, 楊文鳳亦然.

二十八日, 戊寅, 雨. 從僕購得應潮雞, 雄純黑, 雌純白, 皆短足長尾, 馴不避人. 先, 香崖購一犬, 小而毛豹斑, 性靈警, 與飯不食, 與薯乃食, 知人皆食薯矣. 球地鼠雀最多, 而鼠尤虐. 亦有貓, 不知捕鼠, 邦人以爲玩, 乃知物性亦隨地而變. ≪汪錄≫謂, 有大犬, 能傷人. 問國人, 曰無之. 亦未見有鵝鴨鳥獸之屬, 不產於海, 其少也固宜.

二十九日, 己卯, 晴. 食品有異螺, 大如盆而色綠. 寄塵云, 粵產有勺, 白身而綠柄, 卽此殼. 邦人但貪其肉, 不解爲器, 亦間飾螺鈿, 麤惡不足貴. 又有魚, 周圍五爪, 長三四寸, 名曰壁虎魚, 方言謂之呀紙媽菩, 余皆不能食.

九月朔日, 庚辰, 晴. 行香後, 往驗封舟. 知二號船以無龍骨爲浪擊損, 不堪再渡重洋, 速命購材補修, 幷令舩頭號船. 是日, 初見紙鳶, 製無精巧者, 兒童多立屋上放之. 按中國多於清明前, 義取張口仰視, 宣導陽氣, 令兒少疾. 今放於九月, 失其旨矣. 然地非九月紙鳶不能上, 則風力與中國異, 卽此可驗. 球陽氣暖, 故能十月種稻.

聞日本·臺灣亦然, 東洋氣候同矣. 國王起居如例.

初二日, 辛巳, 晴. 遣官入王城, 初見鷹. 此邦少禽, 匪獨無鴈, 鷹爲東北風飄至, 至亦不多. 率類癡, 不能擊, 兒童獲之, 繩係以爲玩, 至死乃已. 又有鳥綠羽白眉, 狀如鶯, 亦於是日至, 名曰麻石, 人多籠養之. 是日, 集兵於演武場試鎗.

初三日, 壬午, 雨. 香崖歸自集中, 謂余曰, 此邦屋俱不高, 瓦必甋, 何也. 曰, 以避颶也. 地板必去地二三尺者, 何也. 曰, 以避濕也. 屋脊四出如八角亭, 四面接修, 更無重構複室, 何也. 曰, 以省材也. 屋無門戶, 上下限刻雙溝, 設方格, 糊以紙, 左右推移, 更不設暗櫳, 何也. 曰, 利省便, 恃無盜也, 臨街, 則設矣. 神龕置青石於爐, 實以沙, 何也. 曰, 祀祖神也. 國以石爲神, 無傳眞也. 屋上瓦獅何名. 曰, ≪隋書≫所謂獸頭骨角也. 壁無粉墁, 何也. 曰, 示樸也. 貴家間有糊呀粉花箋者, 習華風, 俗漸奢也. 香崖曰, 國地不加增而生齒日繁, 人滿奈何. 余笑而不答.

初四日, 癸未, 雨. 先是, 國王以御書海表恭藩額業經鐫飾懸奉, 請往瞻拜, 已爲定期此日, 雖雨亦往. 食後皆介山入王宮, 升樓及前楹, 御書懸焉. 金碧輝煌, 永爲鎭國之寶, 敬謹. 瞻拜畢, 國王邀入南宮, 指示園中花木異種, 有地分木, 葉如穀, 樹小, 白花, 叢生. 云, 葉毒可藥魚. 又有梯沽, 高數丈, 葉如柿, 作品字形, 對節生, 直幹少枝. 云, 花開四月, 附幹攢朵, 色紅如紫木, 筆蕊長尺餘. 由園折而西, 上王城, 有亭依城立, 望極遠. 因與國王小憩亭中品瑞泉, 縱觀中山八景. 八景者, 泉崎夜月, 臨海潮聲, 條村竹籬, 龍洞松濤, 筍崖夕照, 長虹秋霽, 城嶽靈泉, 中島蕉園也. 亭下多椶櫚紫竹, 竹叢生高三尺餘, 葉如椶, 狹而長, 卽所謂觀音竹也. 亭南有蚶殼, 長八尺許, 貯水以供盥, 知大蚶亦不易得, 遊畢, 將辭歸. 國王留飮, 命王弟出見, 年十四, 翩翩濯濯. 是日, 見案上有墨, 長五寸, 寬二寸, 有老坑端硯, 長一尺, 寬六寸, 疑爲舊物, 命通事取視, 墨有永樂四年字, 硯背有元豊七年四月東坡居士留贈潘邠老字. 問知爲前明受賜物也. 國中又有東坡先生詩集, 知王不但寶其硯矣.

初五日, 甲申, 晴. 國王遣官送菊二十餘盆, 花葉幷茂, 根際皆以竹籤標名, 內三種尤異, 一名金錦, 朶兼紅黃白三色, 小而繁, 燦如列星, 一名重寶, 瓣如蓮而小, 色淡紅, 絕類通草相生, 一名素毬, 瓣寬不類菊, 重疊千層, 白如雪, 皆所未見者.

初六日, 乙酉, 霜降, 晴. 向循師邀寄塵, 食歸, 言, 初見獅子舞. 余曰, 奈何. 寄塵曰, 布爲身, 皮爲頭, 絲爲尾, 翦綵相毛, 飾其外, 頭尾口眼皆活, 鍍睛貼齒, 兩人居其中, 俯仰跳躍, 相馴狎歡騰狀. 余曰, 此近古樂矣, 按舊唐書音樂志, 後周武帝時, 造太平樂, 亦謂之五方獅子舞, 白樂天西涼妓, 云假面夷人弄獅子, 刻木爲頭, 絲作尾, 金鍍眼睛, 銀貼齒奮, 迅毛衣, 擺雙耳, 卽此舞也.

初七日, 丙戌, 雨. 楊文鳳四公子來, 各送寄語三百餘條, 飮之酒, 問之曰, 聞此邦產馬, 亦有駿乎. 文鳳曰, 駿不易得, 癖亦生禍. 余曰, 有說乎. 對曰, 昔首里高平良者, 官鎖側, 性驕侈, 聞大謝庇椰有駿, 曰飛兔, 欲奪之. 庇椰有馬癖, 固不與, 平良密賂其僕, 鴆庇椰而奪其馬. 庇椰有二子, 長曰謝納, 次爲僧, 曰慶運, 陰謀復仇, 託獅象戲藝, 以乘其間, 會平良家有異馬入神龕, 心惡之, 避居小灣, 家人不之從也, 而妻時往省焉. 謝納聞之, 藏劍於竹, 以挑戲具, 與弟慶運往, 遇平良之妻於路. 妻固耽戲, 且欲悅其夫, 呼而觀之. 日暮, 妻欲歸, 平良送之門, 謝納急從後, 拔劍刺殺平良, 僕驚散. 慶運追及其妻, 亦殺之. 嗟乎, 以弄馬之故, 禍及其身, 豈獨唐成公哉. 書之以戒癖馬者.

初八日, 丁亥, 晴. 王叔尙周邀遊辨嶽, 嶽在王宮東南三百里許, 過圓覺寺, 從山脊行, 水分左右, 堪輿家謂之過峽, 中山來脈也. 山大小五峰, 最高者謂之辨嶽, 灌木密覆, 前有石柱二, 中置柵, 柵外板閣二, 楹少左有小石塔, 左右列石案五, 入門, 石磴折而東, 數十級至頂, 有石鑪二, 西祭山, 東祭海. 嶽之神曰祝, 祝天孫氏第二女也. 國王受封必齊戒親祭. 正五九月, 祭山海及護國神皆於此, 國之鎮山也. 王叔尙容·法司·紫金官皆從遊, 遊畢, 各以食榼供茶點, 榼制精巧, 或滲金朱漆, 或滲銀黑漆, 率刳木爲之, 中疊方器四, 置食物, 旁置酒壺二, 盞筯略備. 未刻將歸, 尙周邀至家, 屋宇堅樸, 庭饒石山花木, 月橘尤多, 葉細如棗, 小白花甚芳烈, 一名十里香, 實如天竹子稍大, 聞二月中紅壘壘滿樹, 若火齊屏, 惜未及見. 有石池, 方廣數尺, 養龍眼魚十餘尾, 尙周求額, 爲題曰, 樂魚精舍.

初九日, 戊子, 風雨, 重陽暴, 應. 國王遣法司, 餽水火鑪二, 鑪通盛以木箱, 下二層黑漆匳, 三四事藏茗具, 上置鑪, 銅表錫裹, 一置水, 一置鑪, 空其周, 以煎水, 余每出遊, 茶吏攜一具以隨, 愛其輕簡, 國王餽有因, 以其爲土物也, 受之.

初十日, 己丑, 微雨. 梁煥來問以迎賓禮, 對曰, 國無揖讓之煩, 客至不迎, 隨意坐, 主人卽具煙架, 內火鑪·竹筒·木匣各一, 横煙管其上, 匣以貯煙, 筒以棄灰也, 遇所敬客, 乃烹茶, 以細米粉少許, 雜茶末, 入沸水半甌, 攪以小竹帚, 以沫滿甌面爲度, 客去亦不送, 噫, 此固眞率, 無乃太簡乎.

十一日, 庚寅, 雨. 舊例重陽爲第四宴, 具龍舟, 競渡於龍潭, 已辭之矣. 是日, 長史來言, 龍舟具備, 雖不宴會, 曷觀競渡乎. 余曰, 競渡, 宴會之實也, 嗚呼, 可琉球亦於五月競渡, 重陽之戲, 專爲宴天使設, 更不可不辭, 自此至十五, 爲龍神朝帝暴.

十二日, 辛卯, 雨風. 法司向天迪請遊家園, 辭. 時無霜, 花草不殺, 蚊雷不收, 荻花盛開, 條弱如柳似榆, 作品字形, 花綴葉間, 如緣紫豔, 類扁豆花. 古巴梯斯, 實又名闊利子, 高數丈, 葉如柹花,五椏, 實紅, 大於諫果而少匾, 仁亦類之, 味甘香, 小兒爭食, 不以餽客, 試取嘗之, 微有腥氣.

十三日, 壬辰, 雨. 王叔尚容邀遊末吉, 以雨辭, 供應所送海松·石芝各一盆, 海松色如火, 枝榦大小勻通至杪, 葉酷肖側柏, 根盤石上, 石黑如枯椿, 每本榦三四出, 高三五尺不等, 石芝或肖荷葉荷花, 或肖芝, 或肖鹿角, 或肖羊肚, 色或青, 或黃, 或白, 高二三尺不等, 皆玲瓏緆透可玩, 然氣極腥, 細砂積結而成, 質又極脆, 故不能致遠, 惟馬齒人能泅水, 深入斵石取之, 出水不二十日, 色漸退, 枝葉花片漸凋, 意其初生, 亦必有氣類相感, 故能胎結生氣, 自小而大, 問之土人, 莫明其故, 統名曰砂.

十四日, 癸巳, 晴. 偕從客等策騎, 由泉崎越過豊見城, 越南山, 度絲滿村, 人家皆面海, 奇石林立, 遵海而西有山, 翠色攢空, 石骨穿海, 曰砂獄. 時, 午潮初退, 白石粼粼, 羣馬爭馳, 飛濺如雨, 再西度大嶺村, 叢棘爲籬, 漁網數百曬其上, 村外水田漠漠, 泥淖陷馬, 有牛放於岡, 汪錄謂馬耕無牛. 今不盡然. 截山而北, 渡過卻金亭, 返照已入港矣.

十五日, 甲午, 晴. 行香·起居如例. 令船戶速理封舟, 以俟風信. 食後, 楊文鳳偕四公子, 各以寄語百餘條來, 余每疑球俗, 恭謹而懦, 何更有按司割據事, 因問文鳳曰, 余來已五月, 見風俗謙謹, 當無機械變詐者. 對曰, 人心難測, 豈盡謙謹, 昔有中城按司毛國鼎者, 性忠毅, 有智謀才略誠格, 上下國倚爲重鎮, 有勝連按司阿庸者, 貴爲郡馬, 性貪狡, 亦有文武才, 陰謀不軌, 憚國鼎, 未敢發, 謬爲敬慕, 實欲害之, 忽日暮, 倉皇語國鼎, 適聞海東有警, 欲速圖之, 恐力弱, 按司如以兵濟, 我則無慮矣. 國鼎曰, 此國事也, 何敢委, 問期. 庸曰, 事不可遲, 遲則變矣. 請公來日, 密陳兵於末吉, 以待我. 國鼎許之. 庸偵其兵已出, 奔告王曰, 國鼎將爲亂. 王曰, 無之.

庸曰, 臣不敢欺, 兵陳未吉矣. 需悔無及. 王乃遣信臣登高望之, 歸報曰, 信. 遂急以兵付庸, 庸得兵, 乃遣人以王教示國鼎, 且趣之曰, 不早自裁, 兵且至. 國鼎知爲所賣, 無以自明, 乃自刎, 庸遂以兵圍其家, 無老幼盡殺之, 國鼎有妾曰查, 山南查國吉之女也, 生二子, 長曰鶴, 次曰龜, 年十二三, 英偉過人, 時隨母歸寧, 未及難, 聞其父遇害, 日夜圖報, 變姓名, 往伺於勝連, 與母泣別, 母各賜以劍, 且囑曰, 仇不復, 無相見也. 阿庸旣殺國鼎, 心無所忌, 志益高, 謀益肆, 日攜俊童美女, 遨遊山水間, 歌以行樂, 鶴龜聞之, 乃藏劍, 豔裝而往, 至則阿庸已半醉, 見之疑爲仙也, 呼而問曰, 若能歌舞乎. 龜急拔劍, 鶴止以目, 齊伏地對曰, 能. 命起舞. 二子極意承歡, 鶴幷勸從者酒, 阿庸大喜, 以劍賜鶴, 以衣賜龜, 二子又提壺急勸之, 皆大醉, 鶴目龜伏庸後, 自以劍刺其腹, 庸傷, 退立未定, 龜從後急斬之, 并殺從者, 此非貪狡之報乎. 余獨愛龜鶴二子, 皆髫年, 甘心仇人, 竟遂其愿, 孰謂童子可欺哉.

十六日, 乙未, 晴. 張良暴, 不應. 遣人至王城, 幷送交中山世鑑, 按世鑑載, 隋使羽騎尉朱寬至國, 於萬濤間見, 地形如虬龍浮水, 始曰流虬, 而隋書又作流求, 謂水行五日而至, 土多山洞, 王姓斯歡, 名渴利兜, 與所見又不甚合. 殆未親至其地, 親見其人也. 新唐書作流鬼, 似見其人形矣, 而元史又作瑠球, 明復作琉球. 好事者遂加辨證, 不知虬俗字皆對, 音無足辨也. 世鑑又載, 元延祐元年, 國分爲三, 大里按司據佐敷·知念·玉城·具志頭·東風平·島尻·喜屋武·摩文仁·真壁·兼城·豊見城十一國, 稱山南王. 今歸仁按司據羽地·名護·國頭·金武·伊江·大宜味·恩納七國, 稱山北王. 中山惟首里王城·那霸·泊·浦添·北溪·中城·越來·讀谷山·具志川·勝連·三平等國. 余於中山·南山遊歷幾遍, 大村不及二里, 而卽謂之國, 未免誇大. 至于敘述國王功德, 臣子之分宜然. 然有昏虐之主亦固不諱, 猶有直筆之遺風焉.

十七日, 丙申, 晴. 尙容邀遊末吉山, 過守禮坊折而北, 越赤平·儀保二村, 折而東, 度新橋, 再折而北, 萬松排列, 皆合抱. 過萬壽寺不入, 再折而東, 槿籬夾道, 有峰獨出, 曰龜山, 與衆山絕, 前附小峰. 離約二丈許, 邦人駕石爲洞, 連二山, 高十丈餘, 結布幔於洞東. 不憩, 拾級而登, 行洞上, 又十餘級, 乃陟巓. 巓恰容一樓, 樓無名. 四面軒豁, 無戶牖, 後有石壇, 祀神處也. 余顧長史曰, 玆樓俯中山之全勢, 不可無名. 因名之曰蜀樓, 幷爲之跋曰, 蜀者何, 獨也, 樓何以蜀名, 以其踞獨山也, 不曰獨而曰蜀者, 以余爲蜀人, 樓構已百年, 而余始名之, 若有待也. 樓左瞰靑疇, 右扶蒼石, 後臨大海, 前揖中山, 坐其中以望, 若建瓴焉. 長史請曰, 額不可無聯. 因書前四語付之. 下山遊萬壽寺, 今名徧照. 國王遣人餽柑, 味極美, 分食從者. 歸路循海而西, 崖洞谽谺皆奇肖, 又一勝遊矣.

十八日, 丁酉, 陰. 寄塵歸自圓覺寺, 語余曰, 今日見踏板戲矣. 余曰, 此戲載之徐錄, 正月戲也, 今曷由見. 寄塵曰, 正月戲非正月始, 學也時習之矣. 余曰, 奈何. 寄塵曰, 橫木以爲梁, 高四尺餘, 復置板而橫之, 長丈有二尺. 虛其兩端, 均力焉. 夷女二, 結束衣綵, 赤雙足, 各手一巾, 對立相視而歌, 歌未竟, 躍立兩端, 稍作低昂勢, 若水碓之起伏, 漸起漸高. 東者陡落而激之, 則西者飛起三丈餘, 翩翩若輕燕之舞於空也. 西者落而陡激之, 則東者復起, 又如鷙鳥之直上穿雲也. 疊相起伏, 念激愈疾, 幾若山雞舞鏡, 不復辨其孰爲影, 孰爲形焉. 俄而, 勢漸衰, 機漸緩, 板未及安, 齊躍而立, 終戲無虛蹈分寸者, 技至此絕矣. 惜公等限於禮勢, 不得同觀, 余曰, 何必目擊, 聞師言如目擊矣.

十九日, 戊戌, 晴. 觀音暴, 不應. 法司向天迪邀遊其家, 有園三畝, 山石空靈, 小池金魚, 數百尾福, 木脩整異常, 葉對節而生, 形如豕腎, 厚澤可染, 裂之漿出, 實如橘, 味腥, 花小而黃, 又與冬青異, 天迪請題, 爲顔其額, 曰漱石山房, 聯曰明月松間淸泉石上, 落花水面好鳥枝頭.

二十日, 己亥, 晴. 時與介山定期於十月望日登舟, 食後, 入王宮拜辭. 示以必行, 便預修表, 茶罷, 國王先行, 候於東宮, 所謂世子府也, 具果食, 手奉三爵, 飮畢, 復行一跪三叩對拜禮, 辭出, 王依依如不舍者. 便道訪楊文鳳及首里四公子, 留詩爲別, 向循師家, 有呀喇菩一株, 葉紋對縷, 如織中邊, 映日通明, 作黃金色, 徐錄謂之鬬縷樹, 余疑卽貝多羅樹, 東禪·龍渡兩寺皆有之. 寺僧常出數片求書, 蓋葉經漚後, 縷紋具在, 薄如蟬翼, 無異貝葉, 但其大不及耳. 實如橘, 國人用以榨油, 與福木同號君子樹.

二十一日, 庚子, 立冬. 換戴冬帽, 改行裝, 球陽地暖, 所攜長襟·長褂·皮衣皆無用, 卽過冬, 中毛羊皮已足, 悔此行不知枉費周章. 跟役如例而止, 多則無用, 惟從客善書者, 不可少. 球人重書, 請者甚衆, 兩手不能給也. 至備賞扇對·筆墨·香帕等物, 亦宜多備, 體統所關也. 琴棊與畫, 不備亦可. 是日, 初檢行裝, 書此後有來者, 幸勿再誤如余.

二十二日, 辛丑, 晴. 馬法司邀遊天界寺, 寺在首里, 坊南向西南有石室, 高丈許, 封而不樹, 中山之塋也. 尙圓以來皆葬此. 規模似圓覺而小, 內殿木主獨尙懿爲王父, 餘者皆祀王妃王女, 樹有松, 有桄榔, 有椰, 有福滿木, 惟福滿最小, 高數尺, 葉似槿, 子赤壘壘可食.

二十三日, 壬寅, 晴. 往別王叔·法司諸人, 尙容有鳥癖, 籠養數種, 有麻石, 有恨煞, 有容蔙, 別有古哈魯, 長嘴短尾, 毛色全黃. 烏鳳如秦吉了, 石求讀似雀而黃, 莫讀史似雀而綠. 有樹曰喫力, 高數丈, 葉如枇杷, 子叢生, 如火齊, 花有杜鵑·天竺·夾竹桃, 屋宇極淨, 其性殆好潔者, 因爲額之曰, 石瘦松淸之室.

二十四日, 癸卯, 雨. 聞程順則曾於津門購得宋朱文公墨蹟十四字, 徐葆光爲之跋, 今其後裔猶寶之, 借觀不得, 因與介山至其家, 開卷見筆勢森嚴, 如奇峰怪石, 有巖巖不可犯之色, 想見當日道學氣象, 字徑八寸以上, 文曰, 香飛翰苑圍川野, 春報南橋疊翠新. 後有名款, 無歲月. 文公在宋不以書名, 然墨刻流傳世間者, 莫不寶而藏之, 蓋其所就者大, 筆墨乃其餘事, 顧能自成一家, 如此知古人學力無所不至, 爲跋數語, 以誌景仰焉.

二十五日, 甲辰, 陰. 遊都通事蔡淸派家祠, 祠初爲淸泰寺故址, 蔡氏買得之, 以祀其先, 內供君謨畫像, 并出君謨墨蹟見示, 知爲君謨的派, 由明初至琉球, 爲三十六姓之一, 淸派奉其王命, 護送封舟, 能漢語, 人亦倜儻. 由祠至其家, 花木俱有淸致, 池圓如月, 爲額其室, 曰月波書屋. 大抵球人工剪剔樹木, 疊砌假山, 故士大夫家率有邱壑, 以供遊覽, 庭中豎長竿, 上置小木舟, 長二尺, 桅柁帆櫓皆備, 首尾列風輪五葉, 掛色旗以候風, 渡海之家, 率預計歸期, 南風至, 則合家歡喜, 謂行人當歸, 歸則撤之, 卽古五兩旗遺意.

二十六日, 乙巳. 國王來館送行, 面餽金骨扇一柄, 仍手奉三爵, 将行, 遣紫金大夫致詞, 晴照例, 仍遣陪臣子弟入太學讀書, 懇回京代奏, 許之. 是日, 國王經行處, 土人具各戲如前, 飭船戶備船具, 飭兵役理行裝, 仍往驗二號船, 工已竣, 至陳宅觀蘭, 球俗嗜蘭, 謂之孔子花, 陳宅尤多異產, 有風蘭, 葉較蘭稍長, 味如茴香, 篾竹爲盆, 掛風前卽藩衍. 有名護蘭, 葉類桂而厚, 稍長如指, 花一箭八九出, 以四月開, 香勝於蘭, 出名護嶽巖石間, 不假水土, 或寄樹椏, 或裹以椶而懸之, 無不茂. 有粟蘭, 一名芷蘭, 葉如鳳尾, 花作珍珠狀. 有棒蘭, 綠色, 莖如珊瑚, 無葉, 花出椏間, 如蘭而小, 亦寄樹活, 又有西表松蘭·竹蘭之目, 或致自外島, 或取之巖間, 香皆不減蘭也.

二十七日, 丙午, 陰, 風, 應冷風暴. 國俗盥漱不用湯, 家豎石椿, 置石盂或蚶殼其上, 貯水, 旁置一柄筒, 晨起, 以筒盛水澆而盥漱之, 客至亦然. 地多草, 細輭如毯, 有事則取新沙覆之. 是日, 長史送文萱·蕓香二盆, 萱重葉小花, 葉如蘭而闊, 有靑白相間文, 蕓叢生, 子如碧珠, 開花時, 一穗數十朶.

二十八日, 丁未, 晴. 連日以紙索書甚夥, 有棉紙·淸紙, 皆以穀木皮爲之, 惡不中書, 有護書紙大者佳, 高可三尺許, 闊二尺, 白如玉, 版小者减其半, 亦有印花詩箋可作札, 别有圍屛紙, 則糊壁用矣, 積旣多, 因與寄塵分寫之, 仍標以原名, 惡其混也, 徐葆光球紙詩云, 冷金入手白於練, 側理海濤凝一片, 昆刀裁截徑尺方, 疊雪千層無幕面. 形容殆盡. 筆則鹿毛, 短管不適用, 球之學書者, 亦多購自福州云.

二十九日, 戊申, 雨. 往遊辨才廟, 廟荒落, 供辨才天女, 通事云, 神昔靈異特著, 號辨戈天, 能易水爲鹽, 化米爲沙. 以禦外患, 經某天使一言敗之, 遂不靈, 後改稱辨才天女. 然國人至今猶崇祀惟謹, 或曰, 卽天孫女. 又曰, 卽君君, 天孫氏之長女也. 余熟聞寶島卽≪志略≫所謂土噶喇, 而未知其命名之義, 擧以問通事, 對曰, 國中金銀·珠玉·絲貨·銅瓷, 以及鮑魚·海參諸寶, 皆從彼島來, 因以得名, 可謂貧而守禮矣.

三十日, 己酉, 微雨. 毛法司國棟邀遊儀間山, 食後, 渡至南山里許, 折而西入垣花村, 村多米廩, 如草亭, 懸地四五尺, 下施十六柱, 空可通人, 上裝以木板, 率爲官家采地米, 或數家共一亭. 再折而北, 而南, 爲南礮臺, 隄間有碑二, 一正書剝蝕甚, 微辨奉書造三字, 一其國草書, 前明嘉靖二十一年建. 雖不能盡識, 其筆力正自遒勁飛舞, 因令從者解鞍坐隄上, 鞍略同中國, 朱漆描金, 惟前後加紅帕四條, 以爲飾. 韉或皮, 或氈, 勒索用五色, 全疋蕉布入手, 兩盤垂尙及馬脇, 鐙如曲杓, 刳木爲之, 首繫繩結鞍, 空其口以容足. 土俗騎皆不用鞭, 又聞女亦騎, 多側坐鞍上, 兩足共一鐙, 擁領蔽面, 人控徐行, 未之見. 有木類福滿木, 曰山米, 又名野麻姑, 葉可染, 子如女貞, 味酸, 土人榨以爲醋, 球醋純白, 不甚酸, 供者以爲米醋, 味不類. 或卽此果所榨歟. 又有樹曰悉達慈姑, 高丈許, 葉類桃, 子壘壘如葡萄, 色靑, 名慈姑奶, 食之毒人. 大要國以樫木爲上品, 貴家造屋皆用之. 次用松, 次用雜木, 絕少十圍者, 地狹人稠, 不能待其大矣.

十月朔日, 庚戌, 晴. 行香, 國王遣法司官起居送贐儀各五千兩, 隨與介山坐堂, 集兵役, 呼法司, 諭之曰, 承國王厚意, 雖屬成例, 然使者百事仰給於官, 無所用金, 況蒙皇上體恤外藩, 無微不至, 使者尤當仰體, 住近五月已糜多矣, 又復多贐, 是使者德薄才庸, 忠信之心不能見諒於國人, 而上負聖天子柔遠之恩也, 心竊自愧. 今故集兵役, 并汝等同官, 明告以不受之故, 非有所嫌疑, 歸謝國王. 無勞往返. 隨諭兵役速具裝, 登舟期不改矣. 國俗歲定於是日換苧衣, 其換蕉布衣則定於四月朔日. 令從者摒擋一切.

初二日, 辛亥, 晴. 紫金大夫毛廷桂邀遊波上, 留詩以別. 歸過其宅, 留便飯, 席地坐, 以東爲上, 設氈, 食皆小盤, 方盈尺, 著兩板爲脚, 高八寸許, 餚凡四進, 各盤貯而不相共, 三進皆附以飯, 至四餚乃進酒, 酒不過三巡, 每進餚止一盤, 必徹前餚, 而後進其次餚, 飯用油煎麪果, 次餚飯用炒米花, 三餚用飯, 每供餚酒, 主人必親手高擧置客前, 俯身搓手而退, 終席主人不陪, 以爲至敬, 此球人宴尊客之禮, 平等皆對飮, 大要球俗, 席皆坐地, 無椅桌之用, 食具如古俎豆, 餚盡乾製, 無所用勺, 雖貴官家, 食不過一餚一飯一箸, 箸多削新柳爲之, 卽妻子不同食, 猶有古人之遺風焉.

初三日, 壬子, 雨. 鄭得功來, 問以獲劍溪寶劍猶在乎. 對曰, 在,昔山北王有寶劍, 名重金, 兵敗擲於志慶真河, 百年後, 有伊平屋人漁於河, 見寶光燭天, 網而得之, 獻於王, 溪所由名也. 劍未擲時, 山北王屢敗, 以石無神劍砍之, 石分爲四, 受剣石遺蹟猶存, 然卒至敗亡, 小邦之興, 以德不以剣, 嗚呼, 不有君子其能國乎. 余爲之肅然起敬.

初四日, 癸丑, 晴. 楊文鳳四公子各以寄語三百餘條來, 曰, 盡之矣. 此外, 無能解者. 余曰, 非以多文爲富也, 務實耳. 因命庖人備餚酒, 邀文鳳等往別奧山, 越中島, 循泉崎而歸. 竊疑隨書稱, 有虎狼熊羆, 今實無之. 又云, 無牛羊驢馬. 驢誠無, 而六畜無不備, 乃知書不可盡信. 是日, 初見金翅蟲, 兩翼及足皆金色, 性嗜棒蘭, 嗅不去, 遂被獲. 土人籠養之, 以爲玩. 連日國王遣人款留, 婉謝之.

初五日, 甲寅, 晴. 恭請天后·拏公登舟, 按歷來使錄, 皆云十月二十後, 東風順, 送爲吉, 而從無十月歸舟者, 半緣貨多, 價未全結, 亦由歸志不決, 遂爲從人所誤, 此行令船戶出結, 貨既少, 以貨易貨外, 補價無多, 早令辦結, 今復預請天后登舟, 從人亦無敢觀望者, 是日, 陳瑞芳靈柩送舟安放.

初六日, 乙卯, 小雪, 晴. 恭逢我皇上萬壽聖節, 五更, 率從官於彝倫堂行慶賀禮, 球官從者二十餘人, 國王於宮門外望北慶賀, 黎明, 祭於天后·關帝, 告歸期, 默祝焉. 是日, 與介山具餚酒, 招從客, 飲酒酣, 有客曰, 聞海面西, 距黑水溝與閩海界, 古稱滄溟, 亦曰東溟, 球人不知, 此行亦未之過, 何也. 余曰, 渡海者多, 著書者少, 登舟不嘔, 日坐將臺, 親書其所見者, 尤少, 率一人倡之, 衆人和之耳, 食之談, 何可盡信, 球人歲一渡海而不知黑溝, 則卽謂無黑溝也可. 客又曰, 琉球何得謂巽方乎, 抑聞東鄰日本薩摩洲者, 何地也. 余曰, 洲卽今之寶島也, 球處艮方, 云巽方者, 誤也, 鍼路由辰而卯, 近寅而止, 是其驗也. 客又曰, 此行無玻璃漏, 其制可得聞歟. 余曰,

≪志略≫圖之矣, 瓶兩枚, 大腹細口, 滿沙一枚, 對口而覆, 其上通一綫, 以過沙, 沙盡爲一漏, 再倒懸之, 凡二漏有奇爲一更, 晝夜約二十四漏, 得十二更, 以應十二時, 理猶時辰表也. 每更或云百里, 或云六十里, 余此行, 就有定之里, 對以表, 而例其餘, 每時約行百有十里, 雖風有大小, 行有遲速, 以此行七分風證之, 則百里之說爲長, 至記以香益無憑矣.

初七日, 丙辰, 晴. 使院敷命堂後書, 有二牓一書, 前明冊使姓名, 洪武五年封中山王察度使行人, 楊載. 永樂二年封武寧使行人, 時中. 洪熙元年封尙巴志使中官, 柴山. 正統七年封尙忠使給事中俞忭, 行人劉遜. 十三年封尙思達使給事中陳傳, 行人萬祥. 景泰二年封尙金福使給事中喬毅, 行人童守宏. 六年封尙泰久使給事中嚴誠, 行人劉儉. 天順六年封尙德使吏科給事中福建龍溪潘榮, 行人蔡哲. 成化六年封尙圓使兵科給事中官榮, 行人韓文. 十三年封尙眞使兵科給事中董旻, 行人司司副張祥. 嘉靖七年封尙清使吏科給事中浙江鄞縣陳侃, 行人順天固安高澄. 四十一年封尙永使科左給事中江西永豊郭汝霖, 行人河南杞縣李際春. 萬曆四年封尙永使戶科左給事中雲南藉應天上元人蕭崇業, 行人福建長樂謝杰. 二十九年封尙寧使兵科右給事中江西玉山夏子陽, 行人山東泗水王士正. 崇禎元年封尙豊使戶科左給事中山東東平州杜三策,　行人司司正雲南藉上元人楊倫. 凡十五次, 二十七人, 柴山以前無副也. 一載本朝冊使姓名, 康熙二年封尙質使兵科給事副理官遼陽張學禮, 行人山東膠州王垓. 二十一年封尙貞使翰林院檢討江南儀徵汪楫, 內閣中書舍人福建莆田林麟焻.　五十八年封尙敬使翰林院檢討滿洲鑲白旗海寶, 翰林院編修江南吳江徐葆光. 乾隆二十一年封尙穆使翰林院侍講滿洲鑲白旗全魁, 翰林院編修四川涪州周煌. 凡四次, 共八人. 因與介山題名其後. 偶憶舊天使館有前明蕭崇業題灑露堂, 謝杰爲之記, 因與介山往觀. 額尙在, 記已亡, 陪臣處其中, 爲供應全局, 按舊例, 國中供應設七司, 一館務司掌承發, 一承應所掌修葺, 一掌牲所供六畜, 一供應所掌酒米菜蔬, 一書簡司掌帖札, 一評價司掌交易, 一理宴司掌宴會司設, 黃帽官一, 紅帽官三, 雜役二十人, 七司之外, 更設總理司, 紫·黃·紅帽官二十餘人, 日伺使院, 前天使出入·排班·跪迎送有事, 則以告七司, 此行惟理宴司虛設, 旣問知其故, 因卽傳示六司, 具行糧, 十日爲度, 毋糜費.

初八日, 丁巳, 晴. 楊文鳳來, 語之曰, 君見聞甚博, 尙有忠烈之士廣異聞乎. 對曰, 無之, 有故事載於≪志略≫者, 不甚得實, 公欲聞之乎. 余曰, 可. 文鳳曰, 昔有平良按司某, 與保縈茂按司善, 誓爲婚姻, 未幾, 平良舉一子, 曰鶴壽. 保縈舉一女, 曰乙達呂. 二人喜如約, 鶴壽三歲喪其母, 平良娶繼妻, 生一子, 遂惡鶴壽, 會保縈卒, 其妻欲贅鶴壽, 母利其家富, 欲以己子贅之, 陰毒鶴壽, 瞽雙目, 使告保縈之妻曰, 鶴壽不幸爲廢人, 恐誤女, 兄弟一也, 曷以其弟代之. 母以告女, 女曰, 背父棄夫, 而亂其倫, 禽獸行也, 能起吾父於九泉, 告而諾之, 詞無費矣. 使歸以告平母, 欲絕其意. 譖鶴壽於平良, 放之八頭山石穴中, 欲死之. 女日夜泣, 思往救而無所, 夢神示之, 且告以治目方, 寐告其母, 如神言跡之, 得鶴壽, 攜歸, 如方以治目, 復明. 保母往見平良, 告之. 故平良大怒, 欲逐其妻, 返鶴壽, 鶴壽泣曰, 兒自幼穉賴母以生, 敢忘罔極之恩哉, 且母去, 弟將誰倚. 叩頭流血, 平良感其意, 遂不遣, 仍以鶴壽贅婦, 乙達呂使繼保縈之後, 爲按司, 嗟乎, 愛己子而嫉前妻子, 婦人之愚至, 貪人富而欲殺其子, 忍又甚焉, 脫非鶴壽至孝, 悔何及矣, 烈女如乙達呂者, 又豈多哉.

初九日, 戊午, 陰. 客有問風信者, 余述≪志略≫答曰, 清明後, 地氣自南而北, 南風爲常, 霜降後, 地氣自北而南, 北風爲常, 反是颶颱將作, 正二三四月, 多颶, 五六七八月, 多颱, 颶驟發而倏止, 颱漸作而多日, 九月北風, 或連月, 俗稱九降風, 間有颱起, 亦驟如颶. 遇颶猶可, 遇颱難當. 十月後, 多北風, 颶颱無定期, 舟人視風隙以來往, 凡颶降至, 天色有黑點, 急收帆, 嚴柁以待, 遲則不及, 或至傾覆. 颱將至, 天邊斷虹若片帆, 曰破帆, 稍及半天, 如鱟尾, 曰屈鱟, 若見北方, 尤虐, 又海面驟變, 多穢如米糠, 及海蛇浮游, 或紅蜻蜓飛繞, 皆颶颱徵, 汪錄謂, 海魚無數, 長四五尺, 脊尾盡露, 蓋誤以蛇爲魚, 翼日颶風大作, 經四晝夜不息, 其驗也.

初十日, 己未, 晴. 恭逢皇后千秋節, 五更率從官於彝倫堂行慶賀禮, 球官從者二十餘人, 國王仍於宮門外慶賀, 歸視封舟, 船戶及兵役等官, 皆備具, 有已登舟者.

十一日, 庚申, 晴. 是日爲老母孟太宜人誕辰, 惟恐人知, 故不舉祝禮, 方啓門, 國王遣王叔尚周送團扇五柄, 瓷香爐一對, 親書大紅段壽屏序文十二幅, 余驚曰, 國王何以知之, 卽知曷不早告. 長史跪稟曰, 國王感激兩位天使諸物不受, 故密遣小底輩問於內史, 得知壽期, 又密問家世, 得其詳, 國王因令楊文鳳撰文, 親筆楷書以致誠敬, 知告必不行, 故不告, 正使大人亦如之. 余初猶不懌, 然旣已書之於屏, 勢無卻禮, 因再拜受之, 余素聞國王善書, 展讀之, 書法得松雪筆意, 可謂此行一寶, 惟文多過譽, 心轉不安, 於是館之人莫不欣然來祝, 隨購得羊豕各二隻, 酒四大甕, 分賞從者及球官, 令熟食之. 飲介山及從客於館, 酒酣思母, 歸心愈切.

十二日, 辛酉, 雨. 先是楊文鳳四公子屢招飲, 俱卻之, 至是請益摯, 不得已, 抵其書齋, 各以送行詩, 見質觸余離緒, 各依韻答之, 文鳳以行樂圖歸我, 展視, 則國人和余之詩悉書於上, 已滿幅, 是亦此行所得之寶也.

十三日, 壬戌, 晴. 楊文鳳來, 問尚有異聞可誦乎. 對曰, 昔有富盛按司侍士長田者, 因富盛爲絲數按司所害, 匿小按司於從兄慶留庇椰所, 將圖復仇, 絲數偵知, 以兵圍其宅, 慶留欲救無計, 子慶路有女曰乙鶴, 願以身代小按司死, 卽自刎, 慶留以頭給絲數, 乃解圍. 後, 慶路聞絲數出遊, 伏兵要於路而殺之, 小按司復得立, 以夫人禮葬乙鶴焉. 又有大里按司某, 爲仇家所害, 繼妻攜己生及前妻子, 匿於荻堂村長子乳母家. 仇知之, 趁其不備, 獲二子去. 母哀懇於仇家, 乃許殺長而留少, 母曰, 誠若此, 願殺少而留長. 仇問故. 母曰, 長者, 前妻子, 少者, 妾所生也. 仇感其義, 幷宥之. 余曰, 此皆≪志略≫所已載, 然君言較簡練, 存君文, 事亦傳矣.

十四日, 癸亥, 晴. 飭兵役來早, 各執事登舟, 毋復上岸, 悉出庖餘, 分賞球人之役於館者, 外各賞銀一兩, 篋中巾扇有未盡者, 賞球官, 案頭積紙有未書者, 書與之. 飭從者將行李登舟, 頃刻盡. 以無長物也. 長史來告封舟供行糧半月. 余曰, 費矣. 然海行無定期, 多備無患. 使者亦未敢以來時迅速輒邀天之幸也. 是夜, 與介山一燈相對, 若有感者.

十五日, 甲子, 微雨. 己刻晴, 北風厲. 午刻, 奉節登舟, 國人遮道, 跪送有泣者. 楊文鳳及四公子·長史·通事哽咽不能出聲, 緩行至迎恩亭, 節駐, 國王率百官送節, 行三跪九叩禮, 畢, 再跪云, 臣溫寄請聖躬萬安. 謹對曰, 回京代奏. 節將行, 國王袖出一札不知何謂, 通事致詞曰, 此國王代言柬也. 余與介山曰, 使者無私, 可令通事誦之. 詞曰, 溫啓, 竊溫僻處海隅, 全無知識, 荷蒙皇上天恩, 準襲世職, 感激難名, 又蒙天使遠來, 禱逆風而順之, 險涉重洋, 惟溫之故. 每恨國小民貧禮疏, 供應乃承初入館卽裁減舊例諸費, 及船戶呈上貨單, 又蒙厚愛, 於福州登舟時, 卽將貴貨裁減, 并令出結定價, 惟恐累及貧國, 并承捐除七宴, 溫屬臣子, 固以爲禮在則然, 惟是小邦別無可敬, 端賴七宴, 稍盡微情, 今旣捐除, 更無盡情之處, 屢具宴金, 又皆卻還, 心益滋愧. 乃承教訓, 國中士子每遇進見, 必策以忠孝, 副使大人更爲小邦廣聲教, 輯球雅. 國之略曉文字者, 皆得就教尊前, 執經問業, 父師之恩尤深感戴. 欣幸久住, 親炙多人, 不謂屢次屈留, 歸心愈急, 隨遣法司按例, 每位贐金五千兩, 及區區刀布土儀, 又再四卻金不受, 在天使潔忠自矢, 不愧名臣, 而溫身爲主人, 毫情未盡, 心實難安. 況每次冊封, 從無十月歸舟, 此固天使敬事而信, 急於恭復恩命, 不知已爲小邦省費無算, 凡此皆天使仰體皇上之心爲心, 事事先爲體恤, 不特溫感入肺腑, 卽通國臣民亦謂天使體恤下情, 從未有如兩位大人者. 無奈言語不通, 通事傳詞又不能備述, 故特具柬代言, 稍舒積悃, 幸恕不恭. 讀畢, 國王依依若欲下淚, 因遣通事謝曰, 凡所言, 皆使者分內事, 過蒙獎譽. 轉滋愧悚, 惟願國王勵精圖治, 福祚綿長. 復行一跪三叩對拜禮, 國王率百官跪送節, 再與國王揖別登輿, 由浮梁登舟, 國王跪於卻金亭前候安. 節畢, 余與介山拱而揖岸曰, 節安, 公歸矣. 國王起, 率衆官惆悵而去. 是日, 爲東府君朝玉皇暴, 應.

十六日, 乙丑, 晴. 南風不能開帆, 晨起, 禱於天后并求筊, 仍得第一合, 舟皆喜, 因與介山究歷來鍼路, 汪公來鍼尙不及全公來鍼盡善. 介山曰, 今將歸, 歸路尤要, 因與細閱≪志略≫, 歸舟無不遇暴者, 而鍼又各不同, 自乾而坤, 皆有用者, 汪徐二公歸路甚危, 倉皇中鍼路無定, 全周二公歸路平善, 且多用辛鍼, 來以乙去宜辛, 理尤可信, 因預爲錄書, 黏之於壁.

十七日, 丙寅, 晴. 風東南, 不能出口, 頭眩腹泄, 通體發熱, 終日不食, 寢不安, 是日, 上淡水, 滿四井而止.

十八日, 丁卯, 晴. 風仍東南, 身熱頭眩漸愈, 惟泄未止, 因以常服驗方製藥一劑, 服之. 午刻, 長史來告是日辰刻, 國王初舉子封事始竣, 又添一喜, 國福家慶, 樂事可知, 使者卽得與聞, 不可無賀,而篋中別無一物, 詩以賀之.

十九日, 戊辰, 晴. 自服藥後, 泄一次卽止, 病已豁然. 巳刻, 風轉東北, 催船戶出口, 琉球通事夥長等, 幷謝使俱至首里稱賀, 不得開頭.

二十日, 己巳, 晴. 東嶽朝天暴, 不應, 東北風利, 促解纜. 卯刻, 揚帆出那霸港, 岸上舟中送者如雲, 擧手辭謝之. 午刻雨, 入暮不止, 夥長恐有暴, 收馬齒山安護浦下椗, 山勢橫袤二十里, 犬牙相錯, 出沒海中, 若斷若續, 分東西二島, 爲中山第一外障. 泊處靑山圍繞, 無出路, 有鹿見於山間, 疑亦海魚所化, 雨景大佳.

二十一日, 大雪暴期, 應, 午後雨.

二十二日, 辛未, 雨. 風仍西北, 午刻, 晴. 偕介山駕小舟登岸, 王舅·紫金大夫從, 沿沙洲行至山麓, 有石高丈餘, 玲瓏可愛, 坐石上觀漁, 皆赤身入水無寒色, 馬齒人善泅, 習使然也. 移時, 土人以二鹿進, 毛淺而小眼似魚, 魚所化也. 始悟鷹化爲鳩, 識者猶憎其眼, 以眼不能化也. 舟中齋時, 多無所用, 仍令攜去, 循山麓而東, 槿籬不翦, 非復久米景, 村中徑路曲折, 人家卽以籬爲墻, 瓦屋絕少, 有板閣, 供石曰廟. 廟前有泉, 深不及二尺, 味甚甘, 泉南有一區, 有黃帽跪迎, 大夫曰, 此可小憩, 屋製與中山同, 親雲上之居也. 大夫命於舟中取酒, 余與介山亦遣僕就舟取飯, 坐間問鄭得功曰, 夏錄云此地產牛·馬·粟·布·文貝·螺·怪石, 產於海者不可知, 產於陸者何未之見. 得功曰, 陸產惟鹿, 豈惟無粟, 幷無薯. 余曰, 居人安食. 得功曰, 食鐵樹根, 先取根三煮而三浴之去毒盡, 碓爲末, 雜石粉以爲餅, 不過充飢度命. 罪人率流此者, 以地苦也. 酋長間以鹿, 或石松易薯於中山貧民不得也.

二十三日, 壬申, 大雨, 北風甚暴. 偶閱≪志略≫, 中山昔有僧曰日秀, 所居歲豊, 人以爲神, 又有宗實·不羈·瘦梅, 稱三詩僧, 汪徐皆紀以詩. 此行遍訪, 無一能詩者, 亦未聞有通僧能以文字敎人者,今大異於古所云矣.

二十四日, 癸酉, 晴. 北風少平. 促夥長出洋, 對以風信未定, 余曰, 風信定寧無變乎. 可行則行. 介山曰, 姑候之, 遂止.

二十五日, 甲戌, 晴, 北風如故. 決令開帆, 介山亦以爲然. 遂於巳刻解纜, 子丑風用辛鍼, 酉刻過姑米山, 終日峭帆, 舟轉駛微側而震, 有吐者, 余仍日坐將臺, 飮食如故. ≪志略≫云, 洋鳥止則浮窠水面, 飛則銜窠而起. 來時見白鳥飛, 未見銜窠, 至是舟行, 竟日無一鳥, 豈歸路無山, 遂無鳥邪. 視海面深黑, 天水遙接, 豈卽所謂黑溝邪, 抑來者, 皆耳食, 未敢親視, 遂妄生奇議邪. 是皆未可知, 以余目擊, 固無他異.

二十六日, 乙亥, 晴. 風與鍼如故. 巳刻轉寅卯風, 仍用辛鍼, 翁爹暴, 不應.

二十七日, 丙子, 晴. 辰刻, 轉巳卯風, 午刻, 轉辰卯風, 鍼皆如故, 戌刻, 風止. 余已臥, 聞譁聲, 披衣起, 禱於天后, 漸復辰卯風, 鍼仍如故. 是日爲東府君朝玉皇暴, 不應. 遙望二號船在北, 相去數十里, 琉球兩船未知前後, 令鴉班登桅望之, 亦不見.

二十八日, 丁丑, 晴. 寅刻, 風轉辰巳, 舟不能行, 急起焚藏香, 禱於天后. 辰刻, 風轉子丑而微, 仍用辛鍼, 未刻, 霧大起, 夥長云, 宜一見山, 恐夜暴, 舟逼山心, 心甚憂之, 自二十六至此日, 有大魚挾舟.

二十九日, 戊寅, 辰卯風微大霧. 鍼如故, 巳刻稍霽. 見溫州南杞山, 舟人大喜. 少頃, 見北杞山, 有船數十隻泊焉. 舟人皆喜曰, 此必迎護船也. 霧漸消, 山漸近, 守備登後艄以望, 驚報曰, 泊者賊船也. 余曰, 舟已至此, 戒兵無譁, 速食備器械. 余亦飽食. 守備又報賊船皆揚帆矣. 與介山衣冠出, 先禱於天后, 飭吐者·病者悉歸艙. 登戰臺誓衆曰, 賊衆我寡, 爾等未免膽怯. 然賊船小, 我船大, 彼絡繹開帆, 縱善駕駛, 不能幷集, 猶一與一之勢也. 且旣已遇之, 懼亦無益,惟有以死相拼, 可望死中求活, 此我與汝致命之秋也, 生死共之. 衆兵勇氣頓振, 皆曰, 惟命. 乃下令曰, 賊船未及三百步不得放子母礮, 未及八十步不得放鎗, 未及四十步不得放箭. 如果近始用長槍相拼, 有能斃賊者重賞, 違者按以軍法. 隨令守備牽一羊至, 斬以徇, 各整暇以俟. 未幾, 賊船十六隻吆喝而來, 第一隻已入三百步, 余擧旗麾之, 吳得進從舵門放子母礮, 立斃四人驚喝者入海, 賊退不及, 入百步, 鎗幷發, 又斃六人, 一隻乃退. 二隻又入三百步, 復以礮擊之, 斃五人, 稍進又擊之, 復斃四人, 乃退去. 其時, 三隻賊船已占上風, 暗移子母礮至舵右舷邊, 連斃賊十二人, 焚其頭篷, 皆轉舵而退. 中二船較大, 復鼓噪由上風飛至, 余曰, 此必賊首也. 密令舵工將船稍橫, 俟大礮準對賊船, 卽施放一發, 中之. 礮響後煙迷里許, 旣散, 則賊船已盡退. 是役也, 王得祿首先士卒, 兵丁吳得進·陳成德·林安順·張大良·王名標·甘耀等, 鎗礮俱無虛發, 幸免於危. 惟時日將暮, 風甚微, 恐賊乘夜來襲, 默禱於天后求風, 不一時, 北風大至, 浪飛過船. 余倦極, 思臥念前險, 假遇害, 豈復能慮此險. 況求風得風, 可無憂. 卽憂亦無著力處, 遂解衣熟睡, 盡付之不見不聞.

十一月朔日, 己卯, 陰. 夢中聞舟譁曰, 到官塘矣. 驚起, 介山從客皆一夜不眠, 語余曰, 險至此, 服汝能睡. 設葬魚腹, 亦爲糊塗鬼矣. 余曰, 險奈何. 介山曰, 上則九天, 下則九地, 聲如轉水車鋸溼木, 時復瘧顫, 每側則篷皆臥水, 一浪蓋船則船身入水, 惟聞瀑布聲垂流不息, 其不覆者幸耳. 余曰, 脫覆君等能免之乎. 余樂拾得一覺, 又忘其險, 余幸矣. 介山乃大笑. 盥後, 登戰臺視之, 前後十餘竈皆沒, 船面無一物, 爨火斷矣. 舟人指曰, 前卽定海可無慮. 申刻乃得泊, 總兵何定江來云, 奉制軍命迎護. 余笑謝之. 因語以北杞之戰, 定江惶悚失措. 余曰, 餒矣, 他事且緩商. 遂令船戶登岸購米薪, 乃得食. 是日二號船先至, 琉球頭號三更亦至.

初二日, 庚辰, 晴. 總兵倪定德來, 始知七月間神風暴起, 擊碎艇船百餘隻, 幷沒海賊蔡謙船四十餘隻. 皇上遣發藏香恭祭天后, 并有廷寄令致祭官默祝臣等封舟早得回閩. 天恩優渥, 天后效靈. 十月回舟六日抵閩, 去來如出一轍, 實從來封舟所未有. 是皆我皇上福大如天恩深似海, 故能海若效順, 風暴不驚, 聞命自天感激無地. 已刻入五虎門, 至怡山院, 特購羊一豖一, 致祭於天后·海神. 宣讀諭祭報文畢, 鄉之耆老夙儒柱杖來觀, 咸曰, 神速哉. 封舟自祖父以來未聞有此. 并出前度諭祭文, 請曰, 此鎮山之寶也, 請留示後別具謄黃. 余與介山曰, 謹藏之. 歸舟, 潮退不能行, 聞琉球二號船亦至, 是夜繕摺稿修家書.

初三日, 辛巳, 雨, 微風. 卯刻乘潮行, 去南臺十里, 潮退. 制軍遣人以小舟來迎, 當道皆坐候舍人廟, 遂令小舟奉節登岸, 奉安天后行像·拏公於故所, 同致祭畢, 卽於舍人廟飮胙. 因語制軍以天後靈威助風擊賊, 欲具摺奏聞, 請加封天后父母, 并恭報回閩日期. 玉公曰, 加封事公歸自奏未晩, 惟恭報回閩一摺不可遲. 皇上懸望久矣. 因出廷寄見示, 跪讀畢, 淚涔涔下. 余與介山約住不出兩日擬卽從封舟移入紅船, 以免應酬之苦. 制軍再三迎入城, 不得已奉節登岸, 適館後, 始知介山太夫人潘於三月二十日在籍仙遊, 隨往唁, 相抱痛哭. 斯役也, 往來順利, 風帆迅速, 夷人歡喜, 兵役無過, 可謂至幸. 惟都司陳瑞芳前歿於夷, 介山登岸卽聞訃, 是爲美中不足, 況同舟共濟相處日久, 未免痛心. 申刻陳觀察送到家書, 知老母康健, 九月十四日又擧一子, 母名曰海. 稍慰烏私. 又以介山故, 緩至初七日登舟. 寄塵於舟已病, 上岸就醫. 擬於初六日叩別天后再往視, 隨於各當道致謝, 告辭, 并告以同使有喪不宴會, 因念余與介山同居夷館半載, 無日不感念天恩, 繫懷老母, 常謂介山母尙少余母十歲, 不謂有此變, 念及此, 歸心益急矣.

5

中山見聞辨異

錢塘 黃景福 著

琉球, 隋以前無考. 隋大業元年, 海帥何蠻上言, 海上有煙霧氣, 不知幾千里, 乃流求也. 此流求著名之始[≪中山世鑑≫, 隋使羽騎尉朱寬至國, 於萬濤間見地形如虯龍浮水中, 始曰流虯. ≪新唐書≫作流鬼, ≪粵志≫作瑠求. ≪中山譜系≫, 宋景定五年, 改流求曰瑠求. 明洪武五年, 改瑠求曰琉球]. 後招之不服, 伐之不服. 元又伐之, 不服. 明洪武五年, 遣行人楊載齎詔往諭, 中山王察度遣弟泰期奉表貢方物, 此通中國之始. 七年, 又遣泰期入貢, 賜文綺·紗羅等, 此受賜之始. 永樂二年, 太宗遣行人時中往, 詔武寧襲中山王爵, 此受封之始. 我世祖章皇帝應天受命, 琉球入貢輸誠, 百餘年來, 世修侯度, 恪懍王章, 故能屢邀聖世之恩綸, 永作天朝之屛藩云.

國自元延祐間分爲三, 中山爲中頭, 屬間切[所屬球名間切, 不名府也. 土名抹極列. ≪志略≫作府, 土名間切. 俱誤]十四. 山南爲島尾[≪志≫作島窟, 誤], 屬間切十二. 山北爲國頭, 屬間切九. 府所屬, 曰村[土名母喇. ≪志≫作村頭, 誤. 李鼎元≪記≫別間切於屬府之外, 似更誤]. 明宣德時, 合爲一. 按≪中山譜系≫, 明永樂二十年, 尚巴志卽位, 勤政愛民, 後滅山北, 遂平山南. 則合而爲一不在宣德時, 似爲可據.

國在海東溟, 明冊使夏子陽≪錄≫以一統輿圖視之, 則在東南, 以閩省視之, 則在閩東北. 然冊使多用乙鍼, 又似居艮方, 後用卯鍼, 則封舟又飄過北山, 知指南廣義主用卯鍼之說不足憑. 近去用乙鍼·參以辰卯, 來用辛鍼·參以甲午, 較爲諦當.

國都中轄三十九間切[首里·那霸·久米爲三省, 皆在外. 首里爲王城. 泊附首里, 與那霸皆名府, 不名間切. 久米名村, 又與間切所屬曰村之村異. ≪志≫載首里·泊·久米·那霸爲四府, 非], 外環三十六島寨[外島也, 屬琉球統轄. 治之之法, 擇本島能中山語者, 給黃帽爲酋長. 遣親雲上監撫之, 名奉行官, 主其讞訟, 賦其土宜於王]. 其星野與揚州吳越同屬女牛之次, 俱在丑宮[康熙五十八年, 遣員豊盛額偕冊使海寶·徐葆光同往測量]. 地形, 南北長, 東西狹. 冊使汪楫≪錄≫, 幅員可五六千里, 東西長, 南北狹. ≪志略≫非之. 詢之官生云, 國中以中國十里爲一里, 與冊使徐葆光≪錄≫相符. 又云, 大不踰中國千里之數, 與≪志略≫東西可數十里, 南北四百四十里之說亦合. ≪汪錄≫失實, 無疑.

凡船行, 來以孟冬後東北風, 自姑米山至福州, 凡五十更[六十里爲一更, 計三千里], 去以孟夏後西南風, 自福州至姑米山, 止四十更[計二千四百里]. 姑米距國都四百八十里, 來時繞南北行, 故里數較遠, 前人動稱萬里, 特懸揣耳.

≪志略≫, 洪武間, 因該國人遭風後, 賜閩人善操舟者三十六姓, 以便往來. 歷考諸書, 僅有永樂中撥閩人蔡璟往充水手一事, 幷無賜姓操舟明文. 及觀球人程順則≪聖廟記≫遣三十六姓往鐸一語, 則知前明賜姓, 廣文教也[居久米村, 今存七姓]. 又萬曆三十四年, 王奏稱洪永間賜閩人三十六姓, 知書者授大夫·長史爲朝貢之司, 習海者爲通事, 爲指南之備[今皆知書者爲之]. 國中重久米人以此.

先王之制, 凡屬國止封其君, 而其臣之爵秩不與聞焉. 琉球爵秩, 亦分九品如中國例. ≪志略≫較≪徐錄≫所載爲詳, 然其間正多舛錯, 爲分條釐正之.

國王, 初嗣位, 稱權國事請封. 見冊使, 稱中山王世子. 受封後, 始稱王. ≪徐錄≫有元侯·郡侯·邑侯·郡伯·邑伯等爵, 皆無考.

王子·按司, 俱出品, 今幷無按司.

國相, 正一品[舊作左右二員, 今止一員]. 法司官三員, 從一品[以上皆首里缺. 前間有久米人爲之者, 卽入籍首里].

紫金官[首里缺]·紫金大夫[久米缺]加法司銜, 正二品. 紫金官·紫金大夫, 從二品[以下員數, 惟耳目官定例四員, 餘則俱無定額. 舊作久米紫金大夫四員, 誤].

耳目官[首里缺], 正三品. 正議大夫[久米缺]·加耳目官銜, 從三品.

吟味官[首里缺. ≪徐錄≫作贊議]·正議大夫, 正四品. 那霸官[首里缺]·中議大夫·長史[久米缺], 俱從四品[舊增載察侍紀官. 按察侍紀乃土語, 非銜名也].

正殿當官[首里缺. 舊作遏闥理官. 按遏闥理亦土語, 非銜名也]·都通事[久米缺], 正五品. 副通事·加當官[久米缺], 從五品.

正殿勢頭官[首里缺], 正六品. 加勢頭官[公缺], 從六品.

里之子親雲上[公缺]·副通事[久米缺], 正七品. 筑登之親雲上[首里·那霸缺], 從七品.

正殿里之子[首里缺], 正八品. 里之子座[公缺], 從八品.

正殿筑登之[首里缺], 正九品. 筑登之座[首里·那霸缺], 從九品.

又, 久米村選紫金大夫內一員爲總理唐營司[久米, 一名唐營], 正中議·都通內二員爲長史, 專主朝貢禮儀·文移. 那霸府選那霸之親雲上等爲總理司專司府事外, 久米村另有筆者·副[≪志≫作若, 誤]筆者, 卽書吏, 是皆那霸人充之. 久米人, 十二歲拜孔聖·國王後, 爲若秀才, 無米[≪志≫作七歲給米二石, 又十二歲始拜孔聖·國王, 均誤]. 十五歲, 薙頂髮, 又拜孔聖·國王後, 爲秀才, 給米二石. 康熙年間, 各裁一石, 皆未入品. ≪志略≫, 此卽官不必有其人, 職不必專其事之類, 非是.

祿糈, 三等, 一俸米, 一采地, 一功米. 俸米, 按時給領, 官罷則已. 采地, 王子總理一郡, 或一代, 或數代, 視其功之大小爲率, 未有一王子而領二郡者[≪舊錄≫或二郡, 誤]. 國相領二郡, 法司各領一郡, 其餘或一郡, 或一村[郡卽間切, 村卽間切屬地], 亦以功之大小爲率, 并無計畝遞減之例. 前教習潘相≪見聞錄≫, 或一郡·兩郡, 復一邑·數邑, 或計畝, 子孫以次遞減, 至曾孫則不減, 永爲世祿, 亦非. 功米[土名知行], 視功定額, 加於俸米·采地之外, 數十百石不等, 舊訛稱切米. 按切米乃計人口賑貧之名, 非功米也. ≪志≫疑切乃功字之訛, 亦非是.

冠制. 國王, 烏紗帽, 雙翅側衝上向, 盤金, 朱纓垂頷, 更有皮弁五色帽. 王子弟, 青地花帽. 正一品, 花紫錦. 從一·正二·從二, 素紫錦. 正三至正七, 黃綾. 從七, 黃絹[≪志≫作正六至從七俱黃絹, 非]. 正八至從九, 紅絹. 王府各役, 青綠絹, 民間不戴帽也. ≪志略≫, 又有片帽, 以黑絹爲之漫頂, 下檐作六稜. 按此因隨從人隨貢使入中國, 特製此冠, 非平居之冠也.

衣服. 王著蟒袍, 犀角白玉帶. 官民皆寬博交衽, 袖長不掩指, 右襟缺末. 三品上, 例用緞, 五品上, 例用紬, 餘皆以布. 帶, 以黃地錦花爲貴, 次青地龍蟠, 次赤地龍蟠, 七品下, 雜色花帶[≪志略≫以紫地爲貴, 按帶無紫地者]. 國惟王著靴, 臣民無, 男女皆草靸.

簪制. 王, 龍頭, 妃, 鳳頭, 皆金簪. 一品至正二, 素金簪. 從二, 金頭銀柱. 三品下, 俱銀簪. 民, 皆銅. 命婦·士妻, 視其夫. 民婦[≪志≫作民間, 誤], 多以玳瑁.

貢使多三品官, 加金簪, 官生多八品官, 特易紅綾帽. 國人至中國, 始著靴.

≪隋史≫, 無文字. ≪徐錄≫稱舜天時依日本國書, 制字母四十七, 名依祿花. 祿舊作魯. 按此以漢字譯球音, 與本音不合, 卽所譯四十七字與所書字樣多有未協. ≪潘錄≫因之. 今爲辨正如左.

イ[依], ロ[祿, 舊譯作魯], ハ[花], ニ[宜, 舊譯作義], ホ[夫, 舊書作木], へ[揮, 舊書作人], ト[都], チ[欺, 舊譯作癡], リ[利], ヌ[奴], ル[魯, 舊譯作祿], ヲ[烏], ヮ[哇, 舊譯作ッ], カ[喀], ヨ[由, 舊譯作夭], タ[達], レ[禮, 舊書作リ, 譯作力], ソ[蘇, 舊書作ソ], ツ[卽], 子[你], ナ[那], ラ[喇, 去聲], ム[某], ウ[務], 井[兮, 舊譯作依], ノ[奴], オ[烏], ク[姑], ヤ[耶, 舊書作ヤ], マ[馬], ケ[其], フ[夫, 舊書作ノ], コ[庫, 舊書作ユ], エ[涯, 舊書作ユ, 譯作而], テ[梯], ア[阿, 舊書作卩, 譯作牙], サ[沙], キ[基], ユ[由, 舊書作夭], メ[霉], ミ[米], シ[失, 舊書作乙, 譯作志], ヱ[意], ヒ[蜚], モ[毛], セ[失, 舊書作セ, 譯作世], ス[洗, 舊譯作使], ソ[嫣, 此另是一字, 以聯屬諸音者. 舊書作ニ]. 有一字作二三字讀者, 有二三字作一字讀者, 有五六字作一字讀者, 略倣中國切音. ≪潘錄≫已詳辨之.

元陶宗儀云, 琉球進貢表文, 用木爲簡, 橫行, 刊字於其上, 類蝌蚪書. 今表奏, 皆中國書.

又云, 以彼國書寫中國詩文, 雖不可讀, 而筆勢縱橫, 龍蛇飛舞, 恍有顚素之遺. ≪志略≫亦云, 按其抄本書籍略似草書, 可識者十之三四, 筆力健挺. 許以顚素, 則未也. 又其國中≪四書≫古文, 照中國官版, 兩旁字母鉤挑細如髮. 讀法, 實字在上, 虛字倒下, 語言亦然, 悉如中國所載. 試令讀之, 無斷續節奏, 且多鼻音, 夷語難通矣.

前教習潘相兩蒙高宗純皇帝垂詢該國語音, 一一陳奏, 後復於≪見聞錄≫內, 詳列語言·誦聲數條. 因復與官生逐一稽對, 率多不合. 語言, 則該國人本有同異, 卽中國人以漢字譯之者, 亦難免四聲舛錯, 可無庸辨. 誦聲, 如≪潘錄≫列大學首條, 照球書兩旁字母鉤挑, 間有小異. 此由字母舊書錯誤所致, 前條已明辨之. 至讀法, 大學二字連讀, 之道二字亦連讀[讀法, 實字在上, 虛字倒下, 如之道二字文意連屬, 則又不倒虛字矣], 讀大學云[代渴古], 之道云[奴密吉]. 次讀明德字·明字·在字, 讀明德云[迷篤古], 明字云[迷], 在字云[阿列]. 次讀親民字·在字, 讀親民云[聲名], 在字仍云[阿列]. 次讀至善字·止字·於字·在字, 讀至善云[希人], 止字云[希], 於字云[烏], 在字仍云[阿列]. 而≪潘錄≫讀大學之道句云[裂依牙喀奴米自轆], 在明明德句云[霉都姑牙癡喇喀義使祿義牙利], 在親民句云[達米烏牙喇達叉使祿義牙利], 在止於至善句云[神義都魯馬魯義祿義牙利], 判然各別, 餘亦類然. 復詢之諸生云, 國中幷無兩樣讀法. ≪潘錄≫所載, 諸生亦不能曉, 不知當日何所見而云然也.

≪隋書≫, 土人呼王爲可老羊, 妻曰多拔荼. ≪夏錄≫, 今稱王曰敖那, 稱妃曰扎喇. ≪徐錄≫, 王曰倭急拏敖那, 又曰哭泥華, 王妃曰倭男禮喇, 諸錄互相駁詰. ≪志略≫, 國語多有音無字, 卽國字譯者, 第就漢文之音同者代之, 究非的字也. 此爲不易之論. 大抵夷語本屬難通, 兼以時地變易不定. 摘擧數則, 足廣異聞, 可不必深究也.

球語多有音無字, 且不可解. 向來以漢字譯球音者, 務於文義通順, 殊失本音. 如草鞁名煞拔, 今譯作三板. 屋內舖細席, 內裹草, 以布爲緣, 名搨劄密, 今譯作腳踏棉之類, 不可枚指. 不知內地土音, 如齊人謂萌爲蒙, 謂鮮爲斯, 楚人謂牢爲霤, 謂多爲夥, 亦多不可解, 必欲強爲之解, 殊失之鑿, 不如以不解解之之爲得也.

國中有兵器[刀·鎗·劍·戟皆備, 火砲多用銅鑄. ≪夏錄≫, 矛戟皆脆弱, 弓長如屋檐, 射則樹於地, 兩手彎之, 發矢甚遠. ≪徐錄≫因之, 皆不確], 無兵卒. ≪志略≫, 寓兵於農也, 有文員, 無武職. ≪徐錄≫, 文官兼之也[如儀衛使·武備司, 皆文官兼之]. 該國自平定山南·山北後, 久臻寧謐, 倭人不侵, 島人不叛[尚德王時, 奇界島叛. 尚貞王時, 八重山叛. 尚清王時, 烏父島叛], 是以兵甲不起, 非恃險不設備者. 比群書謂恃鐵板沙之險, 又國中有三首六臂神, 鄰寇來侵, 能易水爲鹽, 化米爲沙, 誕異不經. ≪志略≫駁之極允.

≪志略≫, 家皆有刀·甲, 有事則領, 國中親雲上, 筑登之, 皆習弓箭. 按此間有之事, 幷非定例.

國有死刑三, 一凌遲, 一斬決, 一鎗刺. 輕刑五, 一流, 一曝日, 一夾, 一枷, 一笞. ≪志略≫所載, 已無遺誤. ≪謝錄≫開腹之刑, ≪汪錄≫民犯罪當死者, 輒自殺, 皆無考[近新增刑律十八條].

≪汪錄≫, 國中不設官廨, 誠然. 至云無聽訟之所, 民犯罪至輕者, 令自閉室中, 不得出戶, 或三年·二年乃縱之. 今考首里府有平等所, 專司聽訟, 民間輕罪卽拘禁其中, 限滿乃釋之, 非自室也.

≪志略≫, 田有公·私有別. 公田有二, 一爲王府公田, 民耕之, 輸粟有定額. 一爲各官采地公田, 亦民耕之, 官民均分, 應派費用出於官分之半, 不派民也. 二項均不得賣買. 私田, 則民所應募墾闢者. 除量納官米外, 聽爲世業, 仍許賣買. ≪夏錄≫, 田賦寓古遺意, 上下各食其土, 無他誅求, 誠信.

國常用日本寬永錢, 錢質甚美. 近與日本不通, 故國人珍之. 市多以貨易貨也. ≪志略≫·≪李錄≫俱有遇冊封另鑄小錢之說, 小錢大不及鵝眼, 無字, 無輪廓, 每百長寸許, 五十五貫當球銀一兩. ≪徐錄≫, 明洪武·永樂皆賜錢, 天順二年, 請照永樂·宣德間例賜錢, 禮部議寢之. 本朝無賜錢例.

聖廟, 在久米村泉崎橋北, 創始於康熙十二年[≪潘錄≫作十三年], 明年廟成, 又明年行丁祭禮. 每月朔望日, 行釋菜禮. 又建祠, 祀啓聖幷四配父[≪潘錄≫, 皆塑像, 又設木主. 四配各手一經, ≪詩≫·≪書≫·≪易≫·≪春秋≫]. 其一切廟制, 俎豆禮儀, 悉遵≪會典≫. ≪志略≫, 久米子弟就學其中, 按其時未立學故也.

康熙五十八年, 復建明倫堂於文廟南, 謂之府學. 國中舊制, 擇久米大夫·通事一人爲講解師, 月吉讀聖諭衍義. 三六九日, 紫金大夫詣講堂理中國往來貢典, 察諸生勤惰, 籍其能者備保舉. 八歲入學者, 擇通事中一人爲訓詁師敎之. ≪潘錄≫載之甚詳.

嘉慶三年, 尚溫王始建國學於王府北. 肄業者無定額, 皆首里人.

王之子弟暨陪臣三品上之子弟, 皆與焉. 外又建鄉學三[舊日所無. ≪潘錄≫首里設鄉學三, 擇久米人爲之師, 非是], 其四品下之子弟及國中子弟, 例由鄉學選入國學. 定制, 擇紫金官二員總理, 當官一員專司督課肄業, 內五人爲學長. 凡首里人, 皆由此進升. 其有未入國學者卽登仕版, 亦難驟升高位也.

嘉慶三年, 尙溫王復與陪臣議建文廟於新建國學之南, 牆垣已備, 今尙未落成.

嘉慶七年, 那霸官民斂資具請於王, 建鄉學四. 每學由總理等官公舉久米人, 仍請於王, 王擇一人爲之師, 董其事者, 卽那霸耆舊紳士爲之, 歲給廩餼焉.

國無科目考試, 率由鄉舉里選以次遞升, 首里由紫金等官, 久米·那霸則皆由總理等官, 公同選舉. 惟久米補官, 向聞有試表奏之例, 近增以試詩例, 前此未有也. ≪徐錄≫, 秀才, 每年十二月試以四書題, 作詩, 或一首, 或八句·四句, 能者以次遞升. 向無其例.

文廟兩廡皆蓄經書, 多自福州購回, 盡內地書, 至國人所著, 如世纘圖. 記≪中山歷傳世系≫·≪中山世鑑≫·≪中山集≫·≪閩遊草≫·≪燕遊草≫·≪中山官制考≫·≪指南廣義≫·≪執圭堂草≫·≪觀光堂遊草≫·≪澹園集≫·≪要務彙編≫·≪四本堂集≫·≪五云堂集≫等不與焉. ≪汪錄≫, 國中皆日本國書. ≪潘錄≫, 考四譯館館考云, 日本有≪四書≫·≪五經≫及佛書·≪白樂天集≫皆得自中國, 未聞有宋儒之書, 而球板≪近思錄≫屢引≪明一統志≫·邱瓊山≪家禮≫·梅誕生≪字彙≫, 似刻於明季者. 蓋其三十六姓本係閩人, 閩又有存留館, 球人往還存寓, 故能知宋儒之書, 攜歸另刊, 旁附球字, 以便誦習, 非日本人所能. 且遵用前明宏治·萬曆年號正朔屢見於序, 亦非必倭人之書也.

≪潘錄≫, 據官生云, ≪四書≫刻於尙貞王, 在明正德時, 由來已久. 但球無科目, 兼係海外一隅之刻, 乃有大魁天下及英雄待點頭之語, 球人不祀文昌, 乃有文昌像, 其古文眞寶亦云大魁[國中≪四書≫刊本離婁卷末有文昌像, 旁聯云, 冰鑑無私, 三千禮樂皆翹首. 文章有用, 五百英雄待點頭. 萬章卷末又有大魁天下, 從此階梯贊], 似內地有此本, 而球人依仿刻之者.

≪汪錄≫, 國僧多遊學日本, 歸教其國中子弟. ≪潘錄≫, 外村人多讀其國書. 註云, 卽法司教條一段, 細譯之, 亦只是中國學宮一條例, 不過易漢文爲球語耳, 不得謂之書. 潘又云, 以寺爲塾, 以僧爲師, 近日多立家塾. 以意揣之, 想讀書僧寺, 不特在未立塾以前, 且當在未賜閩人三十六姓之前也.

≪夏錄≫, 僧識番字, 亦識孔氏書. 以其少時曾往倭國習之, 故能歸教其國中子弟. 又云, 作詩, 惟僧能之. ≪志略≫, 仙江院僧宗實與萬松院不羈·天王寺瘦梅, 爲三詩僧. ≪李錄≫, 此行遍訪無一能詩者, 且未聞有通僧能以文字教人者. 今大異於古所云矣.

≪徐錄≫, 多暖少寒, 無冰霜, 雪希降. ≪夏錄≫, 氣候常熱, 隆冬間有霜雪. 今詢知國中幷無冰雪, 間有霜與雹耳.

≪朝野僉載≫, 人形短小, 似崑崙. ≪隋書≫, 深目長鼻. ≪李錄≫曾辨之. 今除見官生跟役外, 又接見兩次貢使隨從人等, 頗有魁梧奇偉·美秀而文者. 且聞久米人, 俊髦甲於諸村, 姑米山人, 更有豊頤修髯, 迥異常夷者. 蓋海隅漸被皇風者深, 故誕育亦多秀良, 大不似往昔矣.

≪汪錄≫, 農習於惰. ≪夏錄≫, 男子多仰給於婦人. 謝杰≪補遺≫, 儉而不勤[≪潘錄≫作能勤], 女力耕作, 男坐而食之. ≪李錄≫, 男逸女勞, 無肩擔背負者. 諸生云, 男力耕, 女力織, 擔負則男女皆有, 貧民負薪運米, 婦人兼爲之. 據此, 非男子皆荒於嬉也. 大抵遊手好閒者有之, 不得以此爲通國病.

≪汪錄≫, 國人無姓, 或以所生之地爲名, 或以上世所官之地爲名. ≪志略≫, 國人名字, 皆王所賜. ≪李綠≫, 據球人楊文鳳云, 世祿之家, 皆賜姓, 士庶率以田地爲姓, 更無名. 細詢諸生, 云國自前明賜閩人後, 俱有姓名, 如中國例, 謂之唐名, 不僅三十六姓爲然也. 外生時各有小名, 貴賤皆然. 又別有土名, 卽上世所官之地名, 乃采地名也[≪張錄≫作田名]. 采地由王論功之大小, 定數之多寡, 年之遠近, 年滿, 則地削而名亦易矣. 後人有能亢宗者, 別賜采地, 則更他名. 王賜采地, 非賜姓名也. 未聞有世祿之家始賜姓者, 亦未有以所生之地爲名者. 至庶人本無采地, 何由以田地爲姓名. 再, 土名一傳而後, 祖孫·父子·兄弟多有相同小名, 惟孫偶同祖之名, 父子·兄弟不相同, 語甚明晰. 群書不免訛以傳訛. 又, ≪汪錄≫祖孫·父子·兄弟同名, ≪張錄≫父子不相同, 孫則同祖之名, 又未能專指小名, 均屬朦混.

胡靖≪錄≫, 國無名利縈心之累, 民無有餘, 不足之憂. ≪李錄≫, 球人向世德云, 土妓率皆貧民. 豈非不足而縈利者. 胡又云, 人無勞心, 多致天年. ≪李錄≫, 長史梁邦弼云, 國人多不壽, 小底[≪李錄≫, 陪臣對天使之稱. 冊使費公詩註, 夷官自稱小底, 古契丹語]尤早衰. 以知胡語不實.

≪明一統志≫, 人無剽掠. ≪謝錄≫, 貧而不盜[≪潘錄≫作少盜]. ≪張錄≫, 道不拾遺. 詢之, 果信. 近聞間有鼠竊之輩, 惟無盜耳. 至不閉戶, 惟鄉間[山南·山北故址, 皆名鄉間]爲然, 餘則啓閉如常.

國中有土妓, 無官妓, 土妓祇那霸有之, 首里·久米無是也. ≪張錄≫, 女子有不嫁人者, 離父母自居, 專接外島貿易之客, 女之親戚兄弟, 仍與外客敘親往來, 不以爲恥. 竊疑琉球久邀聖世之薰陶, 爲海邦之善國, 豈猶有此鄭衛淫靡之習. ≪李錄≫, 問球人向世德云, 聞女子願爲土妓者, 聽其接交外客, 女之兄弟仍與外客敘親往來, 信乎. 對曰, 誠有之. 然率皆貧民, 故不以爲恥. 夫土妓貧不爲恥, 猶可言也. 若女子不嫁人, 離父母而接外客, 亦不以爲恥. 此陰蹈妓之行而明逃妓之名, 且非必由貧之故, 則是稍知廉節者所不爲. 況琉球爲守禮之邦乎. 向又云, 已嫁而犯姦者, 許女之父母自殺之, 不以告王. 卽告王, 王亦不赦. 豈有未嫁而犯奸者, 女之父兄轉聽之而反與外客敍親往來之理. ≪隋書≫, 男女相悅, 便相匹耦, 或前古有之, 然已荒遠難稽矣.

≪志略≫, 凡許願, 皆以石爲神, 神嶽·叢祠皆無神像. 諸生云, 山北恩納[地名]有石一方, 周圍三尺許, 高尺許. 渡海人先期禱石, 焚香·澆酒·膜拜, 後以繩曳而下之, 動則吉, 否則不敢渡也. 頗著靈驗, 然亦未嘗目擊. 此外, 無禱石之事. 且國中護國寺有不動神像, 天后宮有龍神像, 波上寺有藥師·如來·觀音像, 不可枚指, 神祠焉得無像. 至云渡海人禱神後, 奉一石置船上, 更無其事. 或帶土則有之, 懼水土不服也.

市集, 舊在天使館東徙馬市街, 今久移在失辻山旁沿海一帶. 早晩兩集, 男女皆有. ≪志略≫作女集, 已誤. 又云無男人, 俱女爲市, 更非. 至云凡柴薪·米豆累百餘斤者, 女人悉以首襯草圈頂之, 垂手曳袖, 無偏墮者. 誠有之, 但無柴薪耳.

≪徐錄≫, 正月, 女子皆擊毬·板舞爲戲. 板舞者, 橫巨板於木凳上, 兩頭對立, 一起一落, 就勢躍起四五尺, 不傾跌敧側也. 今詢知擊毬, 則通國皆然, 然四時俱有, 特正月爲盛耳. 板舞, 惟那霸間有之, 亦非正月俗例. ≪李錄≫, 寄塵言時習以備正月戲者, 恐亦傳聞之誤.

≪志略≫載節令, 如正月六日前, 賀節. 十六日, 男女拜墓. 二月十二, 浚井, 汲新水洗額, 云可免病. 三月三日, 作艾餻, 相餉遺. 此兩月, 皆定吉日祭麥神, 爲大祭. 五月五日, 競渡, 角黍·蒲酒拜節, 定吉日, 祭稻神. 六月, 選吉日, 又祭稻神, 爲大祭. 又選吉日, 作六月節, 蒸糯米飯相餉. 七月十五, 盆祭. 十二夜, 預列火炬二於門外,迎祖神, 十五盆祭畢, 送之. 八月初十·十五, 蒸糯米飯相餉. 十二月八日, 作糯米餻, 層裹粽葉相餉, 名鬼餅之類, 均無誤. 至九月, 放紙鳶. 十二月二十四, 送灶. 次年正月初五, 迎灶. 正三五九, 此四月爲吉月, 婦女沿海拜水神祈福. 每月朔望, 婦女至砲臺汲新潮水獻灶諸條, 據官生云, 紙鳶四時俱有, 不獨九月. 今以冊使費公六月炎天放紙鳶之句證之, 益信[≪李錄≫, 紙鳶, 非九月不能上, 誤]. 諸生又云, 迎灶在二十九, 非次年正月初五也. 正五九爲吉月, 三月非吉月也. 婦女朔望汲水獻灶, 惟那霸爲然. 以近海有此風俗也.

≪志略≫載節令, 尚多未備. 按元旦至人日, 祭祖先. 十五, 又祭. 清明及忌辰, 又如之. 四月八日, 寺僧皆齋供誦經, 爲洗佛辰[≪李錄≫謂球俗不知佛誕辰, 誤]. 重九, 飮菊花酒. 除夕, 亦多有守歲者.

≪李錄≫, 國俗敬佛, 而不知四月八日爲佛誕辰, 臘八鬼餅如角黍, 而不知七寶粥. 今爲增數語云, 知迎灶, 而不知迎春, 知人日, 而不知社日. 二月十二日汲新水免病, 而不知除夕飮屠蘇酒. 七月十五盆祭, 而不知七夕乞巧. 八月十五月夕蒸糯米飯, 而不知二月十五花朝. 六月選吉日作六月節, 而不知六月六日爲天貺節.

諸生云, 國中孩童, 三四歲卽留髮, 十五歲始將頂髮削去, 惟留四餘[未薙時, 髻上插長簪八九寸許, 如婦人狀, 冠則易梅花短簪一·耳挖一]. ≪張錄≫, 男子二十, 成立. 完姻後, 將頂髮削去. 今跟役中現有未娶而早薙頂髮者, 以知諸生之言不謬. 張又云, 孩童在五六歲, 皆髡然如僧, 卽十三四, 便有薙髮者. 豈今古殊俗歟.

女子嫁時, 用鍼刺指背如指長, 細如髮, 以墨黔之, 取指戒之意. 嗣是, 不再刺也. ≪志略≫作年十五. 又云, 歲歲增加, 中年黧黑, 方圓形狀不倫. ≪南史≫作蟲蛇文, ≪夏錄≫作花卉文, ≪張錄≫作梅花文, 皆不實.

≪張錄≫, 宴客, 席甚簡, 斤肉·樽酒可當數人. ≪徐錄≫, 室中皆席地坐, 食具如古俎豆, 語皆實而不詳. 按球俗, 飮食置一小桌, 四圍隆起, 皆著脚, 一人一桌. 卽妻子, 不同食[近有父子同食, 惟夫婦自合巹後, 無同食之禮], 宴賓亦然. 肴饌多寡無常例, 器具多木爲之.

≪張錄≫, 主客不分坐次, 來去絕不迎送. ≪李錄≫亦疑其太簡. 習見諸生有所授受, 必搓手·俯身, 高擧加額. 誠如≪志略≫所載, 凡有所受, 輒高擧爲禮, 一茶·一煙皆然. 卽尊長受之卑幼, 亦然. 以此推之, 豈賓主坐次·迎送間, 反簡率至此. 復詢諸生, 云國中室制, 多左右門. 客至, 主人出迎, 客脫履由左門入, 主脫履由右門入. 客東坐, 主西坐. 客將退, 主人先趨出門, 著履以俟. 有大事宴賓, 賓主對面危坐如長跽然. 主先敬客三爵, 肴亦三獻, 皆乾製, 客拜受. 飮畢, 復酬主人, 禮亦如之. 嗣後設席, 客主始皆安坐[卽盤膝坐]. 肴不盡乾[≪胡錄≫肴饌盡乾製, 非]. 宴畢拜, 送門外. 尋常宴會, 無獻三爵禮, 餘悉如前. 蓋球人歷染華風, 未嘗無揖讓周旋之節也.

俗以一星終爲生辰, 蓋十二年一慶, 非十年一慶也. 此則諸書均未編入, 惟費詩偶及之.

屋內, 多作神龕. 另有接賓處, 多作木盆, 或方, 或圓, 鋪以白沙, 上置奇石以爲玩. ≪志略≫, 或云, 卽祖神也. 蓋因屋小者, 神龕與接賓處不分而致誤耳, 實則兩事也. 又云, 家不設神主, 多以天地君親師供奉者, 未之前聞.

≪汪錄≫, 嫁女不治奩具, 父母走送之壻家, 衣仍白. 按近亦治奩, 走送壻家祇兄弟親戚, 父母不往也. 衣白之義, 詢之諸生, 亦不可解.

≪夏錄≫, 居官言事, 必具酒二壺, 至其家跽而酌之, 酌畢, 告以所事. 夫言事, 豈有必先飮酒之理. 脫不飮者, 又將奚若. 遍詢此風, 皆云不確.

≪明一統志≫云, 裹死者之屍, 加以葦草. ≪汪錄≫, 棺制, 三尺長, 屈身斂之. 今無是俗. ≪夏錄≫, 木主男書圓寂大禪定, 女書禪定尼. ≪李錄≫, 今亦有書姓名者. 詢之, 果信.

≪徐錄≫, 女墓挂棕葉片扇·白巾, 男墓挂白布笠, 立杖·草履·木屐. 若插花筒·置香爐, 則男女墓皆同. 今聞男女墓前, 俱祇有花筒·香鑪而已.

≪志略≫, 馬高者絕少, 今亦甚多. 又, 官家女子騎馬, 擁領蔽面, 側坐鞍上, 兩足共一鐙, 人控徐行. 今無是俗.

國有草書, 無隸書·楷書. 有巫·有僧, 無道士·比邱尼. 有土妓, 無優童. 有牛·羊·馬·豕·雞·犬, 而無駱駝·騾·驢·虎·豹之屬.

≪隋書≫, 婦人產, 必食子衣. 以火自炙, 令汗出. 諸生云, 火炙, 或前古有之. 食子衣, 則前古亦無是俗. ≪李錄≫, 火炙, 今北山亦未盡改, 未知所據.

≪舊錄≫, 男女無袴. ≪志略≫已云, 男婦皆無中衣. 今間有之. ≪潘錄≫亦云, 古無襦袴, 今皆有之, 則無袴, 非近日風俗可知. 乃李鼎元於嘉慶四年使琉球而記載男女皆無袴, 女衣又無鈕·無帶, 且不束腰, 勢須以手曳襟而行. 豈第仍舊說而未之深考邪.

又云, 女力作時, 常卷兩袖至背, 貫繩而束之. 髮垢輒洗, 洗用泥, 解衣結於腰, 赤身低頭, 人亦不避. 按此前古未聞, 諸書不載. 且此等事李公必不能目擊, 率皆隨從人妄言之, 而李公誤錄之耳.

≪謝錄≫, 地無木棉. ≪夏錄≫, 土不宜棉, 今間有之. 姑米·葉壁·八重·太平諸島出. 按今該國鄉間皆有此產, 非必盡由外島出也.

穀屬有番薯, 莖葉蔓生, 瘠地可種, 生熟可食, 貧民多食之. ≪潘錄≫, 此物內地多有. ≪徐錄≫不知, 以爲異產. 又云, 米惟王族·官家食之, 民止食薯. ≪志略≫, 球地米少, 土人以爲糧. ≪李錄≫, 民以薯爲命. 聞官生云, 薯味甘美, 國人皆喜食之. 又見諸生皆喜食豆醬·佳蘇魚之類, 則知食薯同嗜, 或土性使然, 非必盡由米少之故而以是爲命也, 諸錄殊疏體會. 近更有譬球人皆以薯爲命者, 尤堪捧腹.

蘭, 四時俱有, 其類不一. ≪志略≫, 俗呼爲孔子花. ≪李錄≫因之. 官生云, 國中僅有稱觀音蘭[按觀音蘭, ≪志略≫已載之], 而無孔子花之目. 又, 水菖蒲大如荷, 黑色, 亦有荷而無黑色者. 費詩集有黑荷花題詠, 殆卽指水菖蒲言之邪.

6

琉球實錄

華亭 錢●● 著

琉球爲東瀛一島嶼, 周圍百里, 亦以國稱, 類乎滕·薛·莒·杞而已. 歷來王世子卽位, 必仰待我朝冊立, 所以大小之聘, 靡歲不書, 由閩而達帝都, 固甚便也. 其天氣與中原異, 無論春夏, 太陽燥烈, 卽秋冬間, 早晚固寒冷, 至日中熱同中原夏令. 蠅蚋四時不絕, 竟夕薨薨, 尤爲厭苦. 每月海風發有數次. 未發時山雲如墨, 天氣陰霾, 比戶預須籌備. 否則烈風暴至, 窗戶皆飛, 險不勝言. 中山王府則在首里, 首里府, 皆山陽也. 兩旁多古松柏, 蔥鬱蒼秀, 澗水淸澈, 行路渴, 飮泉水, 林下憩涼, 眞是快境. 上有寺院亭臺, 皆壯麗, 亦皆幽雅, 惜無几椅, 蓋琉球席地坐也, 有古遺風焉. 將近王府, 中道有一牌樓式, 其上橫額顏曰守禮之邦, 此我國使臣題贈之也. 又步半里許, 則見豎額一座, 上書中山王府. 旁有公廨, 每有國事, 諸大夫聚謀於此. 過茲以往, 比屋連雲, 有岧嶢宮殿盤踞山巓者, 王府也. 禁門如城闕, 上有額曰歡會門, 門側有屋如馬廄, 內寥寥數人, 日供使令. 府中官員出入, 俱不由此門, 概從後緣山徑而上. 別有數仞石壁爲垣, 中立門戶以便出入, 時聞鐘鼓之報刻也. 王府東偏有水一池, 中植白芙蕖, 綠葉掩映, 綽雅可愛. 有橋通小亭, 四面環水, 坐憩片時, 疑是仙去. 遙見碑記, 趨近諦視, 知是禪師名圓覺者受勅建此爲藏經閣也. 中山王年已及壯, 國事大半歸總理大臣尙宏勳裁酌, 有布政大夫者四, 相與輔成. 其外惟地方官最尊, 蓋百里中社稷人民, 一人統攝故也, 以下統稱大夫者, 半多通事. 有向永功者, 極幹練, 語操京音, 蓋曾陪貢進獻, 留京六載者也. 琉球名勝之區, 爲東禪寺·善興寺. 東禪寺在那霸東南極幽僻處, 曲徑盤旋, 蒼松翠柏相夾道. 寺距山凹, 門臨海灣. 入見空庭, 怪石層疊, 多花草, 淸芬撲鼻, 疑非塵境. 據寺僧云, 此間花草, 種係朝鮮·日本人所贈. 中有雅室數椽, 額曰綠天深處. 蓋四圍皆蕉葉庇蔭也. 室懸我國徐葆光八分書, 以其康熙時爲使臣臨此, 製古風以贈主持僧者. 旁聯係我國殿撰林鴻年所書, 尙有前明名宿筆墨. 寺中尤多古蹟, 蓋其寺以勝地著稱, 由來久矣. 善興寺, 在那霸西北, 亦名刹. 幽僻與東禪寺同, 而山石之怪異, 林木之蒼秀, 則不及遠甚. 寺內有天雨花香一室, 四面皆迴廊, 每宴上客, 侍從趨承極便. 歷來我國使節遙臨, 大都寓館於此. 如前王文治·周煌皆留題以光古刹, 而名益彰, 其實勝境在東禪寺之次. 琉球婦女爲市, 若老, 若幼, 或數十人, 或百餘人, 各集一處, 俱衣大袖褐衫, 內無小衣, 赤足. 髮盤髻, 與男無異, 惟簪別之, 男以銅銀, 女以龜甲耳. 尤可異者, 或物置盤與箱與甕, 悉以頭戴而來. 其有柴薪等物重百斤者亦以頭戴, 且行路如飛. 各婦女手背, 悉以醋墨塗花樣, 曾聞父老云, 此守貞記也. 其卽古之守宮防淫意歟. 男人日賴婦女以養生, 罕有經營事業者, 各席坐大樹下, 持扇納涼, 左置小煙具, 右置小茶鐺, 蕭然有羲皇上人之樂, 絕不念婦女之勞苦爲何如也. 琉球物產, 無一佳品. 肉則麤而腥, 雞則小而瘠, 牛羊罕有, 鵝鴨全無, 馬頗多肥大者. 少水族, 惟魚蝦尙堪適口, 然海風發時, 二物索之不得. 至蔬菜等類, 狀與中原同而味卒有異. 如蘿蔔一物, 煮之愈久, 食之愈硬, 想亦種類使然. 米則粒大而漲,色糙, 不白淨. 其故爲琉球鮮有食者, 無舂器致此. 瓦缶等器, 麤陋不堪. 布帛, 黑色斜紋者爲最佳, 價甚昂貴, 然正不及松江·南翔等土織也. 水果, 桃梅李杏俱無. 橙頗大可食, 西瓜僅紅色, 無黃白, 其味淡, 甘蔗多紅心而無靑皮者. 間有一二果品, 中原所無. 一種如靑果, 逾白圓數倍, 又一種如錦栗, 子大而長, 有柄, 俱不知何名. 花草甚少, 有一種較中原月季差大, 紅色, 不香. 石榴花亦有, 惟小春月花盛如火. 於此可知節氣之不同. 菊花亦紅, 無別色. 冬初始開. 此外諸花, 詢諸琉球人, 皆云無有. 若鳥, 不但無珍禽, 幷如中原白頭翁者亦未見. 所有之鳥, 海燕外, 有一種小而灰色, 嘈嘈如下里巴吟, 不堪入耳. 工作所擅長者, 惟漆器, 如杯盤·飯箱·茶壺等物, 製造極精緻. 其所謂寶匣者, 格式甚多, 工巧絕倫, 光潤可鑒. 琉球來往通衢, 其窄如巷. 彼此相遇, 稽首鞠躬, 禮意殷渥, 甚且有俯首投地者. 窄徑當此, 行路爲之遲留. 每途遇孩童, 曾一識面, 其行禮亦然, 甚爲難得. 且道上男女雖或偕行, 例不容交接一物, 交談一語, 風俗亦古矣哉. 其國尙中國文字, 然遠不逮日本, 藏書亦甚鮮. 所設國學, 內多士人, 讀書稽古, 雍雍有揖讓風. 其俗不重甲兵, 以信義爲先. 嗚呼, 蕞爾琉球, 猶能以禮維持其國者. 同治甲子, 英與日本搆釁, 將議取琉球爲駐兵計. 其實琉球僅爲日本貢獻之國耳, 非其屬地也. 以英之力, 取琉球如反掌, 然怒於室而色於市, 英之所不爲也. 琉球雖微, 而爲千餘年自立之國, 豈第當存之而已哉.

7

琉球說略

上海 姚文棟 譯

琉球, 古云宇留間島, 起於日本西海道薩摩國之南百四十里海中[日本法, 每六十間爲一町, 每三十六町爲一里, 計日本一里, 約當中國六里零], 合大小島嶼四十餘成國, 至臺灣島之東二十六七里而止. 東南爲太平洋, 西北爲支那海[外洋稱中國, 不分古今, 總云支那. 支那海, 猶云中國海也].全國地勢, 自分爲三, 北部總稱大島, 南部總稱先島, 其中間稱沖繩島, 卽中部省管間切, 間切管村, 間切如日本之鄉, 省如日本之郡, 凡省三, 云中山, 云山南, 云山北, 是專在沖繩島者. 合計三部, 凡七十八間切, 七百二十一村.

北部諸島, 今雖屬日本鹿兒島縣, 其初亦琉球之地也. 相傳琉球上古有男女二神降於大島之北嶽, 男云志仁禮久, 女云阿摩美姑, 生三男二女, 長男之孫, 世爲國王, 稱天孫氏, 其後日本人源爲朝之子尊敦代天孫氏而立, 是爲舜天王. 慶長年中[日本年號], 其數世孫尚寧舉國降於島津氏[日本人, 官薩摩守護], 島津氏乃還中部南部, 獨收北部, 自是屬於鹿兒島縣. 風土物產, 率與中部南部相同.

北部諸島, 距薩摩國寶島之南三十五里, 在中部諸島之北少東偏, 有大島·德島·沖永良部島·加計留麻島·受島·與論島·喜界島等凡十許島, 因大島最大, 故諸島統稱大島.

大島, 其大亞於沖繩島, 或呼爲小琉球. 全島長二十一里許, 其幅狹所二三里, 廣所八九里. 古稱阿摩美島, 史所云奄美國卽此島. 島之東北, 有阿摩美嶽. 相傳男女二神降於此所, 因女神名阿摩美姑, 遂以名嶽, 且以名島. 阿摩美嶽, 今稱湯灣嶽, 高二百五十丈. 島中山脈之所起, 永明·淸水·菊花等諸山聳其南, 其高有至百二十五丈者, 其他疊嶂攢峰, 簇立不一. 瀕海之地, 漸平衍. 島中分置柰瀨, 古見, 住用, 燒內, 西東瀨, 名龍鄕, 大和濱, 須垂, 赤木, 名渡連, 實久十三間切, 柰瀨, 其首府, 以爲島中佳港故也. 港在北岸笠利崎, 斗出其東北, 抱海水成一大灣, 中有深井, 龍鄕兩港, 其間可泊大船數十艘. 柰瀨之西爲大和濱, 自大和濱水程七里至燒內港口, 有伊太良島可禦風濤. 海水從西來注於灣內, 其廣不足一里, 長三里餘, 可泊大船百餘艘. 其南云西古見港, 亦足容巨艦七八艘, 此西岸之佳港也. 東岸有住用港, 卽住用川下流, 亦一佳港, 川上有銅鑛. 南岸與加計留麻島夾一帶之海峽, 其中皆可泊舟. 氣候冬暖夏涼, 土壤肥沃, 百物繁生, 人口稠密.

加計留麻島, 在大島之南, 周四十五里餘. 其西南有受島與呂島, 一周回三里半, 一四里餘, 屬於東西二間切. 加計留麻島至受島最近處不過五町, 受島至與呂島二十町.

喜界島, 距大島笠利間切之東七里, 周回七里, 分置伊沙·志戶·桶·東·西目灣·荒本六間切. 雖有灣泊可航大島, 然僅容小舟. 島中有噴火山, 高八十七丈, 此外皆平地, 樹木甚少. 土人焚馬糞, 以代薪炭.

喜界, 古作鬼界. 合西海道大隅國之種子, 屋久及薩摩國之寶甑, 黑惡石, 琉黃諸島[皆日本地], 或稱五島, 或稱七島.

德島, 在與呂島之南, 其間僅隔一海峽, 周回十七里餘. 山嶽重疊, 綿亙西北, 其高有至二百丈者. 海岸雖有和爾耶·井之川·秋德三港, 然自秋德港外, 或則水淺, 或則灣小, 不能容舟. 船治所在龜津村. 島中分置龜津·伊仙·喜念·井之川·岡前·兼久六間切. 川流數條, 發源山嶽之間, 各流入海. 其大者云足霧神川·阿含川·鹿川, 然亦非中土諸川之比, 餘更細流矣. 氣候, 物產, 與大島相類.

永良部島, 在德島之南. 凡琉球及其近傍之永良部島有三, 屬大隅國者, 云口永良部島, 屬宮古島者, 云奧永良部島, 此島則稱爲沖永良部島. 周回十四里餘, 分置木比留·大城·德時三間切. 大城嶽, 峙其中央, 北麓有一池. 天田川發源此山, 注於東海. 其北有和泊港, 距德島之秋德港十八里, 水淺, 不便泊舟.

與論島, 在永良部島和泊港之東南十餘里, 周回五里餘, 岸旁沙礁相連. 東北之岬云赤岬沙觜, 斗出海中十七八町. 島之西南有赤佐港, 水淺不便泊舟. 自此至沖繩島之運天港, 海路二十里.

物產有五穀·蔬菜·燒酒·甘蔗·砂糖·蕃薯·蕉實·豌豆·落花生·木棉細布·細上布·麻布·芭蕉布·草席·山藍·椶櫚·蘇鐵·佛桑·野海棠·野牡丹·萬年青·仙人掌·櫧桑·鳳梨·烏木·赤木·黃木·螺石·牛·馬·豬·鹿·猨·兔等. 鑛屬出銅. 鱗族, 有鮫·鯉·鮒·鰻·鱵·鰩·毛魚·鰄魚·銀鏤魚等, 又產蟳·蟹·玳·鳌·眞珠·玳瑁·海膽等. 櫧以喜界島者爲佳. 此島又產硫黃·滑石·雷斧石·灰石. 其豌豆·落花生, 則推德島. 諸島皆有砂糖之利, 而亦稱德島爲最. 大島多毒蛇呼云波布, 嚙人立死, 支那人所謂飯匙倩是也. 又永良部島有海蛇云永良部鰻, 其臘可製藥[以上琉球北部久爲日本屬地].

中部諸島, 大小二十餘, 分爲三部, 西云計良間諸島, 北云伊平屋諸島, 中央卽沖繩諸島. 沖繩島最大, 因稱大琉球, 卽首府所在, 周回七十四里, 東北延長至西南, 形如虬龍蜿蜒水上, 長五十六里, 闊十里至十二里, 極北之岬云平登岬, 極南之岬云喜屋武崎, 西有先春·前田·赤丸等沙觜, 東有的柰·勝連等沙觜, 勝連沙觜斗出海中二里餘, 此沿海之地勢也. 全島亦分三省, 是爲中山·山南·山北. 山北或稱國頭省, 在島之北部, 山南或稱島尻省, 在島之南部. 其中間, 卽中山稍南偏, 或稱中頭省. 中頭省分置西原·浦添·宜野灣·中城·北穀·讀穀山·勝連·與那城·越來·美里·具志川十一間切. 別有首里·那霸·久米·泊四邑以爲世官子孫之所住, 不稱間切. 島尻省分置眞和志·大里·玉城·豊見城·小祿·兼城·南風原·高嶺·東風平·佐敷·知念·具志頭·麻文仁·眞壁·喜屋武十五間切, 國頭省分置金武·恩納·名護·久志·羽地·今歸仁·本部·大宜味·國頭九間切, 三省凡三十五間切. 國頭省峰巒起伏, 平衍之地甚少, 中頭省及島尻省, 田野大闢, 戶口亦多.

島中諸山雖不甚高, 其脈延亙三省. 八重頭峙於島尻省, 辨嶽聳於中頭省, 恩納·名護·佳楚三嶽簇立於國頭省, 是稱五嶽. 五嶽中, 佳楚嶽一百四十餘丈, 最高一名宇勝嶽, 此嶽之南爲讀穀山, 北卽名護嶽, 產蘭. 恩納嶽或稱佐渡山, 在名護嶽之南, 辨嶽峙首里之西, 山上有神廟, 祀天孫氏女祝祝[祝祝, 君君妹]. 其東北有姑場嶽, 與八重頭相連者爲周吉山佐高嶺諸山, 高嶺者, 昔時山南王築城居此.

川流發源於連山之間, 雖各流入海, 其長率不過數里, 惟富藏, 大榮, 饒波三川較大. 饒波川, 從豊見城間切之石火山來, 合長川注於那霸江, 長川發源浦添間切之浦添山. 大榮川出佳楚嶽之麓西南, 流入海, 其東卽運天港. 富藏川發源金武間切之金峰山, 東流注於海. 此數川中那霸江最大, 潮水相會之處爲那霸港.

那霸港者, 琉球第一埠頭, 有內外二港. 市街方半里, 位於二港之間, 面內負外. 外港陸地分爲兩岬, 斗出東南, 其間成一港灣, 可泊西洋船數艘. 灣西北直連大洋. 灣口砂礁斷續自成隄, 雖足防風濤, 然出入甚難矣. 沿岸之地有辻山·雪崎·波上諸山, 風景絕佳, 是爲那霸市街之西北，市街中，有神祠佛龕及淸使之旅館. 海潮自西南入，與江水共成一大湖，周回一里餘，中有大小二島，小云鶴頭山，大云奧山. 奧山上有寺，可登覽海山之勝. 港口有南北兩礮臺，築以礪石，挾江對峙兩岸. 江中有一巨石，四圍皆鐵板沙，潮來則沒，舟若誤觸之，必碎. 惟礮臺之下，足容日本船三十艘. 內港深不過二三尋，而外港至十七八尋，潮水皆透明. 泊舟之便，次於那霸港者爲運天港. 港口有古宇利，屋嘉二島，屋嘉島周回二里，古宇利島較小. 其間之灣，可泊日本船五六十艘[那霸·運天兩港，皆爲琉球佳港，而那霸近琉都，且爲全國精華萃聚之地. 特入港時，須愼防鐵板沙耳].

首里者，王城所在，距那霸港礮臺之東僅三里. 據山爲城，廣袤不足一里. 都門皆揭以匾字，云中山國門，云歡會府門，云漏刻殿門，云奉神門. 四周築以石壁. 正殿在山之巓，殿閣二層，南北八楹，皆倣支那之製. 其他第宅漸下，鱗次山腹. 柱礎多而屋梁低，繚以高垣密樹. 除王及世子外. 無築二層樓閣者，以地多颶風故也. 街衢四達. 城南有一帶石山稱崎山，城北有升蕎，石虎諸山，地勢漸高，延連國頭省.

泊港，在首里西南之海濱，隔一水與久米相對，其間有曬鹽場，久米者，應永年中移支那之人三十六姓於此，故稱唐營屬於那霸，有孔廟學校. 其俗尙如支那，讀書亦以音，不用訓[泊與久米，亦有名之邑，久米邑非卽久米島，同名而殊地也].

今歸仁間切，有仁與波入江港，兩岸淺沙遠連，不便泊舟. 隔一海峽，有水無·瀨底二島. 瀨底島周回一里餘，水無島特小，二島皆屬於今歸仁間切. 勝連間切有屬島五，津堅·巴麻·平安·座宮城·伊計是也，其中津堅島最大. 北有久高島，屬於知念間切，皆周回三里許，是卽沖繩諸島也.

計羅摩島[卽慶良間島]，在那霸港之西，支那人呼云東馬齒山，周回三里, 屬島十餘. 東爲前計羅摩島, 西爲座間味島, 皆周回二里許, 支那人呼座間味島云西馬齒山, 東西二島中, 分置渡嘉敷座, 間味二間切. 西島之西南有赤島, 周回一里半, 其他諸小島無居民.

姑米島, 又作久米島, 卽古之球美島也, 周回殆七里, 置中城, 金城二間切. 金城山高一百二十丈, 故支那之船赴琉球者, 必取準此山. 國人爲舟船往來, 因置烽臺擧煙, 以便鍼路. 島西之岬, 云半禰濱. 島之東, 有沙線一條, 歧爲兩岬, 海水入其中, 成一灣. 灣口有沙礁, 其端云小神崎. 北有町屋入江, 水淺, 不可容舟, 南有金城港, 可泊大船四五艘, 距那霸港四十八里.

戶無島與天曾那島, 皆在姑米島之北, 二島相距一里, 而天曾那島無人家, 戶無島周回一里餘, 其西北有粟島, 或稱粟國島, 周回二里餘, 與戶無島相距八里.

伊惠島, 在國頭省之西三里海中, 周回四里七町. 平沙環繞, 石山峙其中, 高五十六丈. 山下之村, 云伊江城, 多稻田, 又產黍稷豆麥. 北有伊是那島, 高四十丈, 周回二里半. 南北有二小島, 南云柳葉, 北云具志川, 皆無人家, 屬於伊是那島. 具志川島之東北, 有乃保島, 屬於惠平屋島. 惠平屋島者, 支那人稱爲葉壁山, 高一百丈, 周回殆五里. 自葉壁山北五十四里, 有鳥島, 以多異鳥而名, 周回不足一里, 或稱黑島, 支那人呼云硫黃山, 屬於泊. 高五十四丈, 係噴火山, 不生草木. 山中有溫泉, 又有採硫黃之民四十餘戶, 沖繩島饋米養之. 此島之旁, 有灰堆山·尤家埠·移山奧三小嶼.

物產, 鳥島之硫黃, 惠平屋島之礪石, 久高島之海帶菜, 佳蘇魚, 計羅摩島之海松·海柏, 沖繩島之鐵石炭·硫黃硯材·磨石·石灰石, 及具志頭間切之蓄蘿, 蓄蘿者, 松露也. 草木有萠草·防風·山丹·名護蘭·火鳳·海苔·石花菜·鷓胡菜·鹿角菜, 及檜·柏·樟·榕·楓·榴·橙·橘·枇杷·油樹·月橘等. 竹類最多, 有苦竹·烏竹·方竹·篔竹·椶竹·虎斑竹·觀音竹. 其他物產, 大率同北部. 又出紅酒·泡盛鹽豚·朱漆器等[以上琉球中部, 卽琉都所在].

南部諸島, 在中部西南九十里海中, 距臺灣島二十五六里, 大小島嶼凡二十, 總稱先島. 其最大者爲宮古·石垣·入表三島, 入表島在西, 宮古島在東, 石垣島在其中間.

宮古島, 支那人稱爲太平山, 或云麻姑山, 亦云迷古山, 西洋人呼云麻志古島, 蓋卽麻姑山之訛. 全島周回十一里餘, 土壤肥沃, 物產蕃殖, 分置於呂加·鴈股·下地·平良四間切. 筑山高聳島中, 上有碧於亭. 地勢成三稜狀, 西北端斗出海中分兩歧, 右云迫門岬·左云費鹽那岬. 沿海四周皆沙線, 可容舟者惟鹹水港而已. 港與永良部島隔一海峽, 相距不過一里餘. 永良部島者, 卽奧永良部島, 其西有來間島, 南有下地島. 自下地島更東南, 海中有太良末·水納二島. 水納島之東北有沙礁, 東西一里半, 南北五里餘, 是爲八重千瀨. 八重千瀨與迫門岬之間, 有伊計摩島, 伊計摩島之西南, 有大高見島, 諸島周回率不過一二里. 太良末島及奧永良部島, 周回里餘, 是皆屬於宮古島者.

石垣島, 在宮古島之西, 一云北木山, 又云八重山, 蓋卽史所云信覺島者. 周回十六里半, 分置宮良·石垣·河平·大濱四間切. 於茂登嶽, 聳島之西南, 高一百六十丈. 其山脈延亙, 北至平窪崎. 平窪崎之南五里餘, 海水自東北入陸地, 成一灣, 是爲河平港, 可泊大船二三十艘, 是在島之西岸者. 南有御崎尾神, 水淺不能容大船. 沿海之地, 灣岬出入不一, 氣候比太平山更暖, 土壤亦肥. 屬島皆在其西南, 武富島周回二里, 黑島高一百二十丈. 西有上離·下離二小島, 又有波照間島. 波照間島與黑島, 皆周回三里餘, 其間相距約五六里. 以上諸島, 總稱八重山.

入表島, 在八重山之西, 一云姑彌島, 入者, 深奧之稱, 表卽於茂登, 皆方言也. 此島在於茂登嶽之奧, 故有是名, 或云西表島. 周四十五里, 分置入表, 古見二間切. 東岸有古見港, 與上離·下離二島相對, 距黑島僅二里餘. 北岸有比計川村港. 其北一里許, 有鳩間島, 周回二十町餘, 屬古見間切. 南岸有鹿川港, 與西岸越良港相表裏. 越良港者, 曾野及南兩岬南北對峙, 海水入其中成一大灣, 灣口有內離·外離二小島. 越良之北, 有浦內港. 諸港皆水淺. 不便泊舟. 島中氣候物產, 與石垣島相類. 屬島東有小濱島, 周回三里, 又有加山島. 西南有新城島. 又有與那國島, 周回五里餘, 高七十丈, 距曾柰比村港四十八里餘, 距臺灣島不過二十五六里. 海岸四周, 皆沙礁相連. 西有島竹村, 南有鬚川村, 北有宗納村, 此村有南太津口港, 潮滿時可容小舟. 其東南洋中有沖神島, 一座巨巖特起波上.

物產, 五穀爲最, 宮古·石垣兩島出米尤多, 細上布·綿布·麻布·芭蕉布·草席·紅酒, 特爲著名. 紅酒產宮古島者, 云太平酒, 產石垣島者, 云密林酒, 與米皆輸於沖繩島爲年例. 又有牛·馬·珊瑚·瑇瑁·海參·海石之類. 西表蘭·風蘭亦有名[以上琉球南部, 即今所云南二島. 蓋石垣島·入表島又總稱八重山島, 故合之宮古島爲南二島也].

8

琉球形勢略

日本 中根淑 著

沖繩島在摩薩之南, 海程百三十餘里, 地形艮坤長, 巽乾短, 縱三十里, 橫一里至十里內外, 以其地如虬龍流動之形, 故漢人稱爲流虬, 後改云琉球. 國中山小水細, 土質肥美, 花卉向榮, 林木茂而不大, 全地分爲三, 曰中頭, 曰島尻, 曰國頭, 所謂中山·山南·山北之地是也. 其屬島二十有餘, 分爲四十九間切, 又分爲六百村, 間切卽郡之小者. 國之西岸伸出一大隅地, 隅中之山云佳楚嶽. 隅之北有二小島, 其中卽運天港. 隅之南地勢卻退, 作大灣曲, 東岸迫狹成地峽之勢, 其山云名護嶽及恩納嶽. 循灣迆西得一岬, 云於仁志崎. 自是地勢再卻五六里, 其極南爲那霸港, 全島最繁華之地. 又東一里半云首里, 舊時王宮在此處, 今爲縣之衙署. 那霸之南三里有一岬角, 云喜屋武崎, 卽國之西北盡頭. 自是地勢面東南, 中有山云八頭嶽, 其東北有一岬角, 又東北爲二大灣, 二大灣之中間伸出一隅地東向, 此際遠近多沙灘. 第二灣之當中, 卽地狹處, 出灣而北十數里間, 海岸大有出入. 又最北地勢轉成一岬角, 云邊戶崎, 卽國之極北. 自是西南地勢退卻數里, 以接運天港, 其山云國頭嶽. 此國偏於南海, 氣候炎熇, 海風特强, 以故人家屋制甚卑. 國俗循良, 衣服飮食言語文字, 與內地相似. 其物產米穀·藍鹽·蕃薯·火酒·漆器·草席·土布·芭蕉布. 屬島近者伊江島·惠平屋島·粟島·慶良間島·久米島等, 皆在本島之西. 其遠者, 喜屋武崎之西南六十餘里爲宮古島, 又西二十餘里爲八重山, 島分東西, 東云石垣島, 西云入表島, 皆有數屬島, 本島之人總稱宮古以西島云先島.

9

琉球朝貢考

長洲 王韜 著

琉球一國在東瀛海中, 幾若黑子彈丸. 其開國之始, 幷無甲子可稽. 國朝定鼎燕京, 琉球率先歸附, 不敢自王, 敦請襲封. 嗣後貢職恪共, 世守藩屬, 憑藉寵靈鎮撫荒徼, 享祚綿遠, 長作東南屏蔽以迄於今, 尙稱貢獻之邦而預共球之列, 則謂琉球非我屬國者, 非也. 第考琉球之所由來, 其世次亦多茫昧. 其間禪革互乘, 匪特≪隋書≫歡斯之稱杳無可據, 卽如洪永初封亦非姓尙. 今詳爲覈審, 上自天孫遞至今日嗣位之王, 其統緖約略可言也. 琉球始祖, 其初有一男一女生於大荒, 自成夫婦, 曰阿摩美久, 生三男二女. 長男卽天孫氏, 開國始祖也, 次男爲諸侯始, 三男爲百姓始. 長女曰君君, 次女曰祝祝, 爲國守護神, 一爲天神, 一爲海神. 今寺院有三首六臂女神手執日月, 名曰天海大自在神, 蓋卽此也. 此亦荒誕不經之尤者也. 傳二十五代, 姓氏俱無考. 起洪荒乙丑至宋淳熙十三年丙午, 逆臣利勇鴆而弑之, 簒位自立. 浦添按司舜天討之, 利勇死, 諸按司群奉爲王, 天孫氏遂亡. 舜天爲日本人皇後裔, 三傳而外禪於英祖. 自英祖至西咸, 凡五傳. 察度氏興, 賢德素著, 人心悅服, 遂代其國. 二傳而爲山南王思紹所倂, 以後則世爲尙氏, 至今弗替. 明初太祖遣使慰諭, 始稱臣入貢, 世爲屬國. 景秦元年, 國王思達遣百佳尼入貢, 二年遣察祈等入貢, 已又遣亞間美等入貢. 頻年以來, 軺車在道, 賷琛獻異, 包匭筐篚, 絡繹來庭, 史不絕書, 未嘗與明絕也. 惟考日本史, 明萬曆三十七年, 義久取琉球. 其後書琉球入貢者十, 日本寬文十一年, 當中國康熙七年, 天和二年, 當康熙五十三年, 享保三年, 當康熙五十七年, 寬延二年, 當乾隆十四年, 寬政二年, 明和元年, 當乾隆二十九年, 乾隆五十五年, 又八年, 當嘉慶元年, 文化三年, 當嘉慶十一年, 天保三年, 當道光十二年, 天保十三年, 當道光二十二年. 然其時琉球雖入貢於日本, 而亦內屬我朝, 其貢舶之來, 使臣之至, 固彰彰可考也. 況其朝貢日本之時, 久已臣服中朝, 永備屛翰, 事在盟府, 薄海咸知. 如是, 日本安得私琉球爲已有也哉. 玆者, 其國民船遭風, 飄泊我朝, 本當加以撫恤, 何容日本爲之置詞. 卽其遇臺灣野番之難, 其人外於王化, 雖居中國之版籍, 非屬中國之民人, 如英美諸國航海者無不遇之, 未聞其與我中國相齟齬也. 日本藉端生釁, 遠遣使臣以相詰難, 其謂我中國無人邪. 琉球之爲我藩屬, 日本非不知之, 乃必以此爲辭, 其志在翦滅琉球可知矣. 豈眞愛惜琉球也哉. 是不得考之史冊, 以與之辨[不數年, 日本竟滅琉球, 改爲沖繩縣].

10

琉球向歸日本辨

長洲 王韜 著

琉球, 東瀛小國也, 在日本薩峒馬島之南. 島嶼紆蟠, 皆海中拳石, 周環三十六島, 如虬龍流動之形, 故稱爲流虬, 後乃改爲琉球. 貧弱特甚, 世受役於日本. 自古未通中國, 隋時有海船望見之, 始知有其地, 唐宋以後, 漸通中土. 明初入貢, 太祖賜以閩人善操舟者三十六姓, 修職貢甚謹. 我朝煦育寰瀛, 體恤尤至, 其貢舟三年一至, 許其販鬻中土之貨, 免其關稅, 舉國賴此爲生. 資本皆貸於日本, 販回各貨運日本者十之八九. 其國人貧甚, 不能買也. 國分三路, 曰首里, 曰久米, 曰那霸. 王居首里, 而商賈萃集爲大都會者, 則推那霸. 土磽瘠, 產米絕少, 非官與耆老, 不能得食, 民間惟以地瓜爲糧. 地無麻絮, 以蕉爲布, 有類織蒲. 其民性惰, 耕作貿易皆以婦女爲之, 男子則攜茶具, 挈孺子相聚於樹林之下, 綠陰掩映, 細語喁喁, 不啻羲皇以上人也. 日本雖雄視東瀛, 要不能使之隸入版圖, 則以累世效職貢, 受正朔, 藉中朝之威靈, 作東海之藩服, 以迄於今. 自日本用兵臺灣, 意爲琉球問罪生番, 明目張膽, 遂以琉球爲內屬. 通國之人, 皆謂琉球向已臣服日本, 列於屏藩, 而其入貢於中國也, 則不過二百餘年間耳. 此言也, 未知其所自來, 如謂出自日本史冊, 則實有大謬不然者. 彼謂唐開元二十三年, 日本聖武天皇天平七年, 琉球已納稅貢於日本, 日人測量琉球海面淺深, 建立石牌. 今按此言, 實由杜撰. 考日本史, 文德天皇仁壽三年秋, 僧圓珍附唐商欽良暉舶赴唐, 路遭颶風漂至琉球, 遙見數十人執戈矛立岸上, 良暉哀號曰, 我等將爲琉球所噬, 若何. 圓珍祈佛, 忽得東南風, 獲免. 按其時爲唐宣宗大中七年, 相距彼言納貢之時一百十八年, 日本人應與之久相稔熟, 何以祈佛求免, 一若從未相通者邪. 此其可疑者, 一也. 測量海道誌其淺深, 此泰西諸國立約通商之後, 航船舟師方傳此法, 在唐千餘年前, 何得有此. 蓋僞造之言, 一時流露於不自覺. 此其可疑者, 二也. 彼謂明正統六年, 日本後花園天皇嘉吉元年, 薩峒摩將軍統兵征討高麗, 借糧於琉球, 定律十有五條, 此說亦殊荒謬, 而事非無因. 考日本史, 薩摩人河邊通綱乖賴朝旨[日本關白], 亡匿鬼界島中[琉球別名]. 後島羽天皇文治四年, 卽宋淳熙十三年, 遣兵擊鬼界島降之, 此爲琉球始通日本之證. 至日本曾取琉球, 亦見於史. 慶長十四年, 義久[或作島津家久]取琉球, 然十六年, 卽書琉球入貢, 則其立卽釋歸可知矣. 若其要立條約, 亦事之所有, 要不能如是之苛細也. 考日本史云, 及足利氏執兵權, 琉球遣使貢方物, 自後以時來貢, 薩摩島津氏世掌接伴云, 此卽彼所謂日本王將琉球封薩峒摩將軍者也[將軍當作藩侯, 譯誤]. 不知世掌接伴, 不過職貢之年使臣入境中, 彼爲之接伴耳. 日史紀載甚明, 豈得妄云以國土界之也哉. 納米千石, 蓋卽入貢禮物. 琉球地瘠民貧, 別無所產也. 定律十五條如彼所云, 殊不足據. 又嘗考之日本別史, 琉球一名阿兒奈波島, 居海島之中, 東西狹, 南北長, 距薩摩南二百里許. 其俗以剽掠爲事, 世以爲啖人之國. 相傳其始爲天孫氏, 當日本孝謙天皇天平勝寶五年, 卽唐元宗天寶十二年, 使臣藤原自中國回, 漂流琉球, 候風十餘日, 得南風而發, 是則日本之通於琉球, 實後於我國矣. 日史又云, 長寬承安間,卽中國宋孝宗時, 十二島中內屬者五, 不屬者七. 嗣有叛人逃匿島中, 乃率師討之以懾服島人, 掠一人而還, 於是歲納絹百匹. 足利氏立, 始貢方物. 考足利爲上將軍, 蓋在元季明初, 其時琉球久爲我國貢獻之邦矣. 然則琉球之在日本, 地雖相接而會朝聘問, 反在中國之後. 今據其史冊稽之, 斑斑具在, 夫豈能與我爭哉. 且其可辨者, 殊不止於是也. 自明以來, 琉球臣服中朝極爲恭順, 入貢有定期, 立王有敕封, 豈三百餘年來日本如瞶如聾, 毫無聞知邪. 其可笑一也. 日本未與泰西諸國通商之先, 琉球已與西人往來. 英國牧師波白於道光末年至彼傳敎, 賃居數年. 是時日人方深惡外敎, 琉球旣爲其內屬諸侯, 何不卽往責問而乃任其如是, 其可笑二也. 當美國以兵艦至日本强請通商, 日人始不肯從. 美國水師戴當泊舟於琉球境上, 購置食物, 與之交際往來, 互通使問, 琉人告之曰, 國事一切由王自主, 不歸日本統轄. 當時未聞日人讓詰琉球一言, 其可笑三也. 美國公使柏利旣至日本立約, 復往琉球, 一千八百五十四年七月十七日, 立約於琉球之那霸. 當時未聞日本謂其內屬諸侯, 毋庸立約也, 則琉球爲自主之國, 明矣, 其可笑四也. 前時美國公使柏利, 副使衛廉與日議和定約, 其往來文牘云, 琉球先王與日本有親戚之誼, 姻婭之歡. 然卽揆諸所云, 亦不得以爲臣屬也. 卽如英國長王子娶於嗹, 二王子娶於俄, 試問俄嗹二國當爲英所屬乎. 其可笑五也. 日本諸藩納還版籍在明治元年, 琉球旣爲內藩, 何以至十二年始以兵威脅之. 考日本內國史略, 明治五年九月, 琉球使尙建等參朝, 獻方物, 乃冊琉球王尙泰爲藩王, 列於華族, 賜賚優厚, 則知前此琉球未嘗爲內藩矣. 且內藩從未聞有稱王者. 柄據昭然, 何容掩飾, 其可笑六也. 一千三百七十二年, 中國征服琉球, 歲時貢獻, 史不絕書, 迄至今日, 未有或貳. 是則琉球之臣服我朝, 遐邇無不聞知. 如≪中山傳信錄≫, ≪琉球國志≫, ≪使琉球記≫, ≪琉球入學見聞錄≫, 日本國中久已刊行, 儒士引用, 據爲掌故, 幾於家喻而戶曉, 詎有不知. 乃曰琉球安有一國事兩主. 此不但欲掩天下之耳目, 幷欲塞一國中民人之見聞, 其可笑七也. 至討罪臺灣, 尤昧於理. 其始託言劫掠小田縣民, 繼乃及琉球漂民, 我朝大度包容, 勉徇英國公使之請而成和議. 其所定條款兩端, 未嘗一字及琉球, 載在盟府, 人所共見. 乃遂欲以此指琉球爲日本屬地, 掩耳盜鈴. 其可笑八也. 向時日人曾著論刊之日報曰, 我國以琉球航海之人遭風被戕, 爲臺灣生番所害, 遂興師旅往征臺灣, 究未知琉球或屬日本, 或屬中國, 未有明文. 據琉球人云, 事中朝如父, 日本如母. 或則云, 琉球所屬, 豈有一定, 惟強可以庇民者是從耳. 考之日本史籍, 琉球於上世卽屬日本, 但近代以來, 不過入貢土物耳, 非臣服也, 而其在中朝, 則列於屏藩, 世受冊封, 稱爲貢獻之邦, 共球之國. 然則東瀛日報出諸日人之口, 所云尙如此, 何況其他. 遠徵之前事旣如彼, 近證之人言又如此, 琉球之屬於中國也, 明矣. 要之, 據理而言, 琉球自可爲兩屬之國, 旣附本朝, 又貢日本. 今考日本國史, 於琉球入貢年月, 釐然可考. 然要不過與渤海·三韓·新羅·百濟同列於外諸侯而已. 又烏得藉口於奉藩納土, 比於內諸侯一例, 而遽滅其國, 俘其王, 兼倂其他, 夷而爲縣也哉. 日本史官所紀載, 在明治紀元以前, 皆信而可徵. 源光日本史成於我朝康熙九年, 卽日本後西天皇寬文十年, 其時相距慶長十四年已六十二載, 乃猶列琉球於外國列傳, 則可知琉球爲自立之國矣. 蓋琉球之於日本, 要不過盟聘往還, 貢獻不絕而已. 卽使蕞爾彈丸弱小不能自強, 亦當相與共保之, 俾得守其千餘年未自立之國, 斯乃所以聯脣齒而固屏藩之義. 今反翦滅而傾覆之, 挾詐彌縫, 囁嚅掩飾, 以便其私. 將以此欺天下乎, 而天下不任受其欺也. 將以此誑鄰國乎, 而鄰國不任受其誑也. 嗚呼, 彼作僞者, 曷不卽將其國史而一考之也哉. [考琉球入貢日本, 明景泰二年, 日本後花園天皇寶德三年, 耶穌一千四百五十一年, 琉球遣使來. 明萬曆十一年, 日本正親町皇天正十一年, 耶穌一千五百八十三年, 琉球入貢. 明萬曆三十九年, 日本後陽成天皇慶長十六年, 耶穌一千六百十一年, 琉球入貢. 我朝順治六年, 日本後光明天皇慶安二年, 耶穌一千六百四十九年, 琉球入貢. 我朝順治十年, 日本後光明天皇承應二年, 耶穌一千六百五十三年, 琉球入貢. 我朝康熙十年, 日本靈天皇寬文十一年, 耶穌一千六百七十一年, 疏球入貢. 我朝康熙二十一年, 日本靈元天皇天和二年, 耶穌一千六百八十二年, 琉球入貢. 我朝康熙五十三年, 日本中御門天皇正德四年, 耶穌一千七百十四年, 琉球入貢. 我朝康熙五十七年, 日本中御門天皇享保三年, 耶穌一千七百十八年, 琉球入貢. 我朝乾隆十三年, 日本桃園天皇寬延元年, 耶穌一千七百四十八年, 琉球入貢. 我朝乾隆十七年, 日本桃園天皇寶曆二年, 耶穌一千七百五十二年, 琉球入貢. 我朝乾隆二十九年, 日本後櫻町天皇明和二年, 耶穌一千七百六十四年, 琉球入貢. 我朝乾隆五十四年, 日本光格天皇寬政二年, 耶穌一千七百九十年, 琉球入貢. 我朝嘉慶元年, 日本光格天皇寬政八年, 耶穌一千七百九十六年, 琉球入貢. 我朝嘉慶十一年, 日本光格天皇文化三年, 耶穌一千八百六年, 琉球入貢. 我朝道光十二年, 日本仁孝天皇天保三年, 耶穌一千八百三十二年, 琉球入貢. 我朝道光二十二年, 日本仁孝天皇天保十三年, 耶穌一千八百四十二年, 琉球入貢]

11

琉球島記

嘉定 周傳謀 譯

日本報載琉球事, 語頗詳悉. 余嘗往該島, 游歷八年, 今撮其要略, 參以蠡見論列如左. 島民服式皆從古裝, 結髮於頂, 插以長銅簪. 偶至東京, 日人無不屬目視之者. 島民所欲在通台灣鐵路於琉球, 然其民數不逾四十萬, 貿易亦甚少矣. 不思商務之不振, 其關鍵在那伐城之畦鷄那伐耳. 往游此城, 氣象榛狉, 竟與部落無殊, 且地氣酷熱. 憶八月某夕, 道經是處, 亦不甚涼爽, 而該島之博物院竟以小天堂視之. 中有琦器及蛇蛤等, 稍稍可觀. 余由該處起程, 途次頗安逸. 及入腹地, 則路徑崎嶇, 難於行步, 游士皆裹足. 且該島本有數山, 一旦曝裂, 螯火之猛, 至於如是, 非樂土也. 加挂希麥者, 衰蘇麥王故城也, 有輪船數號, 乃啞衰加公司物. 島民雖間習我國文字, 而不知繙譯之用, 因其祗知用日本與衰蘇麥俚語耳. 日本以琉球之民, 本其兄弟, 當戰國時, 遷居該島, 故治法皆從古制, 而島民亦未嘗外視日本也. 竊思是說相沿旣久, 故人無異議耳. 果使日琉同種, 何以二國之民形狀不一耶. 今亦不必察具膚色, 辨其世系, 日本旣以琉球歸入版圖, 他可勿論矣. 琉球商務最要者, 莫如出口麻布, 其布潔白堅緻, 當烈暑時, 日本男女皆喜衰蘇麥布云.

동아시아한국학 자료총서 5
小方壺齋輿地叢鈔 琉球篇

© 인하대학교 한국학연구소, 2013 Printed in Incheon, Korea

1판 1쇄 인쇄: 2013년 03월 20일
1판 1쇄 발행: 2013년 03월 30일

엮은이: 인하대학교 한국학연구소(http://www.inhakoreanology.kr)
펴낸이: 홍 정 표
펴낸곳: 글로벌콘텐츠
등 록_제25100-2008-24호

공급처: (주)글로벌콘텐츠출판그룹
이 사_양정섭
디자인_김미미
편 집_노경민
기획·마케팅_배소정 최민지
경영지원_안선영
주 소_서울특별시 강동구 길동 349-6 정일빌딩 401호
전 화_02-488-3280
팩 스_02-488-3281
홈페이지_http://www.gcbook.co.kr
이메일_edit@gcbook.co.kr

값 19,000원
ISBN 978-89-93908-68-8 93910

※ 이 책은 본사와 저자의 허락 없이는 내용의 일부 또는 전체를 무단 전재나 복제, 광전자 매체 수록 등을 금합니다.
※ 잘못된 책은 구입처에서 바꾸어 드립니다.